法学文库

主编 何勤华

藏族婚姻法律文化研究

李春斌 著

图书在版编目(CIP)数据

藏族婚姻法律文化研究/李春斌著.—北京:商务印书馆,2020
(法学文库)
ISBN 978-7-100-18737-4

Ⅰ.①藏… Ⅱ.①李… Ⅲ.①藏族—婚姻法—文化研究—中国 Ⅳ.①D923.904

中国版本图书馆 CIP 数据核字(2020)第 120354 号

权利保留,侵权必究。

2012 年国家社科基金青年项目(12CFX058)

本书得到西藏民族大学科研出版基金资助

法学文库

ZÀNGZÚ HŪNYĪN FǍLǜ WÉNHUÀ YÁNJIŪ
藏族婚姻法律文化研究
李春斌 著

商 务 印 书 馆 出 版
(北京王府井大街36号 邮政编码100710)
商 务 印 书 馆 发 行
北京艺辉伊航图文有限公司印刷
ISBN 978-7-100-18737-4

2020 年 8 月第 1 版　　开本 880×1230　1/32
2020 年 8 月北京第 1 次印刷　印张 10⅜
定价:68.00 元

总　　序

　　商务印书馆与法律著作的出版有着非常深的渊源,学界对此尽人皆知。民国时期的法律著作和教材,除少量为上海法学编译社、上海大东书局等出版之外,绝大多数是由商务印书馆出版的。尤其是一些经典法律作品,如《法律进化论》《英宪精义》《公法与私法》《法律发达史》《宪法学原理》《欧陆法律发达史》《民法与社会主义》等,几乎无一例外地皆由商务印书馆出版。

　　目下,商务印书馆领导高瞻远瞩,加强法律图书出版的力度和规模,期望以更好、更多的法律学术著作,为法学的繁荣和法治的推进做出更大的贡献。其举措之一,就是策划出版一套"法学文库"。

　　在当前国内已出版多种法学"文库"的情况下,如何体现商务版"法学文库"的特色？我不禁想起程树德在《九朝律考》中所引明末清初大儒顾炎武(1613—1682)的一句名言。顾氏曾将著书之价值界定在:"古人所未及就,后世所不可无者"。并以此为宗旨,终于创作了一代名著《日知录》。

　　顾氏此言,实际上包含了两层意思:一是研究成果必须具有填补学术空白之价值;二是研究对象必须是后人所无法绕开的社会或学术上之重大问题,即使我们现在不去触碰,后人也必须要去研究。这两层意思总的表达了学术研究的根本追求——原创性,这也是我们编辑这套"法学文库"的立意和目标。

　　具体落实到选题上,我的理解是:一、本"文库"的各个选题,应是国内学术界还没有涉及的课题,具有填补法学研究空白的特点;二、各个选题,是国内外法学界都很感兴趣,但还没有比较系统、集中的成果;三、各选题中的子课题,或阶段性成果已在国内外高质量的刊物上发表,在学术界产生了重要的影响;四、具有比较高的文献史料价值,能为学术界的进一步研究提供基础性材料。

法律是人类之心灵的透视,意志的体现,智慧的结晶,行为的准则。在西方,因法治传统的长期浸染,法律,作为调整人们生活的首要规范,其位亦尊,其学亦盛。而在中国,由于两千年法律虚无主义的肆虐,法律之位亦卑,其学亦微。至目前,法律的春天才可以算是刚刚来临。但正因为是春天,所以也是一个播种的季节,希望的季节。

春天的嫩芽,总会结出累累的果实;涓涓之细流,必将汇成浩瀚之大海。希望"法学文库"能够以"原创性"之特色为中国法学领域的学术积累做贡献;也真切地期盼"法学文库"的编辑和出版能够得到各位法学界同仁的参与和关爱,使之成为展示理论法学研究前沿成果的一个窗口。

我们虽然还不够成熟,
但我们一直在努力探索……

何 勤 华
于上海·华东政法大学
法律史研究中心
2004 年 5 月 1 日

General Preface

It's well known in the academic community that the Commercial Press has a long tradition of publishing books on Legal science. During the period of Republic of China (1912—1949), most of the works and text books on legal science were published by the Commercial Press, only a few of them were published by Shanghai Edition and Translation Agency of Legal Science or Shanghai Dadong Publishing House. Especially the publishing of some classical works, such as *on Evolution of Laws*, *Introduction to the Study of the Law of the Constitution*, *Public Laws and Private Laws*, *the History of Laws*, *Theory of Constitution*, *History of the Laws in European Continents*, *Civil Law and Socialism* were all undertaken by the Commercial Press.

Now, the executors of Commercial Press, with great foresight, are seeking to strengthen the publishing of the works on the study of laws, and trying to devote more to the prosperity of legal science and the progress of the career of ruling of law by more and better academic works. One of their measures is to publish a set of books named "Jurisprudential Library".

Actually, several sets of "library" on legal science have been published in our country, what should be unique to this set of "Jurisprudential Library"? It reminded me of Gu Yanwu's(1613—1682) famous saying which has been quoted by Cheng Shude(1876—1944) in *Jiu Chao Lv Cao* (*Collection and Complication of the Laws in the Nine Dynasties*). Gu Yanwu was the great scholar of Confucianism in late Ming and early Qing Dynasties. He defined the value of a book like this: "the subject covered by the book has not been studied by our predecessors, and it is necessary to our descendents". According to this principal, he created the famous work *Ri Zhi Lu* (*Notes on Knowledge Accumulated Day by Day*).

Mr. Gu's words includes the following two points: the fruit of study must have the value of fulfilling the academic blanks; the object of research must be the significant question that our descendants cannot detour or omit, that means even if we didn't touch them, the descendants have to face them sooner or later. The two levels of the meaning expressed the fundamental pursuit of academy: originality, and this is the conception and purpose of our compiling this set of "Jurisprudential Library".

As for the requirement of choosing subjects, my opinion can be articulated like this: Ⅰ. All the subjects in this library have not been touched in our country, so they have the value of fulfilling the academic blanks; Ⅱ. The scholars, no matter at home and or abroad are interested in these subjects, but they have not published systematic and concentrated results; Ⅲ. All the sub-subjects included in the subjects chosen or the initial results have been published in the publication which is of high quality at home or abroad; Ⅳ. The subjects chosen should have comparatively high value of historical data, they can provide basic materials for the further research.

The law is the perspective of human hearts, reflection of their will, crystallization of their wisdom and the norms of their action. In western countries, because of the long tradition of ruling of law, law, the primary standard regulating people's conducts, is in a high position, and the study of law is also prosperous. But, in China, the rampancy of legal nihilism had been lasting for 2000 years, consequently, law is in a low position, and the study of law is also weak. Until now, the spring of legal science has just arrived. However, spring is a sowing season, and a season full of hopes and wishes.

The fresh bud in spring will surely be thickly hung with fruits; the little creeks will coverage into endless sea. I hope "Jurisprudential Library" can make great contribution to the academic accumulation of the area of Chinese legal science by it's originality; I also heartily hope the colleagues in the area of legal study can award their participation and love to the complication and publication of "Jurisprudential Library" and make it a wonderful window showing the theoretical frontier results in the area of legal research.

We are not mature enough
We are keeping on exploring and seeking

He Qinhua
In the Research Center of Legal History
East China University of Politics and Law, Shanghai, P. R. C.
May 1st, 2004

序

  李春斌博士的著作《藏族婚姻法律文化研究》以婚姻法律文化为中心,对藏族传统中的婚姻规则进行了由表及里的深入考察分析。考察藏族文化中的婚姻形态,得出其"婚姻形态是多元的"判断。解释传统婚姻规则的内容构成,从结婚规则到离婚规则、从婚姻习惯本身到适用该类习惯法解决纷争的规则。阐述了藏族婚姻法律文化形成的动因,不仅回答该地区婚姻法律文化是什么,而且从地理、伦理、经济等方面,解释了该地区的婚姻习惯为什么如此。以西藏及其他藏区为例,考证、讨论了国家制定法与习惯法之间的关系,提出了地方立法宜通过民族区域自治权下的"变通"管道,以国家法定基本权利为标准依据,甄别藏族婚姻法律文化,通过"认可吸纳、否定摒弃、尊重维持、改革变通"这四种途径,消解少数民族婚姻法律文化与国家法之间可能存在的不一致乃至冲突。这对正确认识、把握其他类型的婚姻习惯法与国家制定法之关系,亦颇有启发。

  该著是研究我国藏族婚姻习惯法及法律文化的一项原创性成果,值得肯定。迄今为止,已公开发表的藏族婚姻习惯法及法律文化的研究成果屈指可数,法学界对藏族婚姻习惯法和传统婚姻文化的认识是有限的。该著在全面梳理、借鉴涉及论题的国内外既有研究成果基础上,利用亲身实地调研获得大量资讯,遵循论题的内在逻辑,层层深入地讨论、说理,言之有据,说服力强;论辩合理,结论客观。该著立足于藏族同胞世代居住生活的环境和传统,探讨婚姻习惯法及法律文化之形成、演变、发展，对其未来有一定预测，其基本立场适当，具有重要的参考价值。

这部著作是李春斌博士以其获授厦门大学法学博士学位的论文《西藏藏族婚姻习惯法研究》及其主持并完成的2012年国家社会科学基金青年项目《西藏藏族婚姻法律文化研究》（项目编号：12CFX058）为基础大幅度修改而成的。作者于2010年9月进入厦门大学法学院做博士阶段研究时，就确定以藏族婚姻家庭法为其主攻专业领域。经过近一年的初步研究之后，缩小研究范围，将论题确定为"西藏地区婚姻习惯法"。执行这项研究是艰辛的。为了能直接查阅和利用藏文文献，作者曾自学藏语。虽然因自学"太难"而未达到预期水平，其做该学问的诚恳态度是实实在在的。作者利用暑假进入西藏地区调研，收集到丰富的资料和信息，详细考察了西藏藏族婚姻习惯法的生成、存续和发展的环境，与藏族牧民同胞同吃同住，对西藏婚姻习惯法的鲜活状态，有直观的体察和感受，为完成该项研究提供了扎实的基础支撑。

作为作者博士生阶段的指导教师，我是该作品的第二个读者。数年间，有幸与作者一起体味这项研究的不易，享受收获的喜悦，感受到诸多阅读的乐趣。在此著作出版之际，应作者邀约，欣然作序。与读者诸君分享我的阅读体会，介绍作者写作此书时的若干细节，愿有助于诸君阅读此书。

蒋　月

厦门大学法学院教授

中国法学会婚姻法学研究会副会长

2017年1月22日

自　　序[*]

　　藏地的早晨总是从一碗热腾腾的酥油茶开始。天还没亮，阿佳啦就要去背水。阿妈啦开始了一天的劳作，捣酥油、生火、坨牛粪饼、给在家的小牛犊添饲料……，阿爸啦则早早起来准备去青稞地的器具、照料生病的小牛犊、打扫院落里牛羊的粪便……喝过了酥油茶，在家的男主人便要背着糌粑、酥油茶，上地了。

　　藏地的天气就像雷公的脸，说变就变。早晨出门时还碧空万里，到下午三四点左右忽然雷声大作、狂风四起，冰雹加暴雨，突然从天而降，没等我们跑回家，身上已经全部浇透了。七八月份，几乎每天都这样。

　　为了解更为真实的藏族婚姻法律文化，我利用2010年、2012年、2013年的暑假，三次深入西藏腹地，与藏族同胞同吃同住、同劳动共生活，体验和感受西藏腹地的真实生活。需要提醒读者诸君的是，我所体验的是西藏最好的季节，含氧量可达内地的60%。若是在冬季，含氧量只有内地的50%。那时的西藏，极端天气如暴雪、暴风会更加频繁。如果不是亲自体验过这种极端天气，就永远难以体会人在大自然面前的渺小！就永远不会懂得神山圣水的庄严悲悯！就永远无法感受什么叫做高原反应、什么叫做头疼欲裂、什么叫做呼吸急促、什么叫做"肺水肿"！

　　在藏族同胞的心目中，天神的每次发怒都是自己不敬重"佛法僧"

---

* 副标题：兄弟，走，晒太阳去。

三宝的缘故,都是自己不虔诚、不恭敬的缘故。他们从自己身上找原因,不怨天,不尤人,欢喜接受命运的种种波澜。

也正是因为有了这样的亲身体验,我才越来越坚信藏族婚姻法律文化尤其是一夫多妻、一妻多夫等特殊婚姻形态法律文化的存在,绝非书斋中所想象的那样,一定有其更为深刻的背景和原因。也正是因为有了这样的体验,我才发现法律的形成不可能不受到地理空间的影响。从这种体验出发,本书详细考证了藏族婚姻法律文化与地理空间之间的关联,发现藏族这种特殊形态婚姻法律文化肇始于生存需要,是一种"本土性适应"。

每种制度文化不仅有其产生的不同地理背景,也有其不同的经济背景、伦理背景。正是基于这些原因,本书也详细考证了藏族婚姻法律文化的伦理动因和经济动因,以期从这几个方面探寻藏族婚姻法律文化的起源密码。实际上,非但藏族婚姻法律文化如是,一切文化莫不如是。

学界公认,器物、制度、精神是文化的三个层次。其中物质层面的器物位于最外层,而特有的制度、规范、准则等作为制度层属于中层,最里面的思想、意识、认知等领域的精神文化属于核心层。人是文化的主体。器物文化的存在、制度文化的提出最终都是为了最核心的人的精神文化的提升和完善,从而真正实现人的大自由、大自在与大解脱。人的精神文化的提升和完善又进一步推动器物文化的进步及制度文化的完善,二者形成良性互动。

弘一法师李叔同身体力行人生三境:物质境、精神境和灵性境。冯友兰先生认为人生有四境:自然境、功利境、道德境及最后的天地境界。印度古典文化认为每个人的人生都应该经过梵行期(学生期)、家居期(家长期)、林栖期(林住期)以及最后的托钵游历期(遁世期)。无论怎样理解人生,文化的最终目的和功用是人化,即达到"天人合一"、"我与宇宙同在"的大化之境。

藏地农牧区的生活条件在我们看来是艰苦的，但在藏族同胞看来则是美好的、舒适的、安然的。这里的每一座山、每一泓水、每一座雪峰、每一棵大树都有神的故事。这里是一片史诗的圣地，这里是一方人间的净土，这里是喜马拉雅山麓永恒、宁静、欢喜、慈悲的"香格里拉"，这里是真正"宇宙与我同在"、"天人合一"的梵天秘境！

鉴于跨学科研究将成为所有学科研究的必然趋势，本书在研究的取材上，不限于法学的素材。敦煌出土的系列吐蕃古藏文文献、藏区摩崖石刻、藏区考古资料等"静态"历史和《贤者喜宴》《西藏王臣记》《西藏王统记》《汉藏史记》《西藏通史——松石宝串》《柱间史》《红史》《白史》《青史》《萨迦世系史》《土观宗派源流》《布敦佛教史》等在藏族史学界具有较高可信度的史料，加之二十四史中有关"羌"、"党项"、"吐蕃"等内容记载的史料，以及英雄史诗（如《格萨尔》）、人物传记（如《米拉日巴传》）、寓言故事、民间传说、民俗、格言、文学、诗歌等资料，都是本书进行跨学科研究的素材。

当然，读者诸君如果对严肃的学术研究没有兴趣，也完全可以先看看附录部分的访谈资料、民间故事、调研图片以及每章前的"题记"甚至是文中注释中的小故事。无论怎样，当您心中向往着西藏圣地或者您在去拉萨的火车上、藏区的飞机上，手中拿着一本商务印书馆的"藏族婚姻法律文化研究"的时候，您的内心一定是欢喜的。

释尊在入灭时曾说："以己为岛，以己为归，舍己而外，他无所归；以法为岛，以法为归，舍法而外，他无所归"。特蕾莎修女与世长辞时说："耶稣，我爱你。"佛陀和耶稣教导世人的，不是别的，正是从爱和慈悲中爆发的智慧，正是自己的"自性"，正是那个原本的清清白白的"真我"。祝愿读者诸君都能在自己的机缘中找到"真我"、欢喜一生！

此时滨城大连，太阳正好！

写到这里,脑海中突然涌现出一个藏族朋友的声音:兄弟,走,晒太阳去!

是为序。

李春斌

于滨城大连

2016 年 12 月 16 日

题　　记

新郎那支镶嵌宝石的生命箭，
新娘那支带着玉叶的金纺锤，
当他们最初降生的时候，
他们是单独降生的，
而后他们各自生长起来。
让我们把他们托附给众神，
让我们使他们依附于众神。

男子的生命依赖于箭，
女子的生命依赖于纺锤，
让我们把他们托附给众神，
让箭和纺锤永不分离。
……

——苯教婚姻仪式颂词[1]

---

[1] ［英］桑术旦·G.噶尔梅：《概述苯教历史及教义》，向红笳译，载王尧主编：《国外藏学研究译文集》（第11辑），西藏人民出版社1994年版，第116页；周炜：《生长神灵的山水》，云南人民出版社1999年版，第39—40页。

目　　录

导　论 …………………………………………………………… 1
　一、研究背景和意义 ………………………………………… 2
　　（一）研究背景 …………………………………………… 2
　　（二）研究意义 …………………………………………… 6
　二、主要概念界定 …………………………………………… 12
　　（一）文化界说 …………………………………………… 12
　　（二）法律文化界定 ……………………………………… 23
　　（三）少数民族法律文化界定 …………………………… 30
　　（四）藏族婚姻法律文化界说 …………………………… 42
　　（五）其他相关概念界定 ………………………………… 48
　三、文献综述 ………………………………………………… 53
　　（一）国内研究综述 ……………………………………… 53
　　（二）国外研究综述 ……………………………………… 74
　四、研究思路和方法 ………………………………………… 81
　　（一）研究思路 …………………………………………… 81
　　（二）研究方法 …………………………………………… 82

第一章　藏族婚姻法律文化的形态 ……………………………… 88
　第一节　藏族婚姻法律文化的表现形态 ………………………… 89
　　一、神话传说 ……………………………………………… 89

二、故事谜歌 ………………………………………… 92
三、卜卦巫辞 ………………………………………… 96
四、图腾禁忌 ………………………………………… 99
五、伦理道德 ………………………………………… 104
六、宗教规范 ………………………………………… 109
七、盟文誓词 ………………………………………… 117

第二节 藏族婚姻法律文化中的婚姻形态 ………………… 121
一、婚姻形态的基本内涵及其演进 ……………………… 121
（一）婚姻形态的基本内涵 ………………………… 121
（二）婚姻形态的演进 ……………………………… 121
（三）本书关于婚姻形态及其演进的界说 ………… 124
二、藏族婚姻法律文化中的婚姻形态 …………………… 125
（一）双单式婚 ……………………………………… 126
（二）单复式婚 ……………………………………… 130

第三节 藏族婚姻法律文化中婚姻形态的现状调查 ……… 134
一、农牧结合区田野点Z村的婚姻形态 ………………… 134
（一）Z村的基本情况 ……………………………… 134
（二）Z村的婚姻形态调查 ………………………… 134
二、以牧为主区田野点T村的婚姻形态 ………………… 137
（一）T村的基本情况 ……………………………… 137
（二）T村的婚姻形态调查 ………………………… 138

第四节 藏族婚姻法律文化中婚姻形态的调查统计分析 …… 140
一、20世纪80年代之前的调查 ………………………… 141
（一）婚姻形态多元 ………………………………… 143
（二）双单式婚占据主导地位 ……………………… 143
（三）兄弟一妻多夫型单复式婚和姐妹一夫多妻型单复式婚

　　　　　　平分秋色 …………………………………………………… 144
　　二、1980—2000年间的调查 …………………………………………… 144
　　　　（一）婚姻形态多元 ………………………………………………… 147
　　　　（二）双单式婚占据主导地位 …………………………………… 147
　　　　（三）一妻多夫型单复式婚具有广泛的适应性 ………………… 147
　　　　（四）单复式婚分布地区广泛 …………………………………… 148
　　　　（五）单复式婚分布的差异性 …………………………………… 148
　　三、2000年之后的调查 ………………………………………………… 148
　　　　（一）婚姻形态依然多元 ………………………………………… 151
　　　　（二）在个别调研点双单式婚的主导地位丧失 ………………… 151
　　　　（三）兄弟共妻型单复式婚具有顽强的生命力和广泛的
　　　　　　　适应性 ………………………………………………………… 151
　　　　（四）单复式婚存在地区生产方式多为农牧结合 ……………… 152
　　　　（五）单复式婚分布地区有迹可循 ……………………………… 152
　第五节　藏族法律文化中婚姻形态的考察结果 …………………………… 153
　　一、藏族婚姻法律文化的表现形态多样 ……………………………… 153
　　二、藏族婚姻法律文化的婚姻形态多元 ……………………………… 154

第二章　藏族婚姻法律文化的内容 ……………………………………………… 156
　第一节　藏族婚姻法律文化中的自由婚龄 ………………………………… 157
　　一、藏族婚姻法律文化中自由婚龄的内涵 …………………………… 157
　　　　（一）生理条件许可 ……………………………………………… 157
　　　　（二）经过一定的仪式 …………………………………………… 158
　　二、藏族婚姻法律文化中自由婚龄的嬗变 …………………………… 158
　　　　（一）民主改革前：自由婚龄从未纳入法律的视野 ………… 158
　　　　（二）民主改革后：从自由婚龄到变通婚龄 ………………… 160

第二节 藏族婚姻法律文化中的通婚规则 …… 162
　　一、等级身份内婚 …… 163
　　二、骨系血缘外婚 …… 167
第三节 藏族婚姻法律文化中的婚姻仪式 …… 169
　　一、提亲前的相熟 …… 169
　　二、提亲和订亲 …… 170
　　三、送（娶）亲和迎亲 …… 175
　　四、举行婚姻仪式 …… 178
第四节 藏族婚姻法律文化中的女娶男嫁婚 …… 178
　　一、女娶男嫁婚的存在 …… 179
　　二、女娶男嫁婚男方的地位 …… 180
第五节 藏族婚姻法律文化中的离婚规则 …… 182
　　一、离婚方式 …… 182
　　二、财产分割规则 …… 183
　　　（一）聘礼返还规则 …… 183
　　　（二）适当照顾女方规则 …… 184
　　三、子女抚养规则 …… 185
　　　（一）"子由父养，女由母养"规则 …… 185
　　　（二）"乳金归母"规则 …… 186

第三章　藏族婚姻法律文化的婚姻纠纷解决机制 …… 188
第一节 藏族传统社会婚姻纠纷调处人 …… 189
　　一、活佛、喇嘛及有名望的僧侣 …… 190
　　二、部落首领及其直系后裔 …… 193
　　三、部落长老 …… 195
　　四、部落"卓博" …… 197

第二节 藏族传统社会婚姻纠纷调处原则 …… 198
一、以同意为基础的处理原则 …… 199
二、"以财代刑"原则 …… 200
第三节 藏族传统社会婚姻纠纷调处方式 …… 201
一、调解 …… 201
二、亲告 …… 202
三、讲事 …… 203
四、神判 …… 203
五、诉讼 …… 204
第四节 藏族社会婚姻纠纷解决机制的现代变迁 …… 205
一、考察样本S县和H县的基本情况 …… 206
二、婚姻纠纷调处人的变更 …… 209
（一）亲朋好友 …… 209
（二）基层干部 …… 209
（三）村庄精英 …… 210
（四）寺庙的僧侣喇嘛 …… 211
（五）信访组织 …… 211
（六）法院 …… 212
三、婚姻纠纷调处原则及方式的变化 …… 212
（一）婚姻纠纷调处原则的变化 …… 212
（二）婚姻纠纷调处方式的变化 …… 213
四、婚姻纠纷解决机制现代变迁的考察结果 …… 214
（一）传统婚姻纠纷调处主体式微 …… 214
（二）婚姻纠纷调解机制一枝独秀 …… 215

第四章 藏族婚姻法律文化的动因 …… 217
第一节 法律—地理：藏族婚姻法律文化的空间向度 …… 218

一、对独特地理环境的适应 ………………………………… 219
　　　二、生存策略和智慧 ………………………………………… 220
　第二节　法律—伦理：藏族婚姻法律文化的伦理之维 …………… 221
　　　一、兄弟和睦的伦理诉求 …………………………………… 221
　　　二、永不分家的朴素愿景 …………………………………… 223
　　　三、社会舆论的普遍评价 …………………………………… 224
　第三节　法律—经济：藏族婚姻法律文化的经济考量 …………… 226
　　　一、自给自足的自然经济基础依然占据主导地位 ………… 226
　　　二、农牧结合的生产方式及在此基础上形成的社会分工 … 230

第五章　藏族婚姻法律文化与国家法的关系 ……………………… 234
　第一节　藏族婚姻法律文化与国家法关系的历史 ………………… 235
　　　一、元朝：从蕃俗 …………………………………………… 235
　　　二、明朝：依明律 …………………………………………… 238
　　　　（一）"革胡俗、严婚禁" ………………………………… 238
　　　　（二）"依明律" …………………………………………… 239
　　　三、清朝：按蕃律 …………………………………………… 240
　　　四、民国：沿清制 …………………………………………… 242
　　　五、中华人民共和国：赋"变通"之权宜 ………………… 243
　第二节　藏族婚姻法律文化与国家法的应然互动 ………………… 245
　　　一、克服国家法之局限性 …………………………………… 246
　　　　（一）实现个案正义 ……………………………………… 247
　　　　（二）应对现实困局 ……………………………………… 249
　　　　（三）回归法之原始属性 ………………………………… 250
　　　二、尊重和承继传统婚姻法律文化 ………………………… 251
　　　三、补充法源地位之确立 …………………………………… 253

第三节　藏族婚姻法律文化与国家法的会通 …………………… 256
　　一、认可吸纳 ………………………………………………………… 257
　　　　(一)"血缘外婚"的通婚规则应当认可并吸纳 …………… 259
　　　　(二)"女娶男嫁"的婚后居住方式应当认可并吸纳 ……… 260
　　　　(三)"适当照顾女方"及"乳金归母"的离婚习惯法规则
　　　　　　应当认可并吸纳 ………………………………………… 260
　　二、否定摒弃 ………………………………………………………… 261
　　三、尊重维持 ………………………………………………………… 261
　　　　(一)单复式婚应予尊重并维持 …………………………… 263
　　　　(二)婚姻仪式应予尊重维持 ……………………………… 264
　　四、改革变通 ………………………………………………………… 265
　　　　(一)自由婚龄应当改革变通 ……………………………… 265
　　　　(二)"神判"的婚姻纠纷调处方式应当视情况改革变通 … 265
　　　　(三)"子由父养，女由母养"的习惯规则应当结合实际
　　　　　　情况改革变通 …………………………………………… 267

结　语 ……………………………………………………………………… 268
附　录 ……………………………………………………………………… 271
　　一、访谈资料(一至二十) ………………………………………… 271
　　　　(一)朋友共妻家庭 ………………………………………… 271
　　　　(二)兄弟共妻是为了弥补劳动力的不足 ………………… 271
　　　　(三)在我们这里三个丈夫最好 …………………………… 272
　　　　(四)入党与单复式婚 ……………………………………… 272
　　　　(五)"蹬羔子"的传统 ……………………………………… 273
　　　　(六)对农牧区自由婚龄的估算 …………………………… 273
　　　　(七)对某藏族大学教师有关婚龄的访谈 ………………… 273
　　　　(八)农牧区的骨系观念 …………………………………… 274

（九）择偶条件 …………………………………………………… 274

　　（十）婚约解除 …………………………………………………… 274

　　（十一）婚姻仪式和登记婚 ……………………………………… 275

　　（十二）准生证与登记婚 ………………………………………… 276

　　（十三）虫草夫妻 ………………………………………………… 276

　　（十四）女娶男嫁婚的访谈笔录 ………………………………… 276

　　（十五）婚姻纠纷找村长 ………………………………………… 277

　　（十六）婚姻纠纷找"神医" ……………………………………… 277

　　（十七）复杂的婚姻纠纷找喇嘛 ………………………………… 277

　　（十八）婚姻纠纷找信访组织 …………………………………… 278

　　（十九）关于"调解率"的访谈 …………………………………… 278

　　（二十）对婚姻法实施的访谈 …………………………………… 278

二、民间故事（一至六） ……………………………………………… 279

　　（一）和睦四兄弟 ………………………………………………… 279

　　（二）猴子和大象 ………………………………………………… 280

　　（三）金翅鸟 ……………………………………………………… 281

　　（四）拉萨河上的爱情鸟 ………………………………………… 281

　　（五）猴鸟的故事 ………………………………………………… 283

　　（六）驴马与石之裁判 …………………………………………… 283

三、照片四幅 …………………………………………………………… 286

参考文献 ………………………………………………………………… 288

后　　记 ………………………………………………………………… 300

图 表 目 录

图 1 藏族婚姻形态结构图 ………………………………… 125
表 1 20 世纪 80 年代之前藏族婚姻形态部分调查统计表 ……… 142
表 2 1980—2000 年间藏族婚姻形态部分调查统计表 ………… 145
表 3 2000—2010 年藏族婚姻形态部分调查统计表 …………… 149
表 4 西藏日喀则地区 Z 村男性初婚年龄抽样调查统计表 …… 162
表 5 S 县婚姻家庭类案件调处方式简表 ……………………… 213
表 6 H 县婚姻家庭类案件调处方式简表 ……………………… 213
表 7 日喀则地区 Z 村一年内重要经济活动简表 ……………… 232
表 8 昌都地区 T 村一年内重要牧业活动情况简表 …………… 232

导　　论

男人和女人这两个人，
就像湖自己和湖中的女神。
让人和神永不分离，
像太阳和月亮永住天上，
像雪狮威武地生活在雪上之中。
让人和神永不分开，
像老虎生活在密林中。
让人和神永不分开，
愿男人生命之金柱永不坍塌，
愿女人生命之绿松大梁永不折断。
……

——苯教婚姻仪式颂词[1]

---

[1]　[英]桑术旦·G.噶尔梅：《概述苯教历史及教义》，向红笳译，载王尧主编：《国外藏学研究译文集》(第11辑)，西藏人民出版社1994年版，第116页；周炜：《生长神灵的山水》，云南人民出版社1999年版，第39—40页。

一、研究背景和意义

(一)研究背景

中国是一个统一的多民族国家,包括藏族在内的少数民族为中华法系①的形成做出了不可磨灭的贡献。中华法系的形成和发展固然以汉民族为主导,但其他少数民族也同样做出了自己的贡献。中华法系正是融合了包括西藏藏族在内的中华各个民族的法律意识和创造力才形成的。② 中华法系凝结着少数民族的法律智慧。③ 少数民族法律文化体系自然亦成为研究中华法系、探讨中华法制文明现代意义的重要组成部分。有学者甚至认为,以少数民族习惯法为核心的民族法律文化是中国习惯法体系的"主要组成部分",是中国习惯法体系中"内容最丰富、影响最大的一种习惯法"。④ 包括藏族婚姻习惯在内的藏族婚姻

---

① "法系"一词溯源于希腊文 Geueos,英文为 legal genealogy,或 legal family,是指划分为彼此相区别的法律的系统。比较法学者将世界各国的法律,按照它们所具有的独特内容、形式和历史传统进行比较,把具有共同特征的划分为一大类,从而划分为不同的系统,从而也就形成了法系。关于法系的划分不同的学者有不同的见解,但无论怎样划分,中华法系均被公认为特点鲜明、独树一帜的法系。参见张晋藩:《中华法制文明的演进》(修订版),法律出版社 2010 年版,第 17 页。它是代表"中华文明的灿烂瑰宝,在世界法制文明史上占有重要地位。中华法系的精华对于当代法制建设仍具有借鉴作用"。参见杨一凡:《中华法系研究中的一个重大误区——"诸法合体、民刑不分"说质疑》,载《中国社会科学》2002 年第 6 期。我国台湾地区著名法制史学者陈顾远先生在《中国固有法系之简要造像》一文中,将中华法系的特质简述为六点:一是中国固有法系之神采为人文主义,并具有自然法像之意念;二是中国固有法系之资质为义务本位,并具有社会本位之色彩;三是中国固有法系之容貌为礼教中心,并具有仁道恕道之光芒;四是中国固有法系之筋脉为家庭观念,并具有尊卑歧视之情景;五是中国固有法系之胸襟为弭讼至上,并具有扶弱抑强之设想;六是中国固有法系之心愿为审断负责,并具有灵活运用之倾向。参见陈顾远:《中国文化与中国法系》,台北三民书局股份有限公司 1977 年版,第 138—151 页。

② 张晋藩:《中华法制文明的演进》(修订版),法律出版社 2010 年版,第 18 页。

③ 张晋藩:《多元一体法文化:中华法系凝结少数民族的法律智慧》,载《民族研究》2011 年第 5 期。

④ 高其才:《中国习惯法论》(修订版),中国法制出版社 2008 年版,第 6 页。

法律文化是中国少数民族法律文化的重要组成部分,理应获得较为系统和专项的研究。

中国的婚姻家庭法学应当是包括藏族在内的56个民族的"多元一体"的婚姻家庭法学,少数民族婚姻家庭法学理应成为中国婚姻家庭法学的重要组成部分。中国婚姻家庭法学的研究理应更加关注中国本土的法律经验事实及理论积淀,针对转型中国产生的中国法律问题进行认知与解释。其关注焦点主要是"转型中国"产生的"中国法律问题"而非"西方"的法律问题。中国法律文化的主体性是中华民族在伟大复兴进程中充分彰显文化自信的重要命题。中华民族的法律文化,是包括藏族在内的56个民族共同创造的,理应成为"中华大国学"①理念及中华"文化自觉"②、"中国作风和中国气派"③的重要组成部分。

包括藏族婚姻法律文化在内的少数民族婚姻法律文化研究,其意图和价值在于认识和解决中国"本土法律问题"。清末以降,特别是自1979年以来,经过30多年全盘继受西方法学,中国法学界发现西方的法律思想在本体论层面并不能解决"中国本土法律问题",于是也就有

---

① 张炯:《序》,载班贡帕巴·鲁珠:《尸语故事》,李朝群译,中国国际广播出版社2016年版,"序"第1页。

② "文化自觉"作为一个正式名词,是费孝通先生在1997年北京大学举办的第二届社会学人类学高级研讨班上提出的。这四个字表达了当前思想界对经济全球化的反应,是人们希望了解为什么世界各地在多种文化接触中会引起人类心态发生变化的迫切要求。人类发展到现在已开始要知道我们各民族的文化是哪里来的? 是怎样形成的? 它的实质是什么? 他将把人类带到哪里去? ……我们中国文化里边有许多我们特有的东西,可以解决很多现实问题、疑难问题,现在是我们怎样把这些特点用现代语言更明确地表达出来,让大家懂得,变成一个普遍的信息和共识。参见费孝通:《文化与文化自觉》,群言出版社2010年版,第399—407页。

③ 毛泽东:《中国共产党在民族战争中的地位》,载毛泽东:《毛泽东选集》(第二卷),人民出版社1991年版,第534页。

了寻求"法治本土资源"①和"中国法学向何处去"②的追问和反思。新近有学者对中国法学的知识产品进行反思和研究,认为"中国法学时局"总体而言呈现为一种"半殖民地半封建"的学术图景,"不自主和不统一"现象非常严重,学科的研究方式、理论资源、问题意识、研究方法大部分都来自于某个或某些西方国家,始终将国外的学术传统作为自己研究的思想宗主国,在学术上深深依附于发达国家,"法律移植主义"严重。③ 本书认为,这些学术批评对我国法学发展是非常有益的。

在此背景下,具有明显"本土法学"特色的少数民族法律文化研究逐渐引起学界重视。但在当下的少数民族法律文化的研究中,研究主题主要集中在对少数民族法律文化的界定、功能、作用、价值、与国家(制定)法的关系等比较宏观领域的探讨上,微观的田野调查和实证研究较为少见。从总体上而言,该主题尚处于初步研究阶段。

详言之,就民族而言,尚未完成将国内55个少数民族法律文化及

---

① 苏力:《法治及其本土资源》,中国政法大学出版社2004年版。
② 初版于2006年的邓正来的著作《中国法学向何处去》,在对中国法学的"现代化范式"进行反思和批判的基础上,对梁治平的"法律文化论"及苏力的"本土资源论"进行了严肃而认真的学术分析与批判,并在此基础上呼吁要建构中国法学的"理想图景"。这本书在法学界引起了巨大反响,并得到学界的广泛重视。《政法论坛》《现代法学》《河北法学》《浙江社会科学》等期刊曾以"专题笔谈"的形式广泛探讨"中国法学向何处去"的命题。2006年北京大学出版社出版了刘小平、蔡宏伟主编的《分析与挑战:学术传承的方式——评邓正来〈中国法学向何处去〉专题论文集》。顾培东也在《中国法学》2009年第1期撰文《也论中国法学向何处去》探讨该主题。据笔者不完全统计,关于邓公开发表的相关讨论论文已达近百篇,这在相对缺乏批判传统的当下中国法学界是极为罕见的。关于邓正来的著作,请参阅2011年的最新版本邓正来:《中国法学向何处去——建构"中国法律理想图景"时代的论纲》(第二版),商务印书馆2011年版。
③ 凌斌:《中国法学时局图》,北京大学出版社2014年版,第2—5页。

未识别①民族法律文化与汉族的传统法律文化分民族进行全方位梳理和研究;就法律文化的类型化而言,尚未按照部门法划分②进行刑事法律文化、民商事法律文化、经济法律文化、行政法律文化、生态环境法律文化、婚姻家庭法律文化、继承法律文化等内容的研究。虽然在最近几年来有学者就上述问题进行了初步探讨和研究,但在深度和广度上尚有进一步探究的巨大空间。事实上,结合民族分类,按照部门法划分,就会产生巨大的研究空间。以藏族为例,根据上述分类,就可以产生如下研究主题:藏族刑事法律文化、藏族民商事法律文化、藏族经济法律文化、藏族行政法律文化、藏族军事法律文化、藏族生态环境法律文化、藏族婚姻家庭法律文化、藏族继承法律文化,等等。

本书正是基于上述背景,分民族、按部门法,以特定区域为研究对象,撷取"藏族婚姻法律文化"为题力求开展深入系统的专项研究。

---

① 自1949年以来,中国参照苏联模式建成一个"多民族国家",在50年代开展了"民族识别"工作,政府组织专家学者深入各地调查,最后正式"识别"出56个"民族",这样一个民族格局构成了现今中国民族关系的基本框架和所有制度、政策设计实践的基础。参见马戎:《中国的民族问题与20世纪50年代的"民族识别"》,载《西北民族研究》2012年第2期。1995年出版的《中国民族识别》一书,系统介绍了50年代民族识别工作的具体过程,指出"进行民族识别的依据标准主要是民族特征和民族意愿。"参见黄光学、施联朱主编:《中国的民族识别》,民族出版社1995年版,第146页。在20世纪50年代的"民族识别"完成之后,还存在不少遗留问题,仍然有一些群体希望政府承认他们为独立的"民族",其中一些在人口普查中被统计为"未识别人口",如四川平武藏人,西藏自治区东南部察隅县的僜人及南部结盆人、定日县的夏尔巴人,云南省红河哈尼族彝族自治州的苦聪人等,以及还有这一带不大为外边人知道的本人、空格、三达、阿克、布夏、布果、岔满、等角、卡志、巴加、结多等人。参见费孝通:《关于我国民族的识别问题》,载《中国社会科学》1980年第1期。关于"民族识别"的英文参考文献,还可参见,Thomas S. Smullane, *Coming to Terms with the Nation*: *Ethnic Classification in Modern China*. Berkeley: University of California Press, 2011.

② 需要特别说明的是,将法律进行部门法学划分,是西方法学的典型思维方式。中国古代法律的典型特征是"诸法合体"。在清末"变法图强"之后,以欧陆法即大陆法系为代表的西方法学成为我国学者进行法学研究的基本范式和参照系。但在我国少数民族法律文化的研究中,笔者并不赞同进行部门法学的研究,而认为应当通过少数民族的文化背景和功能来理解并解读他(她)们的法律文化。之所以要进行部门法学的划分,只是为研究的便利。

(二) 研究意义

本研究的理论和实践意义主要有五个方面,概言之:

1. 完善少数民族婚姻法学理论的研究

客观地讲,中国少数民族婚姻法学理论的研究基本上是空白的。建国60多年以来,在学术研究中,相较于婚姻家庭法学其他诸领域的汗牛充栋,截止笔者撰写本文时,在少数民族婚姻法学理论方面,只有三部专著,分别是《滇西南边疆少数民族婚姻家庭制度与法的研究》、《中国少数民族婚姻家庭法律制度研究》和《黔东南苗族婚姻习惯法与国家法的冲突与调适》。①

另外,在法学教育领域,几乎所有的《婚姻家庭法》教材在讲到"少数民族婚姻"时,只有短短的"一章"或"一节"、约几千字的篇幅。如比较有代表性的由"司法部法学教材编辑部编审"审定的、著名的婚姻法学家巫昌祯教授主编的1997年版的《婚姻与继承法学》总共篇幅19章、397页,"民族婚姻"占1章,3页,字数1500字左右,内容包括"民族婚姻概述"及"民族自治地方对婚姻法的变通及补充规定",主要是对地方《婚姻法》变通条例的概括性介绍。② 该书1999年的修订本中,对"民族婚姻"一章未作任何修订,维持1997年版本的原貌。③ 2001年该书成为"全国司法学校法学教材",书名变为《中国婚姻法》,基于2001年《婚姻法》(修正案)的通过,对"民族婚姻"问题做了大幅度修正和调整。全书共10章,260页,"民族婚姻"占1节,5页。将"民族婚姻"放

---

① 这三部著作,参见杨怀英、赵勇山等:《滇西南边疆少数民族婚姻家庭制度与法的研究》,法律出版社1988年版;雷明光:《中国少数民族婚姻家庭法律制度研究》,中央民族大学出版社2009年版;李向玉:《黔东南苗族婚姻习惯法与国家法的冲突与调适》,知识产权出版社2011年版。

② 巫昌祯主编:《婚姻与继承法学》,中国政法大学出版社1997年版,第365—367页。

③ 巫昌祯主编:《婚姻与继承法学》(修订本),中国政法大学出版社1999年版,第365—367页。

在了"婚姻法的适用"主题之下,以"民族自治地方有关婚姻法的变通规定"为题,主要围绕"概述"、"制定变通规定的原则和程序"两个问题展开。该内容较之该书1997年的版本和1999年的修订版本花费了不少心力。此后,几乎全国所有的婚姻法学教材都是按照这个思路进行编写的。① 在该书第4版中,主要是结合最高人民法院关于婚姻法的司法解释(一)、(二)以及《婚姻登记条例》等内容进行修订,篇幅依然维持在10章,196页。"民族婚姻"占1节,4页。与2001年在该问题上的论述的版本几乎别无二致。② 在另一本全国司法院校普遍采用、教育部推荐的"21世纪法学系列教材"《婚姻家庭法》中,"民族婚姻"只占1节,4页(全书篇幅13章,308页),主要是以"民族婚姻家庭法律问题"为题,就"民族婚姻家庭及其立法"和"变通规定的主要内容"两个问题展开阐述。其中前者主要包括"民族婚姻家庭的特征"、"对处理民族婚姻家庭问题的一般要求"、"民族自治地方对《婚姻法》的变通或补充性立法"等内容,后者主要包括"基本原则方面的补充规定"、"关于结婚和离婚方面的变通或补充规定"及"其他方面的补充规定"。③ 而其主题也是主要围绕法条所规定的"变通规定"展开。④

---

① 巫昌祯主编:《中国婚姻法学》(修订本),中国政法大学出版社2001年版,第247—251页。
② 同上书,中国政法大学出版社2007年版,第181—185页。
③ 杨大文主编:《婚姻家庭法》(第3版),中国人民大学出版社2006年版,第290—293页。
④ 1950年《婚姻法》第27条第2款规定:"在少数民族聚居的地区,大行政区人民政府(或军政委员会)或省人民政府得依据当地少数民族婚姻问题的具体情况,对本法制定某些变通的或补充的规定,提请政务院批准施行。"1980年《婚姻法》第36条规定:"民族自治地方人民代表大会和它的常务委员会可以依据本法的原则,结合当地民族婚姻家庭的具体情况,制定某些变通的或补充的规定。自治州、自治县制定的规定,须报请省、自治区人民代表大会常务委员会批准。自治区制定的规定,须报全国人民代表大会常务委员会备案。"2001年《婚姻法》(修正案)第50条规定:"民族自治地方的人民代表大会有权结合当地民族婚姻家庭的具体情况,制定变通规定。自治州、自治县制定的变通规定,报省、自治区、直辖市人民代表大会常务委员会批准后生效。自治区制定的变通规定,报全国人民代表大会常务委员会批准后生效。"

可见,相较于我国56个民族及诸多未识别民族"多元一体"的实际国情而言,现有关于少数民族婚姻法学理论研究所占分量显然畸轻。因此,亟待学界同仁在少数民族婚姻法学理论方面有所作为。本书正是通过对藏族婚姻法律文化的个案研究,为少数民族婚姻法学理论的研究做出自己的智识努力。

2.拓展现有婚姻法学基本理论研究的深度和广度

婚姻国家法与以婚姻习惯法为核心的婚姻法律文化的关系问题,是婚姻法学基本理论研究中的元问题,属于婚姻家庭法哲学①的范畴。现有婚姻法学的基本理论尚未就该问题进行专项和系统研究。通过少数民族婚姻法律民族志②的个案研究,就有可能获得关于婚姻国家法和以婚姻习惯法为核心的婚姻法律文化关系的规律性认知。

现有婚姻法学基本理论对婚姻形态的研究,受马克思主义经典作

---

① 由于"婚姻家庭法"的名称尚未成为学界共识,因此该种部门法哲学有多种称谓,如"家庭法哲学"、"亲属法哲学"、"婚姻家庭法哲学"等,笔者暂以传统部门法学科划分,称之为"婚姻家庭法哲学"。关于该领域的相关文献参见李春斌:《为什么民法典应将"婚姻法"正名为"亲属法"》,载《甘肃社会科学》2016年第2期;徐国栋:《家庭法哲学两题》,载《法制与社会发展》2010年第3期;蒋月:《婚姻家庭法前沿导论》,科学出版社2007年版;夏吟兰:《离婚自由与限制论》,中国政法大学出版社2007年版;王歌雅:《中国婚姻伦理嬗变研究》,中国社会科学出版社2008年版;金眉:《中国亲属法的近现代转型》,法律出版社2010年版;陈苇:《中国婚姻家庭法立法研究》(第2版),群众出版社2010年版;曹贤信:《亲属法的伦理性及其限度研究》,群众出版社2012版。英文著作,参见 Laurence D. Houlgate, *Family and State: The Philosophy of Family Law*. Totowa, N. J.: Rowman & Littlefield, 1988.

② 民族志,是人类学家的重要研究方法,通常与人类学家的田野工作密切相关。它是指研究者长期亲自周密地观察、记录、参与异种文化的日常生活,并详尽且忠实地记述、描述、说明所观察到的现象和文化的一种研究方法。人类学奠基大师布朗指出,社会人类学作为一门归纳科学,必然是只依靠事实,只依靠得到确切证实的对事实的观察。参见[英]布朗:《社会人类学方法》,夏建中译,台北桂冠图书股份有限公司1991年版,第35页。法律民族志,是指采用民族志的方法研究与法律密切相关的秩序维持和社会控制的一种研究方法。婚姻法律民族志,则是指通过民族志的方法研究与婚姻家庭密切相关的秩序维持和社会控制的一种研究方法。

家(以下简称"经典作家")思想①的影响,以丧失对中国婚姻形态尤其是少数民族婚姻形态主体地位和独立性肯认为前提,论证、证明、补充经典作家在人类婚姻形态演变上的结论,是一种典型的先验思维研究,有必要反思和矫正。通过对藏族婚姻法律文化的个案研究,尤其是婚姻形态的研究,可进一步拓展现有婚姻法学基本理论的广度和深度。

3. 为婚姻法在藏区的变通实施提供参考

西藏自元朝纳入中国中央政权的直接管辖以来,历代中央政权在调整西藏乃至其他藏区婚姻关系时虽然方法各异,但在尊重西藏及其他藏区历史上形成的婚姻习惯和地方性的婚姻法律规范这一点上,都是相通的。1949年中华人民共和国成立后,为了兼顾统一多民族国家的实际国情,历次《婚姻法》均为少数民族地区留有"缺口",并为其实施作了"变通规定"。但现在的问题是,地方立法机关除了针对婚龄、生育制度进行适度调适外,在很大程度上并没有通过积极行使"变通规定"为本区域内存在的独特的婚姻法律文化寻找权源性支持。以西藏为例,1981年通过、2004年修正的《西藏自治区施行〈中华人民共和国婚姻法〉的变通条例》(以下简称《西藏〈婚姻法〉变通条例》)共7条,其实际内容共有6条。但大部分内容是关于对《婚姻法》基本原

---

① 马克思主义经典作家恩格斯的《家庭、私有制和国家的起源》、马克思的《摩尔根〈古代社会〉一书摘要》及摩尔根的《古代社会》中所揭示者,乃人类社会婚姻形态从低到高依次经历了血缘婚、普纳路亚婚、对偶婚、一夫多妻婚(特殊形态)和一夫一妻婚等五种婚姻形态。由这些婚姻关系依次又发展出五种家庭形态,即血缘家庭、普纳路亚家庭、对偶家庭、父权制家庭(特殊形态)和一夫一妻制家庭。参见[德]恩格斯:《家庭、私有制和国家的起源》,中共中央马克思恩格斯列宁斯大林著作编译局译,人民出版社2003年版;[德]马克思:《摩尔根〈古代社会〉一书摘要》,中国社会科学院历史研究所翻译组译,人民出版社1965年版;Lewis H. Morgan, LL. D. *Ancient Society; or Researches in the Lines of Human Progress from Savagery, through Barbarism to Civilization*, Chicago: Charles H. Kerr & Company Chicago. 1907.

则的进一步强调,如第 3 条、第 4 条、第 5 条、第 6 条。① 很少有关于《婚姻法》规定具体内容的"变通",这与"变通规定"设置的立法本意大相径庭。

事实上,较大区域的调研、田野调查、实地访谈及数据分析等内容应当成为地方立法机关在制定诸如《西藏〈婚姻法〉变通条例》等地方立法前所做的首要工作。但就笔者目前所掌握的情况及实地访谈而言,地方立法机关在制定及修正《西藏〈婚姻法〉变通条例》时,这方面所做的工作似乎较为欠缺。以西藏及其他藏区目前存在的"一夫多妻"、"一妻多夫"等单复式婚为例,西藏及其他藏区地方立法机关及相关部门虽然进行了部分调查,但并未进行大规模、大数据的田野调查,对于该种婚姻形态的分布、人数、婚姻实际情况掌握得不是很理想。这不能不说是一个巨大的遗憾。因此,本书力求通过较为扎实的田野调查,为《婚姻法》在西藏及其他藏区的变通实施提供参考。

4. 增进藏汉兄弟民族在婚姻法律文化上的共识

藏族婚姻法律文化,是指藏族为适应青藏高原特有的生态环境而在藏区形成的包括婚龄、婚约、婚姻形态、婚姻缔结原则、通婚规则、婚姻缔结方式、婚姻仪式、婚后居住形式、婚姻解除、婚姻纠纷解决等方面内容的行为规范文化现象。藏族婚姻法律文化是中国传统法律文化的重要组成部分。

---

① 《西藏〈婚姻法〉变通条例》第 3 条"对各少数民族传统的婚嫁仪式,在不妨害婚姻自由原则的前提下,应予尊重"和第 4 条的规定"禁止利用宗教干涉婚姻家庭",是对《婚姻法》"婚姻自由原则"的进一步强调;第 5 条的规定"结婚、离婚必须履行登记手续"是对婚姻法"婚姻要式主义"的进一步强调;第 6 条的规定"对非婚生子女生活费和教育费的负担,应按中华人民共和国婚姻法第 19 条的规定执行。改变全由生母负担的习惯。"笔者注:该条指向疑似错误,现行婚姻法第 19 条是关于夫妻财产制的规定,与非婚生子女抚养没有任何关系。其本意应当是现行《婚姻法》25 条第 2 款,即"不直接抚养非婚生子女的生父或生母,应当负担子女的生活费和教育费,直至子女能独立生活为止"是对"非婚生子女权益"的强调。

笔者赞同将法律视为一种"动态的文化现象"①的观点,并认为,法律作为一种文化现象,②应当将其放置在广阔的社会背景下研究,法律

---

① 在法律人类学的领域中,法律被当成一个动态的文化现象,跟其他相关的文化现象摆在一起研究,因为原初社会的法律在功能上深深依赖其他文化部门(如宗教、经济、政治等)。参见林端:《儒家伦理与法律文化:社会学观点的探索》,中国政法大学出版社 2002 年版,第 22 页。

② 美国法律文化研究的奠基人之一、法律人类学家、"法律与社会学会"前会长西尔贝(Silbey)教授在 1992 年发表的论文《将法律作为文化场域的分析》中就指出,法律是文化过程形成的一部分,法律强有力地促成了种种社会关系。See Susan S. Silbey, *Making a Place for a Cultural Analysis of Law*. Law and Social Inquiry, 1992, 17(1):41. 对中国大陆学者有影响力的著作除西尔贝教授之外,美国学者格尔茨(C. Geerte)的《文化的解释》(译林出版社 2008 年版)中提出的"地方性知识"及德国学者何意志(Heuser, R.)的《法治的东方经验——中国法律文化导论》(参见[德]何意志:《法治的东方经验——中国法律文化导论》,北京大学出版社 2010 年版)等书均具有相当的影响力。中国台湾地区法史学者黄源盛教授认为,法律文化乃是人类在法律生活方面活动的一切现象的总和,它是由法律规范、法律思想和人民法律意识及法律运作等因素所组成的一种特有的文化机制,它包括有形的立法、司法等外在因素,也包括人民对法律的认知及态度等内在因素。……事实上,传统中国有独特的历史文化,也有独特的法律文化,往往成文法典的颁行是一回事,实际的施行又是一回事。因此,探讨传统的法律文化,自不应局限于历朝颁订的成文法典,必须由律条本身、社会内部和民间实际的运作情况,以及人民的法律意识做统合的考察。参见黄源盛:《从法继受观点论中国法律文化的传统与转折》,载《法理学论丛——纪念杨日然教授》,台北元照出版有限公司 1997 年版,第 502 页。"法史研究的价值不在实用,而在于文化",参见黄源盛:《中国法史导论》,广西师范大学出版社 2014 年版,第 24 页。实际上,何止法学教育,举凡一切经典训练的价值,均在文化。朱自清先生就说过:"经典训练的价值不在实用,而在于文化"。参见朱自清:《经典常谈》,三联书店 2008 年版,"序"第 1 页。中国大陆地区对"法律文化"研究较有影响力的著作自新中国成立后主要有梁治平的《法律的文化解释》《寻求自然秩序中的和谐》和《法辨:法律文化论集》(三联书店 1994 年版;商务印书馆 2016 年印刷;梁治平《法辨:法律文化论集》,广西师范大学出版社 2015 年版)、刘作翔的《法律文化理论》(商务印书馆 2013 年版)、范忠信的《中西法文化的暗合与差异》(中国政法大学出版社 2001 年版)、武树臣的《中国法律文化大写意》(北京大学出版社 2011 年版)、张中秋的《中西法律文化比较研究》(法律出版社 2009 年第 4 版)、何勤华、贺卫方、田涛三位学者的对话录《法律文化三人谈》(北京大学出版社 2010 年版)、赵旭东的《法律与文化——法律人类学研究与中国经验》(北京大学出版社 2011 年版)、曾宪义、马小红主编的《礼与法:中国传统法律文化总论》(中国人民大学出版社 2012 年版)、徐忠明的《明镜高悬:中国法律文化的多维观照》(广西师范大学出版社 2014 年版)、何柏生的《法律文化的数学解释》(商务印书馆 2015 年版)等。中国大陆地区学者虽然对法律文化的理解各不相同,但有一点是共同的,那就是均将法律作为一种文化现象来研究和探讨。在这一点上,与美国学者及中国台湾地区学者在理解上是一致的。

和地理、政治、经济、道德、宗教、习惯、禁忌、图腾、民族等因素存在着相当程度的关联。

典型的即如汉族公民在听闻当下藏区较为偏远的部分地区还存在"一妻多夫"、"一夫多妻"等单复式婚①时,所表现出来的猎奇心态。因此,本文在某种程度上担当了厘清、解释藏族婚姻法律文化的任务,从而"祛魅"、"还原"、祛除"污名",以增进藏汉兄弟民族在婚姻法律文化上的了解和共识,增强中华民族的凝聚力、向心力和亲和力。

二、主要概念界定

概念是进行科学研究的基点。为防止读者对相关概念的误解,有必要将本文主题涉及的相关主要概念,包括文化、法律文化、少数民族法律文化、藏族婚姻法律文化、藏族婚姻习惯法、法、习惯、习惯法、民族、族群、少数民族、西藏、西藏民主改革、西藏传统社会等,进行厘清和界定。

(一)文化界说

1."文化"的语源

"文化"一词在我国的出现,最早可追溯到《周易·贲卦·象传》。"彖曰:贲亨,柔来而文刚,故亨;分刚上而文柔,故小利而攸往。刚柔交错,天文也;文明以止,人文也。观乎天文,以察时变;观乎人文,以化成天下。"②其中"观乎人文,以化成天下"一语是"文""化"一词的最早来源。我们今天使用的"文化(culture)"是19世纪末通过日文转译,从西方引进的。上古进期的"文""化"首先是两个字,"文"主要做名词,"化"主要做动词,其基本含义是:以"文""化"人,即通过"文"来"化育"、

---

① 对何谓"单复式婚",详见本文第一章第二节"藏族婚姻法律文化中的婚姻形态"的讨论。
② 陈鼓应、赵健伟注译:《周易今注今译》,商务印书馆2005年版,第212页。

"成就"人。

那么,这个"文"是什么意思?通过什么样的"文"才能"化"人呢?我们从古文字开始说起。甲骨文中,"文"有多种写法,"文"、"文"。金文中,"文"亦有多种写法:"文"、"文"、"文"。秦小篆中,"文"字统一为"文"。汉隶中的"文"字则演变为"文"。①

关于"文"字的以上演变,学界有不同的解释。

一种解释认为,"文"主要是"错画"、"交错",从而用于记事。《说文解字·卷九上》中解释说:"文,错画也。象交文。凡文之属皆从文。"②1901年出版的《澄衷蒙学堂字课图说·卷二·十二》中解释说:"文,象两纹交互也。仓颉造字,依类象形,谓之文。"③这两个重要的解释,意思都是说,"文"是个象形字。"文"的意思是通过众多线条交错形成的图案或者记事符号,以此来记录天象、时序、季节变更、祭祀、战争、王位继替或者重要的日常生活经验等天、地、人世所发生的重要的事件,以便传诸后世。这是原始先民继岩画之后,进一步提炼、浓缩地刻画在岩石或兽骨上,用来传达思想、意识、想象、愿望、憧憬的图画性符号。

另外一种解释认为,"文"主要是人身上的"纹身"。《甲骨文字典》的作者认为,文"象正立之人形,胸部有刻画之纹饰,故以纹身之

---

① 以上关于"文"字的演变,综合参见徐中舒主编:《甲骨文字典》四川辞书出版社1989年版,第995—997页;戴家详主编:《金文大字典》,学林出版社1995年版,第3007—3027页;徐无闻等编:《甲金篆隶大字典》,四川出版集团、四川辞书出版社2006年版,第625页;(汉)徐慎撰:《说文解字》,(宋)徐铉校定,中华书局1963年版,第185年;刘书屏编:《澄衷蒙学堂字课图说》,团结出版社2014年版,卷二,十二;左民安:《细说汉字》,九州出版社2005年版,第222页;[瑞典]林西莉:《汉字王国》,李之义译,三联书店2008年版,第331页;吴苏仪编:《图解说文解字(画说汉字)》,陕西师范大学出版社2010年版,第367页。

② (汉)徐慎撰:《说文解字》,(宋)徐铉校定,中华书局1963年版,第185页。

③ 刘书屏编:《澄衷蒙学堂字课图说》,团结出版社2014年版,卷二,十二。

纹为文。〇、〇、■，象人胸前之交文错画，或省错画径作㐅，至金文错画之形渐伪而近于心字之形。"①《金文大字典》作者援引《礼记·王制》"东方曰夷，被发文身，有不火食者矣"并"孔疏，文身者，谓以丹青纹饰其身"，再引《穀梁传·哀公十三年》"吴，夷狄之国也，祝发文身"，最后综合认为："文身为初民普遍之习俗，吾族祖先自无例外，由于进化较邻族为早，故不见诸传记。'文'训，错画，引申之意也。"②《细说汉字》的作者也认为，"文"字的本意就是"胸前刻的花纹"，并认为我国上古人有这样的习惯，还援引了《庄子·逍遥游》中的"越人断发文身"以资证明。③《汉字王国》的作者则列举了"文"字在甲骨文和金文中的含义，并认为，"文"字的一种含义是"文身的人"——后世的评论家这样说，并引证古典文献中有关边陲地区的古代"蛮子"经常用文身来美化自己的段落。但作者显然对这样的解释并不认同。该书指出："如果是这样的话，那真是一种讽刺。正是有这样起源的字后来构成了中国文化中的高雅和文明，其反义词的粗鲁、落后和'野蛮'"。④

　　本书认为，对于第二种解释，即认为"文"是人身上的"纹身"，值得商榷。理由很简单，《礼记·王制》《穀梁传·哀公十三年》《庄子·逍遥游》这些典籍，尽管学界对于其具体断代并无定论，但基本可以确定的是，这些典籍均是在商代甲骨文之后。那么，用后代的典籍来解释上古的"文"字的含义，是否合理？更何况，在甲骨文之前，原始先民普遍通

---

① 徐中舒主编：《甲骨文字典》，四川辞书出版社1989年版，第966页。
② 戴家祥主编：《金文大字典》，学林出版社1995年版，第3026—3027页。
③ 左民安：《细说汉字》，九州出版社2005年版，第222页。
④ [瑞典]林西莉：《汉字王国》，李之义译，生活·读书·新知三联书店2008年版，第332页。

过岩画①来记事、表达思想,这已成为学界共识。故而,"纹身之说"只能是"文"这个字的引申含义,绝非本意。

对于第一种解释,即《说文解字》中,认为"文"乃是"错画"、"交错",从而用于记事,表达思想、愿望等的解释,显然有一定的道理,是"文"这个字的本意之一,但还不是该字的全部含义。

本书拟根据《周易》②之原始含义,对"文"字提出第三种解释。本书认为,"文"字的本意,除了"错画"、"交错",从而用于记事,表达思想、愿望等含义外,尚有"为天地立心",③将人区别于禽兽和动物,从而使人具有人应该有的德行,最终目的是以"文""化"人,通过"文"使人区别于动物禽兽。

前文述及,"文"在金文中写用"𠀁",其中"𠀃"之内的"𠁌"("心")字颇值得研究。那么,这个"𠁌"("心")是什么意思?宋代大儒张横渠先生说得非常清楚:"大言天地之心者,天地之大德曰生,则以生物为本者,乃天地之心也。""天地之心惟是生物。"④这意思是说天地以生物为本,具有滋生万物之"德"。

这种"德"就是中华文化流传下来的"道统"。无论是《易经》中"乾"的"大哉乾元,万物滋始"还是"坤"的"至哉坤元,万物滋生"中天地之

---

① 仅在我国,在东北方向,就存在着黑龙江伯力地区岩画、内蒙古白岔河流域岩画、狼山岩画、贺兰山岩画、阴山岩画等。在西北方向则存在着宁夏中卫岩画、甘肃靖远县吴家山川岩画、内蒙古阿拉善右旗曼德拉岩画、甘肃嘉峪关岩画、青海九龙沟岩画、新疆天山岩画,等等。参见周兴华编著:《中卫岩画》,宁夏人民出版社1991年版,第28页。

② 现代学界研究一般认为,《周易》(六十四卦及卦爻辞)成书于殷末周初,反映了文王与纣王之事,其重卦出自文王之手,卦爻辞是周公所作。这在太史公司马迁著《史记》中有明确的记载。《史记·周本纪第四》:西伯盖(即周文王)即位五十年,其囚羑里,盖益《易》之八卦为六十四卦。参见(汉)司马迁《史记》,岳麓书社2001年版,第18页。

③ 关学尊师、宋明理学开创者张载先生曾有:"为天地立心,为生民立命,为往圣继绝学,为万世开太平"之"四为"名句。其中,"为天地立心"位于篇首。参见黄宗羲、全祖望:《宋元学案》,陈金生等点校,中华书局1986年版,第664页。

④ 张载:《张载集》,章锡琛点校,中华书局1978年版,第113页。

"德合无疆"思想①,还是儒家中"天地之仁"②之"仁爱"③精神,抑或道家中的"上善若水"④之"水德",或者墨家"兼相爱,爱人若爱其身"⑤之"兼爱"思想,抑或佛家"众生平等"、⑥"同体大悲"之"慈悲"精神。中华文化的终极价值或者目的就是使人"养心明德"。

实际上,在古文字中"德"通假"悳"。这种思想在《说文解字·心部》解释得非常清楚:"悳,外得于人,内得于己也。从直从心。"⑦换言之,"德"、"悳"字要"从直",就是要直视、正视己心,从而达到"正心"的目的。"正心"是儒家"修身齐家治国天下"的前提。⑧ 宋代大儒朱熹先生在《近思录》中录《二程文集》言:"觉者,约其情,使合于中,正其心,养其性。"⑨将"正心"作为为学之大要,并再三强调:"学之道,必先明诸

---

① 陈鼓应、赵建伟注译:《周易今注今译》,商务印书馆2016年版,第6、38页。
② 张横渠说:"天本无心,及其生成万物,则须归功于天,曰:此天地之仁也。仁人则须索做,始则须勉勉,终则复自然。人须常存此心。""以此存心,则无有不善。"参见张载:《张载集》,章锡琛点校,中华书局1978年版,第266页。
③ 据杨伯峻先生统计,《论语》中出现"仁"的频率为109次,其中105次"仁"字均为"孔子的道德标准"。参见杨伯峻译注:《论语译注》,中华书局2009年版,第219页。
④ "上善若水。水善利万物而不争,处众人之所恶,故几于道。居善地,心善渊,与善仁,言善信,正善治,事善能,动善时。夫唯不争,故无尤。"(魏)王弼注:《老子道德经注》,楼宇烈校释,中华书局2011年版,第22页。
⑤ 方勇译注:《墨子》,中华书局2015年版,第122页。
⑥ 佛家根本经典《金则经》曰:"复次,须菩提,是法平等无有高下,是名阿耨多罗三藐三菩提。以无我、无人、无众生、无寿者修一切善法。即得阿耨多罗三藐三菩提。须菩提,所言善法者,如来说即非善法,是名善法。"陈秋平、尚荣译注:《金则经·心经·六祖坛经》,中华书局2016年版,第98页。
⑦ (汉)徐慎撰:《说文解字》,(宋)徐铉校定,中华书局1963年版,第217页。
⑧ 儒家经典《大学》有云:"古之欲明明德于天下者,先治其国;欲治其国者,先齐其家;欲齐其家者,先修其身;欲修其身者,先正其心;欲正其心者,先诚其意;欲诚其意者,先致其知;致知在格物。物格而后知至,知至而后意诚,意诚而后心正,心正而后身修,身修而后家齐,家齐而后国治,国治而后天下平。"参见王国轩译注:《大学·中庸》,中华书局2007年版,第4页。
⑨ (宋)朱熹、吕祖谦编:《近思录》,查洪德注译,中州古籍出版社2016年版,第59—60页。

心,知所往,然后力行以求至,所谓自明而诚也"。这与《大学》之"明明德"①旨趣异曲同工。对此终生践行"知行合一"的王阳明先生在《传习录》中说得最直截了当:"至善是心之本体"、"心即理也。天下之事有心外之事,心外之理乎?"②"德"、"悳"字要"从心",则表明古人修德全在心斋的功夫,在内心的修养。对此,有学者精辟地指出:文明之"文"本是相对于"武"而言,是指脱离野蛮的文雅。人如何区别于动物而表现为文雅,关键即在于心斋,所以"文"字乃作人形而明心之形。③ 这在关于古代的谥法典籍《逸周书》中就说得更明白了。《逸周书·谥法解》载:"经纬天地曰文,道德博厚曰文,学勤好问曰文,慈惠爱民曰文,愍民惠礼曰文,锡民爵位曰文"。

可见,在中华文化系统中,"文""化"的根本功用是将人区别于禽兽和动物,从而使人具有人应该有的德行。其最终目的是以"文""化"人,通过"文"使人区别于动物禽兽。

2."文化"的学理界定

19世纪中叶以来,"文化"一词成了学术界和生活中使用最频繁的术语之一,也是歧意最多的用词之一。不仅各门学科对它定义各不相同,而且同一学科对它的定义也往往大相径庭。M.佩恩(M. Penn)主编的《文化理论与批判理论词典》中有这样一句话对我们理解文化或许有所启发:"关于文化的研究,或曰文化理论,具有同文化一样的多重性"。④ 1952年美国学者克罗伯(A. L. Kroeber)和克拉克洪(Clyde Kluckhonn)合著《文化,关于概念和定义的探讨》一书在梳理文化定义

---

① (宋)朱熹集注:《论语·大学·中庸》,上海古籍出版社2013年版,第249页。
② (明)王阳明:《王阳明全集》(第一册),线装书局2012年版,第75页。
③ 冯时:《见龙在田天下文明——从西水坡宗教遗存论到上古时代的天文与人文》,载《濮阳职业技术学院学报》2012年第3期,第1页。
④ 萧俊明:《文化理论的兴起》,载《国外社会科学》2000年第2期,第69页。

时注意到了这样一个事实:泰勒(Edward Burnett Tylor)的《原始文化》一书在1871年出版之后,也即他的文化定义提出之后,一直到20世纪初的32年间竟然没有一条新的定义提出。从表面上看,这似乎有些后无来者的意味,其实这恰恰说明在这一时期人类学界关于文化观的研究处于一个停滞阶段。这并非是因为人类学家们不思进取,而是因为他们实在寻找不到突破口。对泰勒持批判立场的美国人类学奠基人博厄斯(Franz Boas)直到72岁高龄时才提出其第一条正式的文化定义。根据克罗伯和克拉克洪的考察,从1900年到1918年,仅出现了6条新的定义,而从在1920年到1950年出现了一个高峰期,美国学界突然间冒出了不下157条新的定义,其中大部分都是由人类学家提出的。① 后来,他们收集了1871—1951年间对于文化概念的定义164个,也就是说,尽管都用文化一词,实际上至少有164种文化概念。② 20世纪以后,文化概念就更多了,根据最新的统计数据,关于文化概念的定义模式,已经有260种之多。

综观林林总总的"文化"界定,有从学科分工方面理解的,诸如——关于文化概念的分歧,主要还是基于文化人类学、文化社会学、文化史学、文化哲学等研究文化现象的不同学科的学科分野所致;也有从广义、中义、狭义三个视角进行诠释的,通过对各种文化概念的分析,我们可以大致归纳出内涵不同的三种文化观:广义文化观、中义文化观和狭义文化观。广义的文化观认为,文化是人类创造的一切,主要包括精神文化、制度文化和物质文化。中义的文化观认为,文化是指社会的意识形态,以及与之相适应的制度和组织机构。狭义的文化观认为,文化仅

---

① Adam Kuper, *Culture: The Anthropologists Account*, MA: Harvard University Press, 1999, pp. 56—57.
② 王仲士:《马克思的文化概念》,载《清华大学学报(哲学社会科学版)》1997年第1期,第20页。

指社会的意识形态,或社会的观念形态,即精神文化。这两种分析对于进一步理解文化的概念都很有价值和意义,但其主要是从纵向对文化概念进行梳理的,无法展示文化概念的多面向性和流变。本书认为,文化的分析维度有四:一是行为模式层面,二是精神层面,三是价值层面,四是符号层面。现分述如下:

(1)行为模式层面

在行为模式层面,爱德华·泰勒关于文化的定义,不仅在英美人类学界而且在与文化相关的研究领域都被奉为金科玉律,凡是一般地谈及文化时,几乎都把它列为第一个具有现代意义的文化定义。在其名著《原始文化》中,他如此界定:"文化或文明,从其宽泛的民族志意义上来理解,是指一个复合整体,它包含知识、信仰、艺术、道德、法律、习俗以及作为社会一个成员的人所习得的其他一切能力和习惯"。[①] 美国人类学者克拉克洪对文化的定义多被人们引用和关注,他指出文化是"历史上所创造的生存方式系统,既包括显性方式又包括隐性方式;它具有为整个群体共享的倾向,或是在一定时期中为群体的特定部分所共享"。[②] 有一大批人类学家,包括本尼迪克特(Ruth Benedict)、博厄斯(Franz Boas)、米德(Margaret Mead)、林顿(B. Linton)、洛伊(Lowie)、马林洛夫斯基(Malinowski,Bronislaw Kaspar)、施宾格勒(Oswald Arnold Gottfried Spengler)、汤因比(Arnold Joseph Toynbee)等,都持与上述定义相似的观点。需要特别注意的是,人类学的文化定义第一次将文化看做是"复杂的整体",并且强调"文化是整个的生活方式"。这是人类对"文化"认识的飞跃式进步。

[①] Edward Tylor, *Primitive Culture*, London, New York: Herry Holt Press, 1888, p. 1.
[②] [美]克莱德·克拉克洪等:《文化与个人》,高佳等译,浙江人民出版社1986年版,第6页。

这意味着,在行为模式层面:首先,考察文化的文本并非是逻辑建构中的思想体系或者个别精英的经典文本,而是关照某种真实生活过或生活着的群体;其次,文化的内容被指向某类或某种群体的生活方式,侧重行为特点、习惯习俗、生活用具、观念特征等较细致的方面;再次,文化在他们那里,依据不同的民族、不同的群体,在观察不同生活方式的基础上,具有比较详细的类型化划分;最后,从人类学或者社会学的视角,文化更多的是一种积习和沉淀,是事实存留下来的一种生活状态。可见,注重从事实状态出发,描述、调查、观察是其文化研究的主要方式。观察到的事实是否与理想设计有关,他们多数并不打算做过多探讨。沉淀而成的、在日常生活中发生着的就是文化。[①] 这是从行为模式层面对文化的理解。

(2)精神层面

从"精神层面"理解文化,是最为常见的理解方式。一般认为,所谓文化,广义上是指人类在社会历史发展过程中所创造的物质财富和精神财富的总和,狭义上特指精神财富,如文学、艺术、教育、科学等。

这种界定其实与马克思主义经典作家马克思对于文化的理解紧密相关。马克思关于文化概念的内涵是丰富和多义的。从其最终根源上来说,文化是建筑在经济基础之上的观念意识形态,它们之间存在着原生和派生、决定和被决定、作用和反作用的关系;从其直接表现形态来看,文化属于与物质生产相对应的精神生产的范畴,它们之间一开始就存在着互为前提、互为条件、相互作用、相互渗透的关系;从系统整体的大文化观来看,文化就是文明,就是人类所创造的全部积极的物质、政治和精神成果的总和,是人类改造自然、改造社会以及人类自身的一切

[①] 张丽清:《文化概念研究的几种路向及其分析》,载《新视野》2012年第5期,第26页。

对象化活动的产物;从文化观念在社会系统中的思想导向作用来看,文化就是"时代精神的精华",是"文明活的灵魂",是潜藏于社会生活深处的"观念的表征"。① 当然,有学者也认为,在马克思的著作中,狭义的文化概念即意识形态的精神文化仅偶有使用。马克思更多地指出,文化是人改造自然的劳动对象化中产生的,是以人化为基础,以人的本质或本质力量的对象为实质的,它包括物质文化、精神文化、制度文化等因素,是一个广义的文化概念。②

这种层面的理解与狭义的文化观,即认为文化仅指社会的意识形态,或社会的观念形态,即精神文化的理解是一致的。

(3)价值层面

德国古典哲学集大成者黑格尔认为:"文化以其绝对的定义说……是解放和高度解放的工作。"③这一简明概括突出了文化的价值性和客观效果。美国文化学学者丹尼尔·贝尔指出,"每个社会都设法建立一个意义系统,人们通过它们来显示自己与世界的联系。这些意义规定了一套目的,它们或像神话和仪式那样,解释了共同经验的特点,或通过人的魔法和技术力量来改造自然。这些意义体现在宗教、文化和工作中。在这些领域里丧失意义就造成一种茫然困惑的局面。④ 可见,以价值为核心词语是文化研究的重要路向之一。

---

① 《马克思恩格斯全集》第42卷,人民出版社1979年版,第97、118页;《马克思恩格斯全集》第23卷,人民出版社1972年版,第559页;《马克思恩格斯选集》第3卷,人民出版社1995年版,第298、299、300页;《马克思恩格斯全集》第1卷,人民出版社1956年版,第120页。

② 王仲士:《马克思的文化概念》,载《清华大学学报》1997年第1期,第20—26页。

③ [德]黑格尔:《黑格尔全集》(第17卷),梁志学、李理译,商务印书馆2012年版,第215—216页。

④ [美]丹尼尔·贝尔:《资本主义文化矛盾》,生活·读书·新知三联书店1989年版,第197页。

关于该研究进路,其意义在于:首先,以价值为核心,进一步明确文化范畴的范围;其二,文化研究要关注现实;再次,以价值为视角的文化研究,从方法论角度,不排除文化具有描述和解释的功能;最后,人的价值实现是文化进步的核心标志。超越时代主体去评价文化优劣不具有实质意义。①

(4)符号层面

恩斯特·卡西尔把人是"理性动物"的概念扩展为人是"符号动物"。人发明和运用各种"符号",以此为自己创造一个"理想"世界。劳作规定和划定了"人性"的圆周,"语言、神话、宗教、艺术、科学、历史,都是这个圆的组成部分和各个扇面"。② 由于这些有意义的符号,人不仅仅是生活在直接的物理世界中,而且是生活在激情、想象和憧憬之中。人不仅仅是文化的动物,在卡西尔的理解中,人还是符号的动物。实际上,在此卡西尔提供了一个定义文化的独特视角:即把人、符号和文化视为三位一体,强调发明和使用符号、创造理想世界、人之为人是同一过程。人把自己的理想寄寓到语言、神话等符号之中,这就是文化。换言之,说符号系统是文化,是就其寄寓人的本质、价值和理想而言的。

符号学或者符号阶段的到来,其核心要素是对文化的理解从"模式"转变为"意义"。于是,文化变成了一个"意义之网",或者更准确地说,"文化是由社会确定的意义结构组成的"。作出这个界定的是符号人类学的代表人物格尔茨,在他看来,文化在本质上是一个符号学概念。③

---

① 张丽清:《文化概念研究的几种路向及其分析》,载《新视野》2012年第5期,第27页。
② [德]卡西尔:《人论》,甘阳译,上海译文出版社1985年版,第87页。
③ Clifford Geertz, *Local Knowledge*, New York: Basic Books, 1983, p. 50.

综上，无论是从学科分工还是从广、中、狭义对文化的纵向理解，抑或从行为模式、精神、价值及符号四个横向层面对文化的诠释，其终极目标其实是对人这个主体的理解，只有人才是文化的最高对象。"只有人自身的完善和理想人格的实现以及自由本质的获得，才是文化的终极目标"。①

3. 本书关于"文化"的界定

实际上，无论是从学科分工还是从广、中、狭义对文化的纵向理解，抑或从行为模式、精神、价值及符号四个横向层面对文化的诠释，其终极目标其实是对人这个主体的理解，只有人才是文化的最高对象。文化的终极目标是人化、化人，她追求"诗意地栖居"、自身的完满、理想人格的实现。一句话，她追求人的自由、解脱、不朽和永恒。如晋之陶潜"采菊东篱下，悠然见南山"、诗圣杜甫"飘飘何所似，天地一沙鸥"、诗仙李白"且放白鹿青崖间，须行即骑访名山"之"天人合一"化境矣！

为了避免研究对象的泛化，在研究过程中，本书所使用的文化排除了物质性的"文化"，特指非物质性的"文化"——精神性的及制度性的——因此那些所有与本研究对象有关的制度规范、神话、传说、故事、占卜、巫辞、谚语、格言、历史遗存、事件等，都可能成为一个国家或者社会的文化——这就是书所称的"文化"。

（二）法律文化界定

虽然法律文化研究的首要任务是确定法律文化概念的内涵和外延，但法律文化概念的研究却似乎总难让人满意，即很难获得一个精确明了并为多数人所赞成的学术概念，这事实上也在很大程度上制约了

---

① 柯锦华：《文化概念的哲学透视》，载《中国社会科学院研究生院学报》1989年第4期，第19页。

法律文化理论研究的深入。本研究拟在综合梳理国内外学者的研究基础上,提出本书关于法律文化的界定概念。

1. 国外学者对"法律文化"的界定

实际上,法律文化,是一个内涵十分丰富的概念。首创"法律文化"一词的是美国学者劳伦斯·弗里德曼(L. Friedman),他是西方在法律文化领域中最具有影响力的学者。他在《法律文化与社会发展》一文中最先提出并界定了法律文化的含义。他认为,法律文化是指"与法律体系密切关联的价值与态度,这种价值与态度决定法律体系在整个社会文化中的地位"。[1] 该概念提出的背景条件,从总体上看,是从法律社会学的角度强调法律文化的概念,意在抵制美国法律过分技术化和形式化的倾向,并试图纠正西方法学中流行的法律实证主义的偏颇。他认为,法学家不应迷恋法律职业者的花拳绣腿和雕虫小技,而应关注社会公众的法律态度和生活中的"活法"。[2]

美国法学家埃尔曼(Henry W. Ehrman)在其《比较法律文化》中认为,法律并非仅仅是社会秩序的一部分,更为重要的是其应被作为文化环境的一个子系统来看待。这种强调重点的转变意义在于,不仅仅将比较法的研究对象从作为制度的法转变为作为文化的法,而且扩大了比较法的研究范围。埃尔曼确信:由于"作为一种对社会生活的构想,文化对生活于其中的个体的行为起到潜在的和实际的引导作用",因此,透过"包含着不同伦理观并运用那种可以产生不同法律后果的信条的其他法律文化的时候,我们便可以分辨不同社会中伦理规则、法律规

---

[1] L. Friedman, *Legal Culture and Social Development*, Law and Society Review, 6 (1969), p. 34.
[2] 高鸿钧:《法律文化的语义、语境及其中国问题》,载《中国法学》2007 年第 4 期,第 24 页。

范,以及社会控制的其他技术手段所处的位置"。① 通过该方式,我们便可获得不同族群之间法律文化交往和沟通的途径,从而有利于从文化多样性尤其是法律文化多样性的视角相互尊重和理解。如此,便可减少世界不同国家和族群在法律文化方面冲突的可能性,从而最大限度促进世界的交流及相互宽容。

日本学者千叶正士(Masaji Chiba)在其《法律多元》这本名著中,对法律文化提出了自己独特的研究。这本专著经翻译后,在我国影响甚大,其中关于法律文化的"多元法律的三重二分法"即官方法与非官方法、法律规则与法律原理、固有法与移植法——被我国法人类学者和法社会学者所推崇,究其原因主要是对传统的法的分类理论提出了挑战和质疑。千叶指出,当下"多数人所赞成的法律文化概念尚未形成,以至于许多日本学者认为法律文化研究还不能说已经确立了明确理论,或者说仍然面临着克服无用论证明其自身之意义的课题"。② 在他的法律文化概念界定中,法律文化是"以法的同一性原理加以综合的各种官方法、非官方法、固有法、移植法、法律规范、法律原理等组合的整体,以及国内的各种法、国家法、世界法等的多元结构及其文化特征"。③ 这就是著名的关于法律文化的"多元法律的三重二分法"。

实际上,无论如何,法律文化概念的提出为法律社会学和法律人类学的经验研究标示出一种重要的解释性变量。这种创新性研究值得肯定和重视。换言之,在法律社会学和法律人类学的视域中,法律文化是

---

① [美]埃尔曼:《比较法律文化》,贺卫方、高鸿钧译,清华大学出版社2002年版,第11、16页。
② 梁治平:《法律的文化解释》,生活·读书·新知三联书店1998年版,第67页。
③ [日]千叶正士:《法律多元——从日本法律文化迈向一般理论》,强世功等译,中国政法大学出版社1997年版,第246页。

解释法律现象的一种重要工具。

2.国内学者对"法律文化"的界定

法律文化概念传入我国,主要是在20世纪八九十年代,梁治平教授认为,法律文化有广义和狭义两个方面,广义的法律文化应该能够囊括所有法律现象,诸如法律观念、法律意识、法律行为、法律的机构和实施、法律制度和作为符号体系的法典、判例以及不成文的惯例和习惯法等;狭义的法律文化则主要指法的观念形态和价值体系,以及与此有密切关系的人类行为模式。① 梁治平教授是我国大陆地区最早研究法律文化的学者之一,被誉为"法律文化论的开创者"。对梁治平教授的"法律文化论",人文社科领域的著名已故学者邓正来教授专门在《中国法学向何处去》这本影响颇大的专著中进行了评介,并认为梁治平教授的法律文化研究,主要是在"中国法律文化研究"、"法律文化解释"和"清代习惯法研究"等三个领域中展开的。从整体的角度来看,这三个领域之间的关系可以凸显为两个基本的论题:一是有关对"中国文化类型"的批判和否定与对"中国文化类型"的同情性理解之间的关系论题,二是有关对作为"大传统"的中国国家法的批判和否定与对作为"小传统"的中国习惯法的研究之间的关系论题。梁治平教授在1996年为《清代习惯法》一书撰写的"自序"中给出"事后性解释",②认为要在这三个虽有关系但却不同的题域之间建构起一种逻辑自恰的关系,并消除或遮蔽由上述两大基本论题凸显出来的各种紧张或矛盾。邓正来认为,法律文化论作为在我国大陆地区有重要影响的理论范式,之所以无力引领中国法制发展,实是因为它们都受一种"现代化范式"的支配,而这种"范式"不仅间接地为中国法制发展提供了一幅"西方法律理想图景",

---

① 梁治平:《法辨:中国法的过去、现在与未来》,贵州人民出版社1992年版。
② 梁治平:《清代习惯法:社会与国家》,中国政法大学出版社1996年版,第1页。

而且还使中国法学论者意识不到他们所提供的不是中国自己的"法律理想图景";同时,这种占支配地位的"现代化范式"因无力解释和解决因其自身的作用而产生的各种问题,最终导致了作者所谓的"范式"危机。正是在批判"现代化范式"的基础上,我们必须结束这个受"西方现代化范式"支配的法学旧时代,开启一个自觉研究"中国法律理想图景"的法学新时代。①

刘作翔教授也是国内法律文化研究领域的较早开拓者之一,他认为,法律文化是由社会的物质生活条件所决定的上层建筑的总称,即法律文化是法律意识形态以及与法律意识形态相适应的法律规范、法律制度及法律组织机构和法律设施等的总和。② 法律文化的结构层次总体上分为两个方面:一是法律文化的深层结构,它是指法律文化两大内容之一的法律意识形态的总和,它又可以分为三个层次——法律心理、法律意识和法律思想体系;二是法律文化的表层结构,就是指作为法律文化深层结构的法律意识形态的外在化表现形态。具体讲,就是指与法律意识形态相适应的法律制度、法律组织结构、设施的总和。法律文化的表层结构,又可以分为四个层次——法律规范、法律制度、法律机构、法律设施。③ 在其后续的研究中,他认为,法律文化的研究对象主要是法律现象,而法律现象主要表现为法律意识形态和法律制度、组织机构及其派生物(历史、行为、活动等)。"法律文化"的概念是从"文化"的概念中嬗变而来的,其演进路径为:①"文化包括法律"→ ②"文化中有法律"→③"文化中的法律"→④"法律是一种文化"→⑤"法律

---

① 邓正来:《中国法学向何处去(续)——对梁治平"法律文化论"的批判》,载《政法论坛》2005 年第 4 期,第 41—72 页。
② 刘作翔:《法律文化论》,商务印书馆 2013 年版,第 81 页。
③ 刘作翔:《试论法律文化的结构层次》,载《西北政法学院学报》1988 年第 1 期,第 12—16 页。

文化"。

　　法律文化不仅可以从对象化的视角进行研究,①实际上还可以从方法论意义上进行研究,即作为"方法论意义上的法律文化"。把"法律文化"作为一种方法,从文化的角度看待法律,我们可以对所有的法律现象进行文化审视和文化解释,它有助于我们克服传统的法律观中将法律视为工具性、阶级性或规范性等"一属性"的社会现象,而赋予法律以一种内含人类价值符号、价值体现等目的意义在内的"多重性"社会文化产物,有益于深化人类对法律本质属性的认识。把法律作为一种文化,可以拓展人们的观察、思考和研究视野,把与法律相关的所有因素联系起来,考察法律现象,以求对法律作出更加科学合理的阐释。②

　　在刘教授新近的研究中,我们发现其将"法律文化"和"法治文化"结合起来研究,并认为:二者在内容上有一个实质性的差别,即法律文化为中性概念,而法治文化为价值概念。法律文化概念可以是正价值的文化类型,也可以是负价值的文化类型,可以用来表达人类历史上出现的任何一种法律文化类型,不管这种法律文化类型是好的还是坏的,是进步的还是落后的,是先进的还是野蛮的。而法治文化则是一种蕴含人类正价值概念的文化类型,它不管从制度到观念,都必须包含和反映人类的基本价值,即应该是反映人类进步的、先进的、优秀的价值理念和制度构造。具体而言,法治文化应该是包含民主、人权、平等、自由、正义、公平等价值在内的人类优秀法律文化类型。③

---

　　① 刘作翔:《从文化概念到法律文化概念——"法律文化":一个新文化概念的取得及其"合法性"》,载《法律科学》1998 年第 2 期,第 18—19 页。
　　② 刘作翔:《作为方法论意义的法律文化——关于"法律文化"的一个释义》,载《法学》1998 年第 6 期,第 12—14 页。
　　③ 刘作翔:《法治文化的几个理论问题》,载《法学论坛》2012 年第 1 期,第 8 页。

武树臣教授认为,法律文化,是指人类法律实践活动表现在宏观上和微观上的一种状态。就宏观而言,法律文化是指支配人类法律实践活动的价值基础和这一价值基础被社会化的运行方式;就微观而言,"法律文化"标志着法律实践活动所达到的程度或取得的成果。具体而言包括:法统——是支配社会的法律实践活动的价值基础,这是法律文化的内核;法体——是立法、司法实践活动的基本工作程序或方法,这是法律文化的外壳;法相——是法律实践活动所取得的成果,一般表现为法律思想、法律规范、法律设施、法律艺术等,这是法律文化的横截面;法态——法律实践活动的运行状态。①

张中秋教授则认为,法是文化的一部分,文化是人类的产物,一切文化具有人类性,所以文化的问题实质上就是人类问题。当然,倒过来亦可以说,人类问题本质上就是文化问题。在其成名作《中西法律文化比较研究》中,他比较了中西法律文化的八个面向——法的形成:部族征战与氏族斗争;法的本位:集团本位与个人本位;法的文化属性:公法文化与私法文化;法与宗教伦理:伦理性与宗教性;法的体系:封闭性与开放性;法的学术:律学与法学;法的精神:人治与法治;法律文化的价值取向:无讼与正义。②

高鸿钧教授认为,法律文化是指特定社会中植根于历史和文化的法律价值和观念。法律文化概念的核心是法律观念,这种观念通常是特定历史的产物并与文化密切关联。法律文化最初是指观念之法,即特定社会中的人们对法律的认知、价值、态度。③

---

① 武树臣:《中国法律文化大写意》,北京大学出版社 2011 年版,第 3—7 页。
② 张中秋:《中西法律文化比较研究》,法律出版社 2009 年第 4 版,第 381—385 页。
③ 高鸿钧:《法律文化的语义、语境及其中国问题》,载《中国法学》2007 年第 4 期,第 24—25 页。

张文显教授认为,法律文化是一个具有复杂性、综合性的法律意识形态,是指在一定社会物质生活条件决定作用的基础上,国家政权所创制的法律规范、法律制度以及人们关于法律现象的态度、价值、信念、心理、感情、习惯及理论学说的复合有机体。[①]

以上诸多国内外学者对法律文化概念的界定,有较宽泛的理解者,如武树臣等法律史学者;有较中义的界定者,如梁治平、刘作翔等法理学或法哲学学者;有较狭义诠释者,如首创"法律文化"一词的美国学者劳伦斯·弗里德曼在其《法律文化与社会发展》中的界定。可见,学科分工的不同导致对该概念的理解差别。

3. 本书关于"法律文化"的界定

事实上,我们撇开该概念的迷雾,几乎所有的学者都同意法律文化首先表现为一种法观念、法意识,是隐藏在法律制度背后的"影子",法律制度本身也能展现法律文化。因此法律文化概念要获得对现实法律生活的解释力和理解力,最好的理解视角应该是:作为法律制度本身以及隐藏在法律制度背后的法观念、法意识——这些内容的表现形态包括但不限于与本研究对象有关的制度规范、神话、传说、故事、占卜、巫辞、谚语、格言、历史遗存、事件等内容。这就是本书关于"法律文化"的界定。

(三)少数民族法律文化界定

少数民族法律文化是少数民族文化的重要组成部分。民族文化是一个民族的重要特征,它是一个民族在长期的历史过程中对其自然环境、社会环境适应的结果,是一个民族智慧的结晶。民族文化包括了一个民族的语言文字、文学艺术、服饰、居住、宗教、风俗、生活方式、生产

---

① 张文显主编:《法理学》,高等教育出版社2007年版,第391页。

生活及有关自然与社会的知识等。① 一个民族的文化是该民族对其所处自然环境、社会环境长期适应的结果,因而必有其合理性;不加分析地丢掉民族文化中的合理因子,就会降低该民族对其生存环境的适应能力,从而危及一个民族的健康发展。②

早在20世纪90年代初期,张晓辉教授就提出少数民族法律文化的研究在我国有着特殊的意义。这是因为:其一是近年来,民族分离、民族纠纷、民族仇杀的烽火,燃遍了欧、亚、非各大洲,究其原因都直接或间接同包括法律文化在内的民族文化冲突相关;其二是在国内,正确认识和处理各民族法律文化问题,对于加强民族法制建设、增强我国各民族的友好团结,回击国内外反动势力挑拨我国民族关系、妄图破坏我国统一的阴谋,有极其重要的作用;其三是在我国法学园地中,民族法律文化仍是一块尚未开垦的处女地。所以,研究这个问题,具有迫切的现实意义和理论意义。③ 这个论断直到当下依然具有重要理论和现实意义。

1. 学界关于"少数民族法律文化"的界定

张晓辉教授指出,在一个多民族的国家中,之所以要在立法和司法中注意考虑民族的特点,归根结底是由于各种民族具有不同的文化传统,不考虑各民族文化传统的立法和司法,势必会产生民族间的文化冲突,以致引发各种民族矛盾。由此可见,研究民族法学不能舍弃对民族法律文化的研究。民族的风俗习惯、历史传统、宗教信仰、生存条件及其与之相关的文化观念,是一种超越和支配法律规范的力量。如果从

---

① 郑晓云:《社会变迁中的傣族文化——一个西双版纳傣族村寨的人类学研究》,载《中国社会科学》1997年第5期,第126页。
② 同上,第140页。
③ 张晓辉:《民族法律文化初探》,载《现代法学》1993年第4期,第2页。参见张晓辉:《多民族社会中的法律与文化》,法律出版社2011年版,第79—88页。

研究对象上来界定民族法律文化,可以将民族法律文化定义为:从民族文化入手,研究各民族的法律价值观;民族法的发生、发展、变迁的规律,民族法的类型、结构、功能,以及现阶段关于民族的立法和司法的一种学问。可见,张教授的界定主要是从民族文化视角入手,以民族文化作为研究方法对民族法进行的研究。换言之,在这里张教授是将少数民族法律文化作为研究民族法的一种方法在适用,并未对少数民族法律文化的内核进行研究。①

学者吐尔逊·沙吾尔指出:对民族法律文化进行分析和研究时,不能抛开传统法律文化因素而就事论事。对今天所观察到的现实问题进行分析、辨别、分类而作出结论之前,要了解它在长期的历史发展过程中形成的环境、原因,一定时期所起的作用,了解它的发生、发展、变迁、类型、结构、功能及所表现出来的价值观,要采用历史的、比较的、统计的以及田野调查的方法,借助考古发现、历史文献、民间传说、神话材料等,以历史唯物主义的态度来进行研究,并在此基础上作出科学的结论。在此基础上,他认为,民族法律文化和其他文化体系一样,是各民族人民共同创造、继承和发展起来的生存和生活式样的组成部分,是指各个民族社会不同阶层的人们对各种法律制度、法律规范、法律机构、法律设施以及立法与执法、合法与非法等各种法律现象的认识、了解、看法、态度、价值观念、信仰、期望和在此基础上所形成的法律意识、法律思想、法律传统的综合。对某一个民族而言,其法律文化的内容可以从以下几个方面观察:其一是法律形态,含法律意识、法学理论等;其二是法律规范,含宪法、普通法、法令、法律规定等;其三是由法律规范规定的法律制度,含司法制度、诉讼制度、检察制度、审判制度等;其四是法律行为,含司法、执法、守法等;其五是法律设施(即法律文化的动态

---

① 张晓辉:《民族法律文化初探》,载《现代法学》1993年第4期,第2页。

层),含立法机关、司法机关及其附属设施。此外,在研究不同民族的法律文化时,要注意观察和研究他们所信仰宗教的哲学思想、教义、教规、戒律、宗教仪式以及属于民俗范畴的生产习俗、交易习俗、消费习俗、居住习俗、家规乡规习俗、礼仪习俗、婚丧习俗等,因为其中的许多因素已变成这些民族文化传统的组成部分,而影响着他们的日常生活、生产、思想、价值观念、思维、判断和行为。[①] 可见,吐尔逊·沙吾尔教授主要是从法意识、法观念的精神层面来理解少数民族法律文化的,尽管其微观的观察视角涉及到了物质的层面,譬如法律设施即立法机关、司法机关及其附属设施所表现出来的法律文化,但总体而言尚未超脱法的精神层面的观察。

徐晓光教授则认为,概括地说,地方少数民族法律文化是在特定的文化土壤中经过长期的历史积淀而形成的相对稳定的与法和法律有关的制度、传统学说和观念的总和。在此总界定之下,他又从制度、思想、器物三个层面对民族法律文化进行了进一步细致的界定。他指出,所谓民族法律制度文化,是指历史上少数民族在中原或民族地方建立的政权以及地域性组织经过立法程序制定或确认、凝聚的法律、法规为其表现形式的制定法与习惯法。一般来说,中原王朝的法律是国家的制定法,而民族地方政权或地域性组织法规多是习惯法的汇总;而民族法律思想文化则主要表现为:一是不同时期各民族统治阶级中君主、将相的法律思想;二是少数民族宗教上层、学者、思想家作品中的法律思想,在他们的作品中也包含着大量的法律思想精华;三是少数民族普通百姓的法律观念、法律意识;民族器物法律文化,是指在各民族长期的生产和生活中无时无刻不与器物发生联

[①] 吐尔逊·沙吾尔:《试论民族法律文化》,载《西北民族研究》2001年第3期,第181—187页。

系,与法律生活紧密联系的器物就是法律器物。这些器物形成的原因、样态、功能等属于法律器物文化研究的范围。大体有以下几种:一是承载器物文化,如古代作为法律载体的甲骨、金鼎、石碑;二是服饰器物文化,古代司法官的服装、饰物及功能;三是宫廷器物文化,各级衙门的布局和结构,如职能部门、监狱的处所,仪仗的摆设等;四是审判与刑罚器物文化,古代与诉讼、审判、刑罚有关的物件,如"肺石"、"登闻鼓"及笞、杖等;五是观念器物文化,在人们头脑中就法的某些特征和功能定型化、理念化了的"法律器物",如豸獬、雷公、秤戥、规矩、绳墨、网等等。[1]

李剑等学者的研究则认为,对民族法律文化的理解应当建立在法律社会学对法律的理解("活的法")以及国家法制统一的基础和前提之上。他们认为,法律社会学将法律视为一套控制系统,超越了"国家法——习惯法"、"传统——现代"的法律二元对立模式,它所倡导的"活法"意义上的多元,是对广义的"法律"在法律实践和运行过程中一种现实存在状况的描述,而不是对国家立法权威所制定和认可的狭义"法律"在规范存在意义上的描述。为此,必须承认国家法在位阶、效力和原则上高于习惯法的主导地位,除轻微以外的刑事案件均应依据国家法或国家法的授权进行解决。同时,从功能主义的视角来看,法律的存在是为了满足人们在异态下化解纠纷,在常态下构筑正常生活秩序的需要。现行国家法在功能上存在缺失,又无文化基础的支撑,这是它在民族地区遭遇困境的主要原因。假设国家法具有完整的功能,能够满足民族地区的民众在利益、情感、秩序等方面的需要,人们便会顺应社会变迁而逐渐选择和适应国家法,而不会总是甘冒"违法"的风险去寻

---

[1] 徐晓光:《制度、思想、器物——地方少数民族法律文化刍议》,载《贵州师范大学学报》2007年第3期,第38—40页。

求习惯法的解决。① 总之,他认为少数民族法律文化应当是在国家法制统一的基础和前提之上进行研究的,这个概念也是法律社会学或者法律人类学意义上的概念。

2.本书关于"少数民族法律文化"的界定

承接上述对"文化"及"法律文化"的界定,本研究认为,少数民族法律文化是指地方少数民族在特殊的自然环境中所形成的以地方性法律、诏令、命令、教义、伦理规范及部落规范等为主要内容的法律制度文化和以传说、故事、习俗、占卜、巫辞、谚语、格言、历史遗存、事件等为表现方式的观念法律文化的综合,是中国法律文化和中华法系不可分割的重要组成部分。该界定之内涵如下:

(1)是非物质性的法律文化

法史学者一般从广义的视角认为,物质性的载体如审判与刑罚器物文化,古代与诉讼、审判、刑罚有关的物件,如杀威棒、虎头铡、笞、杖等都是法律文化的表现载体。这其实与历史学的学科性质有关——历史学考察的是完全独立于人们的意识之外的人类过往社会的客观存在及其发展过程。这就不可避免地会通过实际物质性的载体——"文物或者器物"来展现其特质。法史学者借鉴了上述史学界研究对象的界定,将器物或者文物也包括在少数民族法律文化的研究范畴之内,这未免有范围太广之嫌,势必出现研究对象指代不明的流弊。

法理或者法哲学领域的学者,则只关注规范法学(或法教义学)中的法律制度层面,认为地方少数民族在特殊的自然环境中所形成的以法律、诏令、命令、教义、伦理规范及部落规范等为主要内容的法律制

---

① 李剑、杨玲:《论民族法律文化视角下"法律多元"的含义与现状》,载《西南政法大学学报》2011年第5期,第5—8页。

度,才是少数民族法律文化。这又未免有范围太过狭窄之弊。这是因为在很多少数民族地区是没有文字的。因此,在没有文字传承或文字传承功能不强的少数民族中,通过神话传说、故事、习俗、占卜、巫辞、谚语、格言、历史遗存、事件等载体表现出来的口承文化等法律观念或法律意识文化就被法理或者法哲学领域的学者排除在外了,这不符合少数民族地区法律文化的实际。

因此,本书在少数民族法律文化的界定上,为了防止界定的过于宽泛,同时又为了避免设定的过于狭窄,认为少数民族的法律文化是非物质性的,具体来说就是以法律、诏令、命令、教义、伦理规范及部落规范等为主要内容的法律制度文化和以传说、故事、习俗、占卜、巫辞、谚语、格言、历史遗存、事件等为表现方式的观念文化。

(2)是制度性法律文化和观念性法律文化的综合

一个民族的制度文化的范围大致包括:礼制、法制、官制、兵制、地理沿革制度、教育制度、赋税货币制度、度量衡制度、岁时历法制度、宗教制度、社会制度等。法律制度是制度文化的重要组成部分。徐晓光教授指出,所谓民族法律制度文化,是指历史上少数民族在中原或民族地方建立的政权以及地域性组织经过立法程序制定或确认、凝聚的法律、法规为其表现形式的制定法与习惯法。[①] 换言之,晓光教授认为以文字形式表现出来的地方性制定法和有文字或者无文字形式表现出来的习惯法都是少数民族法律文化的有机组成部分。这个界定对本书有重大启发,但该界定并未明确指明到底制度性法律文化有哪些表现形式。为了明确少数民族制度性法律文化的表现形式,本研究认为,少数民族制度性法律文化主要是指地方少数民族在特殊的自然环境中形成

[①] 徐晓光:《制度、思想、器物——地方少数民族法律文化刍议》,载《贵州师范大学学报》2007年第3期,第38页。

的以地方性法律、诏令、命令、教义、伦理规范及部落规范等为主要内容的法律制度文化。

① 地方性法律

中国历史上曾出现过各种对峙的地方政权,这些地方政权是由一些民族建立的,如突厥、回纥、吐蕃等。据《周礼·职方氏》记载,"职方氏掌天下之图,以掌天下之地,辨其邦国、都鄙、四夷、八蛮、七闽、九貉、五戎、六狄之人民。"这里所谓"四夷、八蛮、七闽、九貉、五戎、六狄"泛指地方少数民族建立的政权。为了统治多民族国家,历代王朝都实行"因俗而治"的治理边疆政策。如五胡十六国时的"胡汉分治"、唐时的羁縻府州、清时的土司制度等等,都是由当地的民族首领自主地依原有方式进行统治,朝廷不干预其内部事务,中央王朝不把在中原地区实行的"礼义"和法律强加于这些地区,即实行"夷狄外臣不须治以中国之法"。① 这些"夷狄外臣"就是地方政权。这些地方性政权在处理法律事务方面有自己的制度性规定,即制度性法律。如《通志条格校注·卷四·户令·嫁娶》中的规定:"诸色人同类自相婚姻者,各从本俗法"②。而这种本俗法其实指的就是地方政权制定的地方性法律,如吐蕃政权颁布的《王朝准则之法》(又称之为《王法十五种》)③以及噶玛丹迥旺布执政时期颁布的《十六法典》等等。

② 地方性政权形成的诏令、命令

诏令是指古代社会以"王言"即地方性政权命令为主的下行公文,也包括那些官方命令或告示、晓谕天下民众的文字。曾国藩在《经史百

---

① 《明宣宗实录》卷八,转引自苏钦:《唐明律"化外人"条辨析——兼论中国古代各民族法律文化的冲突和融合》,载《法学研究》1996年第5期,第144页。
② 方龄贵校注:《通志条格校注》,中华书局2001年版,第69页。
③ 巴卧·祖拉陈哇:《贤者喜宴摘译》(三),黄颢译注,载《西藏民族学院学报(哲学社会科学版)》1981年第2期,第16页。

家杂钞》中认为,诏令类至少包括诰、诏、谕、令、教、敕、玺书、檄、策命等。① 其他的诸如敕书②等均是地方性法律制度的组成部分。这些内容是少数民族地方性政权的法律文化的重要组成部分。

③ 地方性教义

"有的民族在形成和发展的过程中,宗教起着重要的作用"。③ 很多少数民族地区,宗教至今仍然有着非常大的影响力。以西藏为例,西藏现有各类宗教活动场所1780余处,僧尼4.6万多人(其中清真寺4座,伊斯兰教信徒3000余人;天主教堂1座,信徒700余人)。信教群众家中几乎都设有经堂或佛龛,每年到拉萨朝佛敬香的信众达百万人次以上;在西藏到处可以看到信教群众悬挂的经幡,以及刻有佛教经文的玛尼堆;在大昭寺等寺院内挤满了磕长头、转经、朝佛的信教群众等等。④ 这表明,在这些少数民族地区,宗教还发挥着重要的作用。

④ 地方性伦理规范

法律有着天然的伦理属性,法律和伦理道德的关系非常密切。法律是外在的强制,而伦理道德则是内在的强制。整个社会秩序的维持和控制,要靠法律、伦理、宗教及其他综合因素。少数民族地方性的伦理道德规范都是少数民族人民带有公益性行为的准则,它既符合少数民族人民绝大多数人的利益要求,也有利于维护本民族全体成员的共

---

① 转引自吴承学、刘湘兰:《诏令类文体(一):诏书》,载《古典文学知识》2008年第2期,第83页。

② 敕书即戒书,是皇帝教令臣下,使之警诫不敢怠慢政务而发布的文书。刘勰《文心雕龙·诏策》说:"戒敕为文,实诏之切者"。敕书、戒书也属于诏书系列文体。由于其作用在于教育,所以文体特点就在于"切"即严肃、直率。吴承学、刘湘兰:《诏令类文体(二):制书、诰、敕书》,载《古典文学知识》2008年第3期,第97页。

③ 国家民族事务委员会、中共中央文献研究室编:《民族工作文献选编(2003—2009)》,中央文献出版社2010年版,第91—92页。

④ 刘洪记:《西藏宗教50年》,载《中国藏学》2009年第1期,第63页。

同利益和社会秩序,成为少数民族全体成员广泛接受和自觉遵守的规范体系。

以藏族为例,有着"藏族论语"之称的《礼仪问答写卷》通过宣讲伦理道德的方式劝导民众,以维持与稳固社会秩序。《礼仪问答写卷》指出,"娶妻要选有财富与智慧者,若两者不兼备,应挑选有财富者,选婿要选有智慧而富裕者","美妻可以找到,不争气之子没法换掉"。① 通过伦理宣教的方式,完成法律秩序的维持和巩固。

⑤ 部落规范

部落规范,主要指的是部落习惯法。国内较早对这一问题进行研究的张济民先生认为,部落习惯法,曾是调整部落成员各种社会关系的法律制度,它对部落头人、封建主、宗教领袖三位一体的统治地位,对维护正常的生产、生活、宗教秩序,曾起过十分重要的作用。它是历史上形成的,已成为规范部落全体成员行为和风尚的模式,是藏族部落传统文化的重要组成部分,并融于民族心理、民族意识之中了。在部落社会中,部落利益高于一切,部落制度神圣不可侵犯,部落成员必须无条件服从,凡维护部落利益的人就受到赞扬和尊敬,为部落利益献身的人是英雄。所以,部落利益至上是维护部落稳定的一个重要原则,它对藏区社会的影响是极其深刻的。部落习惯属于上层建筑,它离不开所依赖的经济基础,反映着藏族人民的生产、生活方式和衣食住行等行为规范,在漫长的历史发展中积淀成为稳定的、为多数人所遵循的行为规则。藏族部落习惯凝聚着藏族人民的智慧和力量,是民族特点的显著表现。运用习惯裁决部落内部的各种纠纷,是一项经常的活动,起着安定社会的积极作用,是对部落习

---

① 王尧、陈践:《敦煌古藏文〈礼仪问答写卷〉译解》,载王尧、陈践编著:《敦煌吐蕃文书论文集》,四川民族出版社1988年版,第123—147页。

惯法的重要补充。① 这些论断说明,部落规范在调整和维持社会秩序方面发挥着重要的作用。

学者陈文仓则认为,藏族部落习惯法是藏族各部落在长期的生产、生活实践中逐渐形成、世代相传、不断发展并为本部落成员所信守的一种社会规范,它一般由各部落确认或者议定,赋予法律效力,由部落强制力保证在本部落实施,并靠盟誓约定等方式来调整部落内部成员之间以及部落与部落之间的各种关系,以达到维护部落社会秩序的目的。藏族部落习惯法不具备完整的体系,内容比较散乱,基本上都是不成文法,而且绝大多数为禁止性、义务性规范或者惩恶的工具,具有混合性、简约性和任意性的特点。所谓混合性,是指它没有主体法、部门法和程序法等划分,诸法合一,而且还与习惯、禁忌、道德、教规等相混合。所谓简约性,即它的体系简约、内容简约、条文简约,立法、司法和监督保证机制简约,又同口传的不严格性,执行的随意变通性相联系。所谓任意性,即它规定简单、笼统,弹性大,因案审人,当事人、相关人和审案场合的差别,对审判结果有着种种显著影响,同时因为表述差别,理解差异,辩论争理的余地大,法外因素的干预作用强,也给审案人留下了足够的独断余地。② 典型的诸如果洛藏族部落习惯法、玉树藏族部落习惯法等等。正如有学者所提出的那样,游牧部落习俗及其衍生制度对型塑中国古代法律文化传统与法律精神具有不可替代的作用与意义。③ 它是少数民族法律制度文化不可或缺的重要组成部分。

---

① 张济民:《浅析藏区部落习惯法的存废改立》,载《青海民族研究》2003 年第 4 期,第 99、102、103、104 页。
② 陈文仓:《玉树藏族部落习惯法初论》,载《青海民族研究》2004 年第 1 期,第 116 页。
③ 明辉:《游牧部落习俗对正统律典制度之冲击与融合——从古代损害赔偿制度之建构透视中国法律文化传统》,载《政法论坛》2010 年第 1 期,第 79 页。

(3)是中华法系和中国法律文化不可或缺的组成部分

少数民族法律文化是中华法系不可或缺的组成部分。"法系"一词溯源于希腊文 Geueos,英文为 legal genealogy,或 legal family,是指划分为彼此相区别的法律的系统而言。比较法学者将世界各国的法律,按照它们所具有的独特内容、形式和历史传统进行比较,把具有共同特征的划分为一大类,从而划分为不同的系统,从而也就形成了法系。关于法系的划分不同的学者有不同的见解,但无论怎样划分,中华法系均被世界公认为特点鲜明、独树一帜的法系。① 它是代表"中华文明的灿烂瑰宝,在世界法制文明史上占有重要地位。中华法系的精华对于当代法制建设仍具有借鉴作用"。② 我国台湾地区著名法制史学者陈顾远先生在《中国固有法系之简要造像》一文中,将中华法系的特质简述为六点:一是中国固有法系之神采为人文主义,并具有自然法像之意念;二是中国固有法系之资质为义务本位,并具有社会本位之色彩;三是中国固有法系之容貌为礼教中心,并具有仁道恕道之光芒;四是中国固有法系之筋脉为家庭观念,并具有尊卑歧视之情景;五是中国固有法系之胸襟为弭讼至上,并具有扶弱抑强之设想;六是中国固有法系之心愿为审断负责,并具有灵活运用之倾向。③

少数民族法律文化也是中国法律文化不可或缺的组成部分。学者吐尔逊·沙吾尔敏锐地注意到,当下无论是法律史的研究、制度史的研究,还是思想史的研究,都是以中原为中心的研究,几乎没有专门研究其他少数民族的法律史、制度史或法律思想史,没有去研究少数民族的

---

① 张晋藩:《中华法制文明的演进》(修订版),法律出版社2010年版,第17页。
② 杨一凡:《中华法系研究中的一个重大误区——"诸法合体、民刑不分"说质疑》,载《中国社会科学》2002年第6期,第91页。
③ 陈顾远:《中国文化与中国法系》,三民书局股份有限公司1977年版,第138—151页。

法律文化。① 这不能不说是个重大的遗憾。张晋藩先生指出:"藏族法文化是中华法文化总体覆盖下的一部分,弘扬中华法文化也应该包括弘扬藏族法文化在内","历代中央政府的法律在调整藏族社会关系,促进藏区经济、政治、文化的发展起到非常重要的作用。中原法律文化对藏区法的影响,并逐渐与当地固有法结合是藏区法律特点形成的重要原因。这些藏族法的特质在今天藏族地区的法律实践中仍然起着重要作用,有很多有益的东西值得吸收"。"如果不了解少数民族法律制度,就不能了解我国多民族国家法律文化发展的全貌和中华法系形成的整体过程"。② 可见,少数民族法律文化是中华法系和中国法律文化的重要组成部分。

(四)藏族婚姻法律文化界说

对"文化"、"法律文化"及"少数民族法律文化"概念的内涵和外延进行界定,其目的正是为本文的研究对象"藏族婚姻法律文化"进行铺垫。但要对藏族婚姻法律文化进行界定,就得对与该概念相关的系列概念进行区分。

1."西藏文化"、"藏族文化"、"藏族法律文化"界说

(1)西藏文化

西藏文化,相较于藏族文化强调"民族"属性而言,它更强调文化的"地域"属性,即在西藏自治区内的文化。一般而言,它包括西藏传统文化和现代文化。而西藏传统文化体系的基本内容,至少应包括如下几种因素:佛教文化;以苯教为中心的原始宗教文化;世俗文化;上层贵族文化;下层大众文化;外来文化。必须注意到在西藏文化的结构中,起决定或主导作用的是宗教文化,它是一条主线,它统领着

---

① 吐尔逊·沙吾尔:《试论民族法律文化》,载《西北民族研究》2001年第3期,第185页。
② 张晋藩文,载徐晓光:《藏族法制史研究》,法律出版社2000年版,"序"第3页。

西藏的一切文化现象,在西藏的政治制度、伦理道德、生活方式、文学艺术和每一重大历史事件的背后,宗教都发生着清晰的作用。从这个意义上说,宗教是西藏文化的灵魂,是西藏各种文化因素结构整合的枢纽。① 在国务院新闻办公室 2000 年 6 月发布的《西藏文化的发展》白皮书中,论及的西藏文化的内容包括:藏语文、文物及典籍、风俗习惯与宗教信仰自由、文化艺术、藏学研究、藏医藏药、人民教育事业、新闻出版和广播影视事业等七个方面。而在 2008 年《西藏文化的保护与发展》白皮书中论及的内容则包括:藏语言文字、文化遗产、宗教信仰和民族习俗、现代科学技术和新闻事业四个方面。② 西藏文化正在走向现代化的进程中发生着变化,这种变化显示着传统文化与现代文明结合的发展趋势。③

可以说,当前西藏文化处于从传统走向现代的转型过程中。借鉴丹珠昂奔先生的研究成果,西藏文化从系统论和结构论的角度,可将其界定为:在西藏自治区内表现出来的表层的物质文化、里层的制度文化及深层的精神文化。其中物质文化、制度文化及精神文化的内容和范围与藏族文化的内容和范围大体一致。可以说,为了全面反映西藏文化的丰富多彩,西藏文化应当是"大文化观",既包括物质文化,又包括精神文化,还包括制度文化。

(2)藏族文化

藏族文化,这是一个非常难以界定的概念。因为一如前述,"文化"

---

① 乔根锁、彭英全:《论西藏传统文化的结构及其演变——西藏文化哲学概论之二》,载《藏学研究论丛(第 2 辑)》,西藏人民出版社 1990 年版,第 421、431 页;乔根锁:《论藏民族传统文化与西藏社会主义新文化建设》,载《西藏研究》1999 年第 2 期,第 84 页。

② 王晨主编,国务院新闻办公室编:《中国政府西藏白皮书汇编》,人民出版社 2010 年版,第 143—164、39—62 页。

③ 郝时远:《人类学视野中的西藏文化》,载《民族研究》2001 年第 1 期,第 8 页。

本身就是一个难以界定的概念,世界各国学者对"文化"的界定足有几百个之多。藏文中的"文化"(Rik-kns)一词,大约源于对印度"十明"(Rik-kn-bcu)①文化的藏译,汉译为"明处"。

藏学界著名学者王尧、陈庆英先生则将藏族文化尤其是藏族传统文化界定为:它是藏族人民在漫长的自然斗争和社会实践活动中形成的物质文明和精神文明成果的总和,是一种以原始信仰和苯教文化为基础,以藏传佛教哲学为指导,并吸收其他民族文化的独特文化。② 他们的界定也是采取了"大文化观",但重点强调了藏族文化的宗教性和兼容性。

在藏族文化领域有重大影响力的学者丹珠昂奔则认为,从系统论和结构论的角度,藏族文化可分为表层的物质文化、里层的制度文化和深层的精神文化。藏族物质文化的范围主要有:衣、食、住、行、生产(农业、牧业、林业、渔业等)、科学技术(天文、历算、藏医等)。藏族制度文化的范围大致包括:礼制、法制、职官制度、兵制、地理沿革制度、教育制度、赋税货币制度、度量衡制度、岁时历法制度、活佛转世制度、政教合一的封建农奴制度等。藏族精神文化的范围主要是:哲学、宗教(史前民间宗教、苯教、藏传佛教等)、文学、艺术、伦理道德、美学等。藏族文化的基本特征主要有:以佛教哲学为核心的观念文化、以《大藏经》为代表的经籍文化、政教合一为特点的制度文化、以活佛转世制度为特点的寺院僧侣文化、以颂扬神佛阐释佛理为主体的文学艺术、以礼佛及转经

---

① "十明"可分为"大五明"和"小五明"。"大五明"是指"医方明"(医学)、"因明"(正理学)、"工巧明"(工艺学)、"内明"(内明佛学)、"声明"(声律学)。"小五明"是指"修辞学"、"辞藻学"、"韵律学"、"戏剧学"、"星象天文学"。参见丹珠昂奔:《藏族文化发展史》,甘肃教育出版社 2000 年版,第 2—3 页。

② 王尧、陈庆英主编:《西藏历史文化辞典》,西藏人民出版社、浙江人民出版社 1998 年版,第 328 页。

为主体的民俗文化。①

可见,当下藏学界对藏族文化的界定也是采取了"大文化观",这一方面是研究范围的需要,另一方面也是从藏族实际出发,反映藏族文化尤其是藏族现代文化的需要。

(3)藏族法律文化

藏族法律文化,也是一个仁者见仁、智者见智的概念。有学者认为,藏区法律发展过程中,有独立地方政权制定的法规,有中央政府对藏区制定的法律,有区域范围内的习惯和寺院法,这种"国家法"和"地方法"并存、世俗法和宗教法兼容的特征,为藏族法律最具代表性。②有学者指出,在历经千年而绵延不绝的发展过程中,使得传统的法律文化深深地根植于藏族文化的深层土壤之中,并深深地影响着藏民族对法律文化的态度、期盼与眷恋的心态,构成了他们的行为规范。藏族的法律文化作为一种历史文化遗产,并由于藏族社会特定的历史文化环境所致,便决定了藏族法律文化必然有精粹和糟粕的两重性。前者是推进现代法律文明的积极因素,后者则将成为藏区社会主义法制建设的障碍。③

有学者从发生学的视角指出,藏族的法律文化模式是一种在高海拔地区基于农业和牧业两大经济基础上,习惯法和成文法并行不悖,在传统的原始宗教和苯教文化的基础上受益于古代印度和中国两大古文明佛教文化和儒家文化及其传统法律文化的影响而形成的宗教性和道德性有机融合在一起的独特的法律模式。④ 这个界定主要是取法律文化的狭义界定——即法律文化的"观念性"或者"精神性"。有学者认

---

① 丹珠昂奔:《藏族文化发展史》,甘肃教育出版社 2000 年版,第 4—6、18—21 页。
② 徐晓光:《藏族法制史研究》,法律出版社 2000 年版,第 386 页。
③ 杨士宏编著:《藏族传统法律文化研究》,甘肃人民出版社 2003 年版,第 1 页。
④ 甘措:《藏族法律文化研究》,中央民族大学 2005 年博士学位论文,第 26—27 页。

为,藏族传统法律的文化特点主要表现在三个方面:佛教色彩浓厚、带有原始文化痕迹、命价制度十分发达。① 从这个界定可以看出,作者对藏族法律文化的界定主要采取狭义的理解,即"观念性"的藏族法律文化。

有学者指出,凡是以藏族《十善法》和《法律十二条》及《王朝准则之法》、历代赞普颁布的诏令、命令、刻石盟誓、佛教教义及藏族各部落制定的条例规范等形成为法源而形成的法律规范及体系,均属于藏族传统法律文化。内容丰富程序严密的具有伦理法属性的藏族传统法律制度是藏族法律传统或法文化的专门称谓,属于法制史学和法理学以及民间法学和民族法学的范畴。② 这个界定,突出了藏族法律文化的"制度性",从而排除了以神话传说、民间故事、占卜巫辞、谚语格言、传统禁忌、伦理道德、宗教规范、部落习惯(法)、藏族盟誓等载体中表现的观念性法律文化。

本研究认为,藏族法律文化是以吐蕃及历代藏族地方政权所颁布的地方性法律、诏令、命令、教义、伦理规范及部落规范等为主要内容的法律制度文化和以传说、故事、习俗、占卜、巫辞、谚语、格言、历史遗存、事件等为表现方式的观念法律文化的综合。这个界定是一个"中义文化观"的界定。该界定既不会出现只关注"制度性"法律文化或者"观念性"法律文化,从而使得界定过狭;又不会出现将所有的"物质性"法律文化和"非物质性"法律文化加在一起予以界定,从而显得过宽。

2."藏族婚姻法律文化"界说

一如前述,本研究认为,少数民族法律文化是指在一个统一国家内

---

① 多杰:《藏族本土法的衍生与成长——藏族法制史的法人类学探索》,兰州大学2009年博士学位论文,第255—258页。
② 隆英强:《社会主义法治建设与藏族法律文化的关系研究》,中国社会科学出版社2011年版,第12页。

部,地方少数民族在特殊的自然环境中所形成的以地方性法律、诏令、命令、教义、伦理规范及部落规范等为主要内容的法律制度文化和以传说、故事、习俗、占卜、巫辞、谚语、格言、历史遗存、事件等为表现方式的观念文化的综合。藏族法律文化是以吐蕃及历代藏族地方政权所颁布的地方性法律、诏令、命令、教义、伦理规范及部落规范等为主要内容的法律制度文化和以传说、故事、习俗、占卜、巫辞、谚语、格言、历史遗存、事件等为表现方式的观念法律文化的综合。这里的界定排除了"物质性文化",主要是"非物质性文化",包括制度性法律文化和观念性法律文化。

藏族婚姻法律文化是少数民族法律文化和藏族法律文化的重要组成部分。因此,对其的界定也是采取排除"物质性文化",主要是指制度性的藏族婚姻法律文化和观念性的藏族婚姻法律文化。

详言之,藏族婚姻法律文化是指在中华人民共和国境内,藏族为适应青藏高原特有的生态环境而形成的包括婚龄、婚约、婚姻形态、婚姻缔结原则、通婚规则、婚姻缔结方式、婚姻仪式、婚后居住形式、婚姻解除、婚姻纠纷解决方式等方面内容的制度性行为规范和在神话传说、故事谜歌、占卜巫辞、谚语格言、传统禁忌、伦理道德、宗教规范、部落习惯(法)、盟文誓词等载体中表现的观念性法律文化的综合。需要说明的是,本研究对藏族婚姻法律文化中"婚姻"的界定是狭义的婚姻关系即配偶关系,而不包括父母子女等家庭关系。关于该界定,可以从以下几个方面展开说明:

① 从研究范围上而言,是指在中国境内的藏区

藏族地区,简称为"藏区",是一个地理概念,主要是指中国境内的所有藏族聚居区。具体来说,是指西藏自治区,青海的海北、海南、黄南、果洛、玉树等藏族自治州和海西蒙古族藏族自治州、海东地区,甘肃的甘南藏族自治州和天祝藏族自治县,四川阿坝藏族羌族自治州、甘孜藏族自治州和木里藏族自治县以及云南迪庆藏族自治州等地。

② 从主体上看,主要是指在中国境内的藏族

藏族,是中国 56 个少数民族中的一个成员,在地理位置上主要居住在中国青藏高原地区,并分布于中国西藏、青海、甘肃、四川、云南等省、自治区的一个少数民族的汉语称谓。

③ 从原因上看,是藏族为适应青藏高原特有的生态环境而形成的高原文化

地域是民族文化赖以生长的环境,也是藏族婚姻法律文化赖以生存的环境和土壤。婚姻作为一种社会关系和社会制度,必须与本土的地理环境相适应。换言之,婚姻关系必须深深地植根于本民族的土壤和地理环境中,否则便是无本之木、无源之水。"活在任何社会里的任何人,都是从那个社会得到知觉,得到思考的方法,得到特殊的见地"。① 事实上,藏族正是在对特有地理环境即雪域高原的适应中形成了自己独特的社会生存方式,形成了自己独特的婚姻法律文化。

④ 从内容上看,既包括制度性行为规范,又包括观念性法律文化

藏族婚姻法律文化首先是制度性的行为规范,包括:婚龄制度、通婚规则、婚姻仪式、婚姻形态制度、婚后居住形式、婚姻解除、婚姻纠纷解决方式等方面内容的制度性行为规范。藏族婚姻法律文化同时也包括在神话传说、故事谜歌、占卜巫辞、谚语格言、图腾禁忌、伦理道德、宗教规范、部落习惯(法)、盟文誓词等载体表现的观念性法律文化中。

(五) 其他相关概念界定

除上述重要概念外,诸如法、习惯、习惯法、婚姻、民族、族群、少数民族、西藏、西藏民族改革、西藏传统社会等概念亦需厘清。

法(律),本文对法(律)的理解,主要是基于法(律)人类学及法(律)

---

① [英]马林诺夫斯基:《两性社会学:母系社会与父系社会之比较》,李安宅译,上海人民出版社 2003 年版,第 301 页。

社会学的观点。首先,凡是为了维护社会秩序,进行社会管理,依据某种社会权威和社会组织,具有一定强制性的行为规范,均属于法(律)的范畴。因此,在国家产生以前也有法(律)。而且除了国家制定法外,它还应该包括社会生活中实际通行的各种规范以及法律行为。在此语境下,习惯法当然也是属于法(律)的一种。① 其次,在文化多样性和多元化的视域中,法律作为文化的一种,有其"地方性知识"的特点,故而在中国单一制政体的宪政模式下,如何充分有效地在私法范畴内发挥宪法中民族区域自治权的功效,当成为本文对"法"的有效适用的着力点。

习惯和习惯法的关系,很难界定②。由于学界目前往往将习惯、习

---

① 关于中国大陆地区对法(律)的理解,张冠梓、高其才等学者进行了系统的阐述。参见张冠梓:《论法的成长——来自中国南方山地法律民族志的诠释》,社会科学文献出版社2000年版,第11—28页;高其才:《中国习惯法论》(修订版),中国法制出版社2008年版,第3页;高其才:《瑶族习惯法》,清华大学出版社2008年版,第17页,注释①。

② 当下中国大陆地区学者对二者的关系的研究,总体上尚未超过中国台湾地区学者的研究。鉴于中国大陆地区的资料已经较多,在此仅对中国台湾地区在该问题上的学术观点做梳理。民国二年,大理院发布判例规定:"凡习惯法成立要件有四:(1)要有内部要素,即人人有法之确认心。(2)要有外部要素,即于一定期间内就同一事项为同一行为。(3)要系法令所未规定之事项。(4)要无悖于公共秩序、利益。"参见黄源盛:《民初大理院关于民事习惯判例之研究》,载《政大法学评论》2000年第63期,第23页。民国初年有学者认为,习惯法有不明确及各地不一致的特性,为避免此一流弊,习惯法应限制为:一为通行全国与全国大部分的习惯;二为虽属地方性质习惯,其所支配的事项亦仅存于该习惯的所在地;三为法律得以明文采用的地方习惯。参见王世杰:《大理院与习惯法》,载《法律评论》1926年第168期,第2—4页;民国初期的学者认为,"习惯法之成立要件有二:第一,须习惯。习惯云者,依同一榜样继续遵行之习俗之谓。第二,须有法之观念。法之观念云者,受其习惯支配之人,信习惯为法而守之之谓。"参见余棨昌:《民法要论总则》,北平朝阳学院出版1933年版,第26—27页;姚淇清教授在20世纪80年代认为,"习惯为社会内之一般人就同一事项,反复为同一行为之惯行或习俗,但习惯非必为习惯法",习惯须经国家承认始为习惯法。"参见姚淇清:《法学绪论》,1984自版,第37页;王海南教授在20世纪90年代认为:习惯,是指一般人就某一事项,长时期反复为同一行为之习俗,因而使一般人确信应加遵守,并由于国家的承认,使其具有法的拘束力,所以,又称为习惯法。如果只是事实上的惯性……或国家不承认其对一般人具有拘束力,即不能称为习惯法。参见王海南等:《法学入门》,台北元照出版社1999年版,第121—122页。黄源盛教授在21世纪初认为,习惯是随着人类群体的发展,基于特定的需求,而在民间的共识下,经过长久的惯行,所逐渐形成共同遵守的准则。参见黄源盛:《民初大理院关于

惯法、民间法、固有法、传统法、民间规范等概念混在一起使用,使得该问题成为当下学界尚未厘清的概念。本文同意这样的观点:习惯法源于习惯,就本质而言,两者并无区别。在法学上,一部分因为有法规范的效力,称其为习惯法,一部分因为尚无法规范的效力,称其为单纯习惯。[①]习惯法研究是一种跨越法学和民族学、人类学等研究的交叉学科研究。习惯法研究是法学的研究。[②]民间法的范畴要大于习惯法,但习惯法是民间法的重要研究内容。历史上的法律应当称之为"传统法"或"固有法",而不能一概称之为"习惯法"。

藏族婚姻习惯法,是指婚姻关系中一方当事人之民族为藏族,为适应青藏高原特有的生态环境而形成的包括婚龄、婚约、婚姻形态、婚姻缔结原则、通婚规则、婚姻缔结方式、婚姻仪式、婚后居住形式、婚姻解除、婚姻纠纷解决方式等方面内容的行为规则或规范。

婚姻,[③]既是社会现象,又是法律现象。作为社会现象的婚姻,为

(接上页)民事习惯判例之研究》,载《政大法学评论》2000年第63期,第21页。杨日然教授在2005年出版的《法理学》中认为,习惯法源于习惯,就本质而言,两者并无区别。"在法学上,一部分因为有法规范的效力,称其为习惯法,一部分因为尚无法规范的效力,称其为单纯习惯。"参见杨日然:《法理学》,台北三民书局2005年版,第133页。最新的研究成果认为,在台湾,习惯法作为法源已丧失其现代意义的空洞化现象,以及习惯法"判例法化",习惯法非透过判例法无从产生,并希望尝试重新定位判例为台湾"民法"第一条之习惯法,希望能够解决争论已久的"判例"有无规范上拘束力的问题,并使空洞化的"习惯法"可以借由法官法的重新注入,而获得新的生命与内涵。参见吴从周:《试论判例作为"民法"第1条之习惯法:为"我国"判例制度而辩护》,载《台大法学论丛》2010年第2期,第292—293页。

① 杨日然:《法理学》,台北三民书局2005年版,第133页。
② 张文显:《我们需要怎样的习惯法研究——评高其才著〈瑶族习惯法〉》,载《法制与社会发展》2011年第3期,第156页。
③ 婚姻现象作为法律现象和社会现象,得到古今中外思想巨擘的广泛研究。如陈顾远先生认为:"婚姻为社会现象之一,而又法律现象之一,社会学家及法学家均甚重视其问题,详为探讨,续有所明"(陈顾远:《中国婚姻史》,商务印书馆2014年版,"序"第1页)。陶希圣先生认为,在宗法制度下,婚姻是两个家族的事,而不是两个人的事(陶希圣:《中国社会之史的分析:外一种:婚姻与家族》,商务印书馆2015年版,第204页)。瞿同祖先生认为,在传统

人类学家及社会学家所关注,是指为当时的社会制度所确认的、男女两性互为配偶的自然和社会结合。作为法律现象的婚姻,则为法学家所关注,是指男女双方以永久共同生活为目的、以夫妻的权利义务为内容的自然和社会结合。

民族,英文为"nationality",是在一定的历史发展阶段形成的稳定的人们共同体。一般说来,民族在历史渊源、生产方式、语言、文化、风俗习惯以及心理认同等方面具有共同的特征。有的民族在形成和发展的过程中,宗教起着重要的作用。[①]本书赞同这样的界定。

族群,英文为"ethnic group"。在欧洲语言中,"族群"和"民族"都

(接上页)中国,婚姻的目的只在于宗族的延续及祖先的祭祀。完全是以家族为中心的,不是个人的,也不是社会的(瞿同祖:《中国法律与中国社会》,中华书局2003年版,第97页)。史尚宽先生认为,婚姻是以终生共同生活为目的之一男一女之合法的结合关系(史尚宽:《亲属法论》,中国政法大学出版社2000年版,第97页)。戴炎辉、戴东雄、戴瑀如先生认为:婚姻,随国家、民族而不同,而在同一国家、民族,又由于时代之演变,其概念不一。中国台湾地区"民法"认为,婚姻系以终身制共同生活为目的之一男一女适法之结合关系(戴炎辉、戴东雄、戴瑀如:《亲属法(全一册)》,自版,顺清文化事业有限公司印行2009年最新修订版,第44页)。费孝通先生认为:婚姻是社会为孩子们确定父母的手段。婚姻的意义在于确立双系抚育。婚姻并不只是生物的交配,它还是文化的交流(费孝通:《乡土中国 生育制度》,北京大学出版社1994年版,第125、129、144页)。韦斯特马克(Westmarck)认为,婚姻通常被作为一种表示社会制度的术语。可以定义为:得到习俗或法律承认的一男或男与一女或数女相结合的关系,并包括他们在婚配期间相互所具有的以及他们对所生子女所具有的一定的权利和义务(Edward A. , *The History of Human Marriage*, New York: Allerton Book, 1922, p. 26.)。黑格尔(Georg Wilhelm Friedrich Hegel)认为,婚姻是具有法的意义的伦理性的爱(黑格尔:《法哲学原理或自然法和国家学纲要》,范扬、张企泰译,商务印书馆1961年版,第177页)。康德(Kant)认为,婚姻是两个不同性别的人,为了终身占有对方的性官能而产生的结合体(康德:《法的形而上学原理——权利科学》,沈叔平译,商务印书馆1991年版,第95页)。恩格斯(Friedrich von Engels)认为,人类婚姻主要经历了三个主要阶段,"群婚制与蒙昧时代相适应,对偶婚是与野蛮时代相适应的,以通奸和卖淫为补充的专偶婚是与文明时代相适应的"(恩格斯:《家庭、私有制和国家的起源》,中共中央马克思恩格斯列宁斯大林著作编译局译,人民出版社1999年第3版,第76页)。霍尔盖特(Houlgate)认为,在婚姻中,"人成了配偶、父母、子女"(Laurence D. Houlgate, *Family and State: The Philosophy of Family Law*, Totowa, N. J. : Rowman & Littlefield, 1988. p. 3.)。

① 国家民族事务委员会、中共中央文献研究室编:《民族工作文献选编(2003—2009)》,中央文献出版社2010年版,第91—92页。

是派生概念,其母体分别是"族种"和"国族"。"族种"和"国族"的词源和语义均不相同:"族种"是古希腊人对周围"异己者"的称呼,系人类社会基于人文差异主观产生的亘古感性观念;而"国族"一词则来源于拉丁语"本地人",是欧洲各族人民在工业社会形成的背景下依据领土政治观念相互做出的现代理性认定。由此,由二者派生出来的"族群"和"民族",就分别体现着二者的基因,存在着明确的观念差别:"族群"也是对异己群体的界定,包含着一种"非我族类"的区分观念;而"民族"则是对本地人民的界定,包含着对区域领土权利的承认。①

少数民族,是指在一个主权国家内部,人口相较于主体民族而言相对较少,在历史渊源、生产方式、语言、文化、风俗习惯以及心理认同等方面具有共同特征的人们共同体。

西藏,②既是一个地理概念,也是一个行政区划概念。它是中华人

---

① 在西方学术界和社会公共用语中,"nation"(国族)及其派生概念"nationality"(民族)是政治科学的分析单位,而"ethnos"(族种)及其派生概念"ethnic group"(族群)则是族类学(ethnology)的专业术语,这两组四个概念各有具体含义和抽象定性,不可相互混淆或替换。我国社会媒体、学术界乃至官方机构对这些概念的应用常有错位,特别是以"ethnic group"取代"nationality"来界定我国55个少数民族的做法,既不符合我国民族结构形成的历史和现实国情,也有悖于我国基于马克思主义政治立场而形成和持有的民族理论。笔者同意这样的观点。关于"族群"和"民族"概念的具体分析,参见朱伦:《西方的"族体"概念系统——从"族群"概念在中国的应用错位说起》,载《中国社会科学》2005年第4期,第88页。

② 西藏地区古代被称之为"蕃"(bod),"蕃"是生活在西藏这块土地上的人对本地区的命名在其他语言中的变音,是藏人自己命名的,并非由别人命名(恰白·次旦平措等:《西藏通史——松石宝串(上)》,陈庆英等译,西藏古籍出版社2008年版,第1—2页)。藏族的自称"蕃"(bod)并非"发芫"之"发"的音译,而是古代藏族宗教"本(bod)"的音变(格勒:《藏族早期历史与文化》,商务印书馆2006年版,第72页)。王尧先生认为,从现存藏文石刻考证,在吐蕃时期"藏"指的是"藏蕃",包括吐蕃时期行政区划中的"叶茹"和"茹拉"两个茹。藏语的gt-sang(或作rtsang)原含有"深处"之义。盖取自雅鲁藏布大江源头之处之意。本为西藏部分地区的总称,元代以后,与卫(乌斯,dbus)合称"乌斯藏"、"卫藏"。入清,乃称西藏。遂以"藏"字代表"土伯特"、"吐蕃"。于是衍生出"藏族"、"藏文"、"藏经"、"藏语"、"藏青"等词(参见王尧编著:《吐蕃金石录》,文物出版社1982年版,第128页)。西藏古称"蕃",简称"藏"。西藏在唐宋时期称为"吐蕃",元明时期称为"乌斯藏",清代称为"唐古特"、"唐古忒"、"图波(伯)特"等,清朝康熙年间起称"西藏"至今(参见郝时远、王希恩主编:《中国民族区域自治发展报告·2010》,社会科学文献出版社2011年版,第78页)。

民共和国的 5 个民族自治区之一即西藏自治区的简称,也是中国 34 个省级行政单位之一,是中国领土不可分割的一部分。西藏至少在元朝就已纳入中央有效管辖下,①并成为中国领土不可分割的一部分。

西藏民主改革,是西藏近现代史上一项重大历史事件。1959 年 3 月 10 日,以达赖为首的西藏反动上层集团为保住政教合一的农奴制永远不改变,悍然发动了旨在分裂祖国的全面武装叛乱。1959 年 3 月 28 日,中央政府宣布解散西藏地方政府,由西藏自治区筹备委员会行使西藏地方政府职权,领导西藏各族人民一边平叛一边进行民主改革,使百万农奴翻身获得了解放。民主改革取得了三大重要成果:一是废除封建农奴主的土地所有制;二是废除政教合一制度;三是建立人民民主政权。

西藏传统社会,是指 1959 年西藏"民主改革"前"政教合一"性质的社会形态,是相对西藏现当代社会的一种称谓。

三、文献综述

(一)国内研究综述

国内对藏族婚姻法律文化的研究,大致可分为四个阶段:中华民国前期、中华民国到 1949 年中华人民共和国成立,1949 年中华人民共和国成立(尤其是 1959 年西藏民主改革)到 1990 年代,1990 年代至今。就研究方法而言,大体经历了从民俗学零散记录到人类学深度田野调

---

① 蒙古皇帝薛禅汗与藏历第四绕迥铁猴年(公元 1260 年)即位,封众生依怙八思巴为国师。就在当年,由皇帝派遣达成答失蛮(dar-sman)带领军队前来西藏,其主要任务就是宣布整个藏族地区都纳入薛禅皇帝忽必烈的统治之下,并从祖国内地直到其吉祥萨迦寺之间设立成为"站"(vjac-mo)的接送和款待钦差使臣(gser-yig-pa)的驿站(恰白·次旦平措等:《西藏通史——松石宝串(上)》,陈庆英等译,西藏古籍出版社 2008 年版,第 374 页)。青藏高原的广大藏族地区先后在元朝汇入中国统一的洪流,先是归附了蒙古汗国,其后成为继蒙古汗国的元朝统治下的中国疆域的一部分。藏族地区加入这一中国走向统一的历史进程,虽然从各个具体环节上看,有一定的必然性,但从整体上看,又具有历史必然性,它是藏族地区与中原地区、北方草原地区长期的经济、文化和政治交往带来的必然结果,参见陈庆英、高淑芬主编:《西藏通史》,中州古籍出版社 2003 年版,第 167 页。

查的变迁;就对其性质的界定而言,大体经历了"奇风异俗说"、"群婚残余说"、"本土(文化)适应说"三个阶段。

1. 中华民国成立之前

中华民国成立之前,著述人主要是通过史书、志书、旅行记闻等①方式对藏族婚姻法律文化进行记述,这些资料多属于民俗现象的记录,相对比较简略零散,但这些资料对于了解藏族婚姻法律文化的历史状况有一定的史料价值。

二十四史如《旧唐书》、《新唐书》、《元史》、《明史》等典籍中均对吐蕃的历史做了记载,但传统史书只记载军国大事,婚姻家庭等民间细故则基本不在其记载范畴。不过,随着国际敦煌学的勃兴,吐蕃统治敦煌时期的系列文书得以被研究,使得我们可以通过更直观且有证明力的方式了解古代的藏族社会。在敦煌藏文写卷P.T.1083号②中就明确记载:"……沙洲户女子每为吐蕃、孙波(部落)及个别尚论③以婚配之

---

① 较早时期,藏族的一些婚姻习惯出现在我国的一些地方志中,如《四川通志·西域志》、《巴塘县志》、《理化县志稿》等,均有简要记载。还有一些到过藏区的官员、僧人等也多有记录。如1900年到西藏1902年离开的日本人河口慧海记载了当时一妻多夫的家庭中兄弟共妻、朋友共妻、父子共妻的事实。傅嵩林在《西康建省记·说番人弟兄共妻》中记载,"惟汝等户口太少,究厥由来……半由弟兄共娶一妻之故。……番人曰,弟兄各娶一妻,生人众多,衣食难谋,不将流为乞丐,而不能求保暖乎",明确提到了一妻多夫家庭与经济的关系。其他尚有不少书刊记载了藏族的多偶家庭的情况,如《西康社会之鸟瞰》、《青海玉树囊谦称多三县调查报告书》等。参见张建世:《20世纪藏族多偶家庭调查研究述论》,载《中国藏学》2001年第1期,第99—100页。

② P指伯希和劫走者,T代表藏文写卷。参见王尧、陈践编著:《敦煌吐蕃文书论文集》,四川民族出版社1988年版,第42页。

③ 官职,唐代吐蕃的一个职官系统名称。参见杨铭:《有关吐蕃"九大尚论"的若干问题》,载《历史研究》2014年第1期,第170—176页;林冠群:《吐蕃"尚"、"论"与"尚论"考释——吐蕃的社会身份分类与官僚集团的衔称》,载《中央民族大学学报》2012年第6期,第68—81页;林冠群:《吐蕃中央职官考疑——〈新唐书·吐蕃传〉误载举隅》,载《"中央研究院"历史语言研究所集刊》2009年第80本第1分,第43—76页;林冠群:《吐蕃"尚"、"论"与"尚论"考释——吐蕃的社会身份分类与官僚集团的衔称》,载《中央民族大学学报》2012年第6期,第68—81页。

名,抄掠而去,(实则)多沦为奴婢……"这证明,大约在公元795年或807年间,①吐蕃社会确实存在着掠夺婚。又据"英藏敦煌吐蕃文书""瓦雷·普散编号:1282;印度事务部图书馆编:卷72.叶13"《子年王恪恪买妻书》的记载:"已经成交的买卖婚姻,将无任何争议,不受干扰"、"假如有人自称系其主子,或其潜逃,卖者必须立即偿付买方成交价七两银钱的双倍,或找一身价相同的妇女顶替。"②这证明在吐蕃统治敦煌时期,即在公元782—848年间③的一个子鼠年买卖婚姻亦确实存在。

清廷官员吴廷伟于康熙五十九年大略记述了从西宁到西藏的风物志,取名《定藏纪程》。在该日记性质的记述中,他写到:"妇女编条辫子,头顶一团牌,五六寸大,二寸高,上镶松儿石,额前戴一扁牌,亦有五六寸大,镶松儿石。若出门,头上又戴一柳条编的如小蒸笼样,上边密密钉着珍珠,耳上戴小坠,亦镶松儿石,都不穿裤,不洗面,绝无羞耻。""即其夫见其与人苟合,亦不以为怪,竟有弟兄二三人合一妇者,所着之衣,皆用氆氇,与喇嘛之衣一般,其农具与中国无二,有水田,天气甚暖,

---

① 据我国著名藏学家王尧先生推测,该卷日期为公元795年或807年间。参见王尧、陈践编著:《敦煌吐蕃文书论文集》,四川民族出版社1988年版,第44页。

② 该文书的全文汉译如下:[1]鼠冬年,[1—2]王恪恪(Wang kevu kevu)买育冈楚突塔(Yo gang cho to stag)、育冈叟坍(Yo gang so btan)之妹洛丹(Nog dang)为妾。[3]此已经成交的买卖婚姻,将无任何争议,不受干扰。[3—4]假如有人自称系其主子,或其潜逃,卖者必须立即偿付买方成交价七两银钱的双倍,或找一身价相同的妇女顶替。[4]除此之外,按以往规矩,双方还可就卖方向买方提供该妇女必需的生活品进行商讨。[4—5]契约当事人"手印"或私章;证人上人益希(Ye shes)、卢般堪(Lo phan kvan)、韦……(vBav)、宋……(Song)于此签章。[6]育冈楚突塔手印、育冈叟坍手印。参见杨铭:《吐蕃统治敦煌和吐蕃文书研究:〈西藏通史〉专题研究丛刊》,中国藏学出版社2008年版,第222—223页。

③ 该文书记载日期为鼠年(byi ba bo),吐蕃大约从公元8世纪开始采用十二生肖纪年法,这里的"鼠年"便是汉族的子年,当是吐蕃统治敦煌的公元782—848年之间某一个子年,即:甲子—784年,丙子—796年,戊子—808年,庚子—820年,壬子—832年,甲子—844年。参见杨铭:《吐蕃统治敦煌和吐蕃文书研究:〈西藏通史〉专题研究丛刊》,中国藏学出版社2008年版,第223页。

经冬不寒。""妇女多生杨梅疮,不可近。"①

　　成书于清朝乾隆年间的《西藏通志》中记载:"一家弟兄三四人,只娶一妻共之",并认为"其妇人能和三四兄弟同居者,人皆称美,以其能治家"。②该书作者注意到"一妻多夫"这种单复式婚的亚类型"兄弟型共妻",并对在该种婚姻下女性所起的作用即"能和三四兄弟同居者"作了记述,并认为如果女性能如是,则"人皆称美",其原因是"以其能治家"。

　　嘉庆年间陈登龙的《理塘志略》也记载了四川藏区藏族的婚姻习俗、女性地位等情况。该书写到:"婚嫁以茶为礼,娶亲之日,群妇赴女家,饮酒歌舞以乐之,谓跳歌粄。饮毕,送到男家亦如之……"、"其妇人能合三四兄弟同居者,人皆称美,以为能治家也"、"琐屑之事任其劳"、"贸易之事,妇女智过男子"、"生女重于生男"、其女子"淫心忽动,随人即合。其夫亦置不问。夫妻悦则相守,反目则自择所欲而适焉"。③

　　道光二十五年姚莹所著的《康輶纪行》,在对西南各地进行实地考察的基础上,特别考察了西藏的情况,从而揭露英国侵藏的野心。在该记载中,作者建议清政府加强沿海与边疆防务,以反抗外国侵略。该书对藏族女性与藏传佛教关系以及相关婚姻习俗多有记述:"……各大寺皆有垂仲或亦有女为之佛……""七八月间,临河皆设凉棚,男女同浴于河……"④

　　综上,由于在中国历史上长期以来形成了"尊华夏、贱夷狄"之正统

---

① (清)吴廷伟:《定藏纪程》,厦门大学图书馆誊写铅印本,作者复印自藏,第8页。
② 西藏研究编辑部编辑:《西藏志》,吴丰培整理,西藏人民出版社1982年版,第28页。
③ (清)陈登龙:《理塘志略》卷二,嘉庆十五年抄本,台湾成文出版社1970年影印本,第53—55页。
④ (清)姚莹:《康輶纪行》,欧阳跃峰整理,中华书局2014年版,第77—78页。

史学观念,所以这些朝廷官员在记述藏族婚俗时难免戴着"贱夷狄"之有色眼镜,从而在这些事关藏族婚姻的历史记述中几乎都带着"奇风异俗"的论调。不过,放在历史的语境下,是完全可以理解的。

2. 中华民国时期

中华民国时期,诸多志士仁人基于对国家边疆的客观研究,以"边疆学"或"边政学"①为题对藏族婚姻法律文化进行了较为扎实的研究。如成书于1920年周希武先生的《玉树调查记》记载:"番俗无男女之别。女多无夫,人尽夫也。男多无妻,人尽妻也。其婚姻之组合甚易。男女相悦,即为夫妇。稍一反目,即琵琶别抱,掉首无情。男子亦不问也。然亦有行结婚仪式者,不数见也。有居结古十年之老翁,言仅见行婚礼者两次。订婚由男女自主纳币,以牛马不亲迎,遣他人迎之。女家亦有数人送之男家,亦无交拜仪式。所最异者夫妇不同室而寝,若同寝则以为大忌。其交媾皆耦为之。"②"兄弟往往同妻,女子能调和众男,俾无嫌隙,则乡里谓之宜其家室矣"。③囿于时代局限,该书对青海玉树的藏区婚姻习惯多有误解,但放在历史语境下,完全能理解其拳拳爱国之心。

1921年徐兰生著的《玉树地区调查记》一书在分析"僧众之多"的原因时认为,"藏人家族,世代一贯相传,兄弟不分家产,公娶一女为家室,可见藏人不求子孙之众,多育之家,自必喜愿以子为僧",并认为"僧众既多,人烟势必稀少,未嫁之女或僧徒之数相等。然男女放佚不羁,

---

① 其中以民国时期的重要刊物《边政公论》为代表。该刊是20世纪40年代在边疆危机、民族危机的背景下,创建的一份专门研究边疆地区民族、自然环境和文化的期刊。该刊由中国边政学会边政公论社于1941年在重庆编行。参见刘晓光:《〈边政公论〉研究》,云南大学2011年硕士学位论文,"前言"。

② 周希武:《中国方志丛书·西部地方·第卅七号 青海省玉树调查记(全)》,民国手抄本,台湾成文出版社影印1966年,《玉树调查记卷下·风俗》,第152页。

③ 周希武:《玉树调查记》,吴均校释,青海人民出版社1986年版,第85—86页。

多夫多妻之风并时盛行,故生育与死亡之数足以相抵。"①

1924年出版的作为《东方杂志》20周年纪念刊物的"东方文库"第11种丛书——沈与白的《西藏调查记》,将"婚姻"问题作为社会习俗之一单列,主要论述了婚姻之缔结原则、婚姻仪式、离婚习惯(法)、通婚规则及其嬗变和单复式婚等内容,②是较早就西藏婚俗进行介绍的重要著作。

民国时期著名藏学家任乃强在1931年出版的《西康札记》③中记载了"边地风俗之一般"之"淫乱之风",并专文记述西康之"赘婿"习俗:"夷民男女同等操作,毫无轩轾,社会待遇亦绝对平等。无子无女者,得赘婿承嗣,谓之'上门'。有子者,唯长子得承受田产,余子皆学喇嘛,或赘人,或力作自活,女子嫁人,其习惯法如此"。④

洪涤尘编著《西藏史地大纲》于1936年出版发行,该书在边疆研究中影响较大。其亦将"婚姻"纳入到"社会风俗"的叙述之下。洪涤尘认为"西藏普通之婚姻,不择贤淑,惟求门户相当,故寒素之家,虽有淑女,难望高攀,以是习成贵不亲贱。富不妻贫之恶俗;而皇室及阅阀之女,通例不适下级人民,若无相当配偶,宁送妻女与僧院及尼庵也。"其将西藏之婚姻习俗,主要分为"嫁娶仪式"、"夫妻制度"、"汉藏通婚"与"离婚之习"四个方面。⑤ 不过,需要说明的是,该书除了"汉藏通婚"及"夫妻制度"中关于"美国摩门教婚俗"之介绍与1924年出版的沈与白的《西藏调查记》有所区别外,其余部分与沈与白的述论相似。

---

① 赵心愚等编:《康区藏族社会珍稀资料辑要》(下),巴蜀书社2006年版,第1002页。
② 张其勤、沈与白:《西藏调查记》,上海商务印书馆1924年版,第69—72页。
③ 本文为作者1929—1939年初次入康考察时沿途所见所历情况之杂记。曾陆续刊载于《边政月刊》。1931年,由南京新亚细亚学会结集出版,名为《西康札记》。参见任乃强:《民国川边游踪之〈西康札记〉》,中国藏学出版社2009年版,第1页。
④ 任乃强:《民国川边游踪之〈西康札记〉》,中国藏学出版社2009年版,第10、15页。
⑤ 洪涤尘编著:《西藏史地大纲》,上海正中书局1936年版,第52—55页。

撰写于1936年左右的《治理康区意见书》,在"人民生活"的"社会现况"部分提到,"家庭社会,大多以女子为主体。女子有承继权,有如母系氏族时代,主妇统理家政,男子则负经商及对外责任。……在一妻多夫的地方,女子的主要任务,并不在于如何侍从所有丈夫,而是如何使所有丈夫均能各自生产,不相妒忌,以维持发展家庭经济。这样有能力的女子,将获得社会所加以的荣誉。故西康的一妻多夫制,并不是一种婚姻的习尚,而是以经济问题为其基础的"。①

民国张其昀纂修的《夏河县志》记载:"藏民体质强健,工作效率颇大,尤以女子为然。""若家有男女各一,而男子又为僧,财产则由女子继承。"②虽然这些都是零星的记载,但也可补充说明当时夏河藏区的女性在家庭中的地位及其财产继承权等属于藏族婚姻法律文化的内容。

民国时期的志书《西藏志》记载:"如家中仅有一女,女之地位即较为强固。因其夫必须入赘其家,依妻之产业为生,取妻族之名字。妻本人,据藏人言,实为一家之根。父母死后,有主管家务之权。"③在该志书中,对西藏女性的地位做了一定的阐述,亦值得重视。

著名藏学家李安宅先生在1930年末期深入甘肃南部藏区进行社会调查,他与当地僧俗民众同吃同住,历时三载,饱尝艰辛,取得大量材料,写成了《藏族宗教史之实地研究》。该书是国内外公认的通过实地考察和社会调研而撰写的有关藏族宗教史的一部杰作。在该书的"文化背景"一章中,记载了女性地位、成年典礼、恋爱、婚姻缔结、结婚等内容。安宅先生指出,"婚事可以由父母作主,也可以自己选择。婚时亲

---

① 赵心愚等编:《康区藏族社会珍稀资料辑要》(下),巴蜀书社2006年版,第327—328页。
② 张其昀纂修:《夏河县志》,民国手抄本,台湾成文出版社影印本,第44—47页。
③ 丁世良等:《中国地方志民俗资料汇编》(西南卷)下,北京图书馆出版社1997年版,第876页。

友聚餐欢宴,但无宗教仪式。结婚既可以在宗族内,又可在宗族以外;定居可以在女方,也可以在男方。男女都可以根据情况继承家系。……男女双方发生恋爱要结婚,而任何一方的父母不同意,则不能不承认既成事实。多夫制虽然存在,但不普遍,不像外界所认为的那样。兄弟们与一个女人结婚,目的是不使家产分散,不是由于贫穷。婚后可以离异,是由于两相不适,也可能因为婚姻以外有性的关系,这样合也自由,分也自由,就不会有恶劣的影响"。① 李安宅先生 1947 年在美国任教期间发表的另一篇重要文章《藏族家庭与宗教的关系》中指出了藏族"离婚所遵循的原则"及"妇女在宗教中的地位"这两个极为重要的问题。在该文中,安宅先生认为,藏族多数家庭的麻烦是来自婚外性关系,但是婚姻又遵循一种"好说好散不留后患"的原则。"不论及在这人世的社会地位,藏族宗教中的妇女的地位则是一个矛盾的混合体。佛教理论认为女性要逊与男性……佛教观点又认为,除非一个男人得到妇女(可能的话是称为"妖母"[Fairy mothers or Dakinis]的妇女)的智慧的教导,他是不可能获得启蒙的"。②

综上,中华民国期间,在"边疆学"或"边政学"的研究视阈下,藏族婚姻法律文化的记述虽依然受到"尊华夏、贱夷狄"之正统史学观念的影响,但一些先行的民俗学家(尤其是中华民国后期)已经能够以比较客观的方式论述藏族的婚俗,这是一个很大的进步。不过,其本质目的一如《边政公论》所强调的那样:③学术的研究要与行政相结合,以共谋

---

① 李安宅:《宗教史之实地研究》,上海人民出版社 2005 年版,第 13 页。
② 李安宅:《藏族家庭与宗教的关系》,载李安宅遗著整理委员会:《李安宅藏学文论选》,中国藏学出版社 1992 年版,第 272 页。
③ 《边政公论》的旨趣是"凭客观的见地,真诚的研究,一方阐发一般边政原理,使得边政实施能有个正确的理论做参考基础;一方研讨实际问题,搜集实际资料,冀能为建设边疆尽其前哨的义务"。参见刘晓光:《〈边政公论〉研究》,云南大学 2011 年硕士学位论文,"前言"。

边疆事业的发展。

3.中华人民共和国成立之后至 20 世纪 1990 年代

1949 年中华人民共和国成立之后,中国共产党政权以马克思主义民族观为指导,"高举马克思列宁主义、毛泽东思想红旗,坚持无产阶级国际主义的民族观,彻底清除资产阶级及其他剥削阶级民族主义的思想影响",对待历史上遗留下来的文献资料"运用马克思主义阶级观点,进行分析批判,去其糟粕,取其精华,彻底清除文献资料中剥削阶级的反动观点",以便"辨别是非,揭示民族关系历史的真相",从而使得民族历史的研究要"为当前无产阶级政治服务"。①

在该思想的指导下,新中国自 1949 年以来,参照苏联模式建成一个"多民族国家",在 20 世纪 50 年代开展声势浩大的"民族识别"工作,政府组织专家学者深入各地调查,最后正式"识别"出 56 个"民族"。在此过程中,一批虽然带有明显时代烙印("以阶级斗争为纲")但也明显是经过艰苦细致的工作而得出的田野调查资料相继完成,这些资料成为"民族识别"的重要依据。

其中,20 世纪 50 年代末 60 年代初在藏区进行的大量社会历史调查,大多都不同程度地涉及了藏族的婚姻法律文化,其中阿巴部落、囊色林溪卡、下涅如地区、托吉溪卡、柳溪卡、资龙溪卡等几篇报告关于藏族"婚姻"的描述较为详细,特别是在《藏族社会历史调查》(三)、(六)等资料中尤为集中。其探讨的主题基本包涵了笔者对"藏族婚姻法律文化内容"的论述。具体而言,包括"通婚范围"、"婚姻缔结方式"、"结婚禁例和自由程度"、"婚姻程序"、"婚姻形式"、"结婚仪式"、"非婚生子女

---

① 岑家梧:《研究民族史必须坚持马克思主义民族观》,载《江汉学报》1963 年第 8 期,第 56、57 页。

之地位"、"赘婿"、"离婚"等内容。① 这批调查资料在20世纪80年代陆续出版,并在2009年又出版了修订本,这对于了解藏族婚姻法律文化的诸多方面有非常重要的价值。

20世纪80—90年代所发表的论文,其素材大多是来自于五六十年代的调查资料,并结合些许档案材料和个人较为零星的调查。其研究的主题主要集中在单复式婚的性质上,在经典作家思想的影响下,大部分学者均认为,藏族的单复式婚或者是"原始群婚的残余",②或者是"历史的奢侈品"。③

著作方面涉及"藏族婚姻"方面的内容较为零散。主要有孙怀阳、程贤敏主编的《中国藏族人口与社会》、宋兆麟的《共夫制与共妻制》及杨明主编的《藏族游牧部落及社会主义现代化》。孙、程著论及的与本文有关的主题主要是"婚前的情侣制"、"没有新郎的婚礼和走访婚"、

---

① 《中国少数民族社会历史调查资料丛刊》修订编辑委员会编:《藏族社会历史调查3》(修订本),民族出版社2009年版,第47、185—188、199—209页;《中国少数民族社会历史调查资料丛刊》修订编辑委员会编:《藏族社会历史调查6》(修订本),民族出版社2009年版,第337—369、447—480页,等等。

② 参见宋恩常:《藏族中的群婚残余》,载《民族学研究》(第二辑),民族出版社1981年版;吴从众:《民主改革前西藏藏族的婚姻与家庭》,载《民族研究》1981年第4期,第27—45页;严汝娴:《藏族的着桑婚姻》,载《社会科学战线》1985年第3期,第240—247页;欧潮泉:《论藏族的一妻多夫》,载《西藏研究》1985年第2期,第80—83页;刘龙初:《四川省木里县俄亚纳西一妻多夫制婚姻家庭试析》,载《民族研究》1986年第4期,第25—32页;严汝娴主编:《中国少数民族婚姻家庭》,中国妇女出版社1986年版;张全武:《近代西藏特殊家庭种种试析》,载《西藏研究》1988年第1期,第94—99页。

③ 参见严汝娴、刘宇:《中国少数民族婚姻风俗》(增订版),商务印书馆1996年版,第151页。该书虽然出版于1996年,但由于其对西藏藏族多偶婚的性质定性,故而将其放在20世纪90年代之前。恩格斯在《家庭、私有制和国家的起源》中用大量篇幅谈到了人类婚姻家庭的发展序列。他在谈到因母权制的颠覆而迅速发展起来的一夫一妻制之前,曾经提到一夫多妻制与一妻多夫制这两种并不普遍通行的婚姻形式,并且很风趣地称之为"历史的奢侈品"。但恩格斯对于这一"历史的奢侈品"没有来得及详加论述,认为有些问题还需要作进一步的研究。参见秋浦:《"历史的奢侈品"试析》,载《民族研究》1986年第1期,第59—65页。

"多偶婚与单偶制并存的婚制"、"传统婚俗的影响"及"当前藏族妇女的婚姻状况"①等内容。宋著的调查研究十分详细,主要是对四川木里俄亚纳西族的多偶家庭的调查研究。俄亚地区与东部藏区相连,当地纳西族的一妻多夫、一夫多妻家庭形式与藏族的十分接近。该书对一妻多夫兄弟共妻的流行分布、类型及多偶婚的性质、多偶制延续的原因及一夫多妻的类型等问题②通过个案进行了详细的描述,对笔者研究藏族婚姻法律文化的形态有较大启发和借鉴价值。杨著主要涉及"三种婚姻形式及其特点"、"通婚范围与婚姻自主"、"订婚、结婚、离婚"及"妇女地位"等内容,③其对单复式婚的动因解释有其独特之处。④

另外,三本研究西藏人口学的书《西藏人口的变迁》、⑤《中国人口·西藏分册》⑥及《当代中国西藏人口》⑦也部分涉及了本研究主题,这些论著主要是从人口学角度对"多偶婚的减少"、"婚姻缔结禁忌"、"宗教对婚配比例的影响"、"妇女生育率"等问题展开论述。这些论述,某种程度上依然带有时代的烙印,以"改造论"和"移风易俗"为主旨。

---

① 孙怀阳、程贤敏主编:《中国藏族人口与社会》,中国藏学出版社1999年版,第111—129页。
② 宋兆麟:《共夫制与共妻制》,生活·读书·新知三联书店1990年版,第113—158页。
③ 杨明编著:《藏族游牧部落及社会主义现代化》,成都电讯工程学院出版社1988年版,第102—122页。
④ 如他认为"藏族的习俗,夫妻平时不同居,各居一室,牧区则一家同居一帐房,也容易造成一妻多夫制家庭。"这点在其他学者的相关问题阐释上并未曾看到。参见杨明编著:《藏族游牧部落及社会主义现代化》,成都电讯工程学院出版社1988年版,第109页。
⑤ 张天路:《西藏人口的变迁》,中国藏学出版社1989年版。
⑥ 刘瑞:《中国人口·西藏分册》,中国财政经济出版社1989年版。
⑦ 孙竞新:《当代中国西藏人口》,中国藏学出版社1992年版。

4. 20 世纪 90 年代至今

从 20 世纪 90 年代开始,藏族婚姻法律文化的研究进入了一个百花齐放、百家争鸣的时期。在学科上,出现了科际整合(跨学科)研究[①]趋势,社会学、民族学、人类学、法学等学科一起参与对本文主题的研究;在方法论上,以人类学"田野调查"[②]方法作为基础的根本方法,使得这一时期的研究带有很浓的实证色彩;在指导思想上,"文化多元"、

[①] "科际整合研究"是港台和海外华人学者常用的一个术语,相当于大陆地区学者所说的"跨学科研究"。从哲学的视角而言,这种研究方法是今日人类开拓新知识、创造价值、实践文化改造与技术改良所不可或缺的智慧工程。它代表至少两种方法或两种观点的交叉和集中使用。因之要求我们有更清晰的方法意识以及对所涉及的概念与范畴系统有更深度的理解。其成果将是跨系统的,跨科学的与跨世界的。参见刘仲林:《科际整合的哲学与方法——评成中英、傅伟勋的跨学科观》,载《哲学研究》1999 年第 1 期,第 70、72 页。

[②] 田野工作(field work)是对一社区及其生活方式从事长期的研究。从许多方面而言,田野工作是人类学最重要的经验,是人类学家收集资料和建立通则的根据。人类学者撰写的文章和书籍就是提炼出这些经验累积的精华,而终究是要指涉到某一民族的特殊经验。参见基辛(Roger M. Keesing):《当代文化人类学》,于嘉云等译,台北巨流图书出版公司 1980 年版,第 21 页。田野调查,也称作实地研究,是一种深入到研究现象的生活背景中,以参与观察和非结构访谈的方式收集资料,并通过对这些资料的定性分析来理解和解释现象的社会学研究方式。风笑天:《社会学研究方法》,中国人民大学出版社 2001 年版,第 38 页。田野调查特别重视参与观察法(participant observation)和深入访谈(deep interview)。人类学工作者经常用文化的相对性(cultural relativity)这一重要概念来表达自己的科学素养。实际上,该方法在社会科学中既古老也非常新颖,它已经被几个世纪以来的众多社会研究者所使用,特别是进入 20 世纪下半叶以后,人类学与社会学者的应用和贡献,更使其发展成为一项科学技术。不难想象,这一技术的应用与推广必然会对当代中国研究产生一定的影响,而且在现有当代中国研究中田野调查方法的采用也相对较为广泛,且发挥着越来越重要的作用。事实上,田野调查是人类学家的"武功秘籍",以至于英国人类学家 C.G. 塞利格曼(C. G. Seligman)毫不夸张地宣称,田野工作对人类学的重要性,就像殉教者的鲜血对教会的重要性一样。田野工作之于人类学者,就如同心理分析学家的"训缘分析"一样,是进入该行业的必经的痛苦考验。[苏格兰]艾恩·陆一士:《人类学导论》,黄宣已、刘容贵译,台北五南图书出版公司 1985 年版,第 16 页。

"文化多样"①、"少数人权利"②成为替代"经典思想"的重要立论基础，并得到越来越多学者的运用。

1988年北京大学社会学人类学研究所"西藏社会发展研究"课题组联合中国藏学研究中心，在地方政府和相关科研部门的大力支持下，前后用了近4年的时间在西藏的各个地区开展了广泛的实地调查工作，取得了大量的第一手资料，并陆续完成了系列调查报告和专题研究论文，先后在20世纪90年代中期出版了《西藏家庭四十年变迁》③、《西藏的人口与社会》④及《西藏社会发展研究》⑤等在学界有重大影响

---

① 作为为《世界文化多样性宣言》（联合国教科文组织2001年通过）提供过重要智力支持的国家著名人类学家，克洛德·列维-斯特劳斯（Claude Levi-Strauss）在他那本著名的小册子《种族与历史》中提出：人类从来不是以种族，而是以文化来区分的。不同文化之间不存在优劣不平等。人类文化本来就多样差异，将来也会多样差异。参见克洛德·列维-斯特劳斯：《种族与历史 种族与文化》，于秀英译，中国人民大学出版社2006年版；河清：《破解进步论：为中国文化正名》，云南人民出版社2004年版，第96—138页。文化多元化是人类社会的基本特征，而且无处不在、无时不有。民族认同是对抗全球化压力的一个正常的、健康有益的反应。只有当种族分界被利用和操纵时，它才会成为暴力冲突的一个导火索。我们有很多达到种族和平共存的方法，比如用宪法确定种族多样性，支持不同的种族采取不同的选举方式，制定人权法案，以及其他经济和文化方面的措施。试图通过种族同化来达到"建设国家"的目的是行不通的，也是不可能的。一个种族凌驾于其他种族之上也不利于社会长期稳定。培养民族多样性的最好的办法，是在公民社会的基础上建设国家，把国家的概念深深植根于共同的价值观念之中。只有把国家的概念与种族排斥区别开来，才能在社会之中形成团结一致的氛围。参见联合国教科文组织、世界文化与发展委员会：《文化多样性与人类全面发展》，张玉国译，广东人民出版社2006年版；M. J. Herskovites *Man and his Works*. New York: Knopf. 1949. p.76.

② 少数人权利，是国际人权法上的一个重要概念。在人权法的理念和框架下，笔者较为赞同吴双全博士对该概念的界定。他认为，少数人是指那些在一定期限内居住在一个国家，处于非支配地位，数量上具有一定规模但少于该国其他人口，在民族、人种、宗教和语言等方面具有不同于其他人口的特征，并且具有维持这些特征的共同愿望的人。参见吴双全：《少数人权利的国际保护》，中国政法大学2009年博士学位论文，第24—25页。

③ 中国藏学研究中心社会经济研究所主编：《西藏家庭四十年变迁：西藏百户家庭调查报告》，中国藏学出版社1996年版。

④ 马戎：《西藏的人口与社会》，同心出版社1996年版。

⑤ 北京大学社会学人类学研究所、中国藏学研究中心合编：《西藏社会发展研究》，中国藏学出版社1997年版。

的学术专著,这些书中都或多或少涉及了"西藏婚姻"、"藏族婚姻"这一主题。其中费孝通先生的高足、北京大学的马戎教授在"西藏婚姻"、"藏族婚姻"问题上的研究尤值赞赏。

马戎在《西藏的人口与社会》中,用了近40页的篇幅,以调研所得的第一手资料为依据,详细地探讨了"藏族居民的择偶与婚姻"这一主题,涉及藏族婚姻的"婚姻状况"、"婚姻形式"、"婚姻决定权"、"结婚"、"汉藏通婚"、"离婚"等内容。[①] 这些研究对笔者的研究有较大启发。另外,马戎教授在《民族研究》上发表的《试论藏族的"一妻多夫"婚姻》一文也具有很重要的价值。该文指出"西藏有其独特的地理环境和自然资源条件,由于生存条件恶劣并与外界相对隔绝,形成了西藏历史上独特的社会制度和与之密切相关的婚姻制度。它不能简单地套用其他国家的婚姻模式来进行分类,在相似的形式下还可能具有十分不同的社会内涵。""在西藏地区的'一妻多夫'婚姻具有一定的特殊性,但是它的产生和延续有其社会、经济、文化的条件"。[②] 这些意见与张建世提出的在该问题研究上应该具有的"内部视角"[③]的观点异曲同工。

平措占堆在《西藏农民:后藏班觉伦布村的调查报告》一书中,以田野调查的方式考察了班觉伦布村婚姻家庭情况,对通婚途径、规则、范

---

① 马戎:《西藏的人口与社会》,同心出版社1996年版,第293—331页。
② 马戎:《试论藏族的"一妻多夫"婚姻》,载《民族研究》2000年第6期,第43页。
③ 张建世在评议陈波在西南民族大学"他山学社"所做的题为"一妻多夫制研究的回顾与反思"讲座时指出,"一妻多夫"这个概念其实也是外人强加给当地社会的,因为在当地其实并不存在和我们对应的夫妻观念和家庭观念,所以如要真正地从地方社会内部的视角来认识藏族社会的一妻多夫,我们可能应该首先抛弃"一妻多夫"这样的说法,找寻其自身的概念表述。参见陈波:《一妻多夫制研究的回顾与反思》,张迎整理,载王铭铭主编:《中国人类学评论》(第17辑),世界图书出版社公司北京公司2010年版,第250页。另外,张建世2002年发表在《中国藏学》上的文章《20世纪藏族多偶家庭调查研究述论》不仅具有重要的文献综述价值,而且其提出的该问题"文化视角"及"动态视角"其实都与其论文中提到的"内部视角"一脉相承。

围、形态等内容进行了分析。①

　　从 2000 年开始,大部分关于藏族婚姻法律文化的研究都是在"民间法·民族习惯法"②的框架下进行的。受"文化多元"、"文化多样性"思想的影响,"法律多元"③成为该主题研究的重要概念和分析工具。受人权法中"少数人权利"思想的影响,"少数民族人权"④逐渐成为学界的一个重要分析工具。除此之外,经济学、政治学领域中的"非正式制度"⑤概念、

---

①　平措占堆:《西藏农民:后藏班觉伦布村的调查报告》,五洲传播出版社 1998 年版,第 51—62 页。

②　谢晖教授主编的学术刊物《民间法》及丛书《民间法文丛》,及其在《山东大学学报》、《甘肃政法学院学报》、《原生态民族文化学刊》主持的有关"民间法"的专栏,以及高其才教授主编的《习惯法论丛》都基本上是在"民间法·民族习惯法"的框架之内进行的。这种框架一方面使我们认识到"法律多元",但另一方面无疑也在消解人们对于"法治论"的理念。关于该问题的详细论述,参见陈金钊:《法律人思维中的规范隐退》,载《中国法学》2012 年第 2 期,第 5—18 页。

③　千叶正士认为,"法律多元"这一全新的概念有效地抨击了人们具有的正统法学常识,因为它意味着否认人们深信不疑的、国家法作为法的唯一性或者说否认西方方法在世界各民族中的普适性。简而言之,人们发现正统法学所信奉的西方类型的国家法,其普适性并不总是真实的,而和其他法律体系相比,其相对性倒是确信无疑的。参见千叶正士:《法律多元——从日本法律文化迈向一般正义》,强世功等译,中国政法大学出版社 1997 年版。在"法律多元"思想影响下,对于中国的法律人类学发展来说,我们迫切需要的是利用田野民族志记录转型社会的法律多元的经验事实,建立学界同仁可以共享的社会图景,以期进一步提供"对于各种不同表现形式的法律的人类学理解"。而事实上,中国学者利用田野民族志的方法研究法律领域的社会问题在时间起点上并不晚。严景耀曾在 20 世纪 20 年代后期和 30 年代初期以参与观察的田野作业方法研究违法犯罪与社会变迁的关系,完成了一系列的论著。参见高丙中、章邵增:《以法律多元为基础的民族志研究》,载《中国社会科学》2005 年第 5 期,第 140 页。

④　"土著权利"、"原住民权利"成为这个话题的变相表达。我国宪法(2004 修正案)第 33 条第 3 款规定:"国家尊重和保障人权"。这为我国当下的人权研究提供了最为根本的制度保障。

⑤　正式制度和非正式制度是对制度进行分类的两种基本方式。正式制度包括了法律、政策、规章、章程等,非正式制度则包括了道德、宗教、禁忌、习惯(法)、风俗等。这种分类方式不仅从性质上对制度进行了区别,也暗示着不同制度的产生方式、起源的不同。一般而言,非正式制度的产生是一种间接的自发自生自愿方式,通过人们在社会生活中长期相互博弈而产生。相关文献参见唐绍欣:《非正式制度经济学》,山东大学出版社 2010 年版;易军:《农村法治建设中的非正式制度研究》,中国政法大学出版社 2012 年版;于洋:《江湖中国:一个非正式制度在中国的起因》,当代中国出版社 2006 年版等。

社会学领域中的"大、小传统"①概念、女性学领域中的"社会性别(gender)"②概念、哈耶克自由主义思想中的"自生自发秩序"③概念均成为

---

① 20世纪50年代人类学家雷德菲尔德(Robert Redfield)提出"大传统"(great tradition)与"小传统"(little tradition)的理论。70年代末80年代初李亦园先生提出了关于中国民间文化、民俗信仰的大、小传统理论的"李氏假设"。自此之后，海内外学界的许多学者在许多历史时期、地域、学科等方面采用了"大、小传统"理论，参见谢晖：《大、小传统的沟通理性》，中国政法大学出版社2011年版。

② 当代的社会性别理论诞生在20世纪60年代以后的西方女权运动中。投身于女权运动的学者们在社会上向男女不平等的现实挑战的同时，对在男权文化中产生的西方知识体系开始质疑。她们审视的眼光不仅看到了妇女在知识体系中的缺失和受贬抑，还看到了知识生产中的社会性别权力关系，看到了社会性别作为人类社会中一个基本的组织原则是以往学界研究所忽略的，看到了由这种忽略导致的人们作为常识接受的许多理论的偏颇和谬误，看到了这些偏颇和谬误在巩固妇女从属和边缘地位中的巨大作用。作为思想和文化运动的实践，女权主义学者在各个学术领域中开始了认真细致的清理，把社会性别的棱镜引进历史、文学、人类学、心理学、社会学、教育学等一系列学术领域，对西方各个人文社会科学领域产生了意义深远的影响。参见王政：《浅议社会性别学在中国的发展》，载《社会学研究》2001年第5期，第35页。1995年第四次世界妇女大会以后，中国政府签署的《行动纲领》和《北京宣言》两个联合国文件的精神在国内传播，把"社会性别纳入决策主流"成为各级妇女组织和妇女研究者的努力目标和熟悉话题。社会性别作为一种分析范畴逐渐为越来越多的妇女研究者所掌握，社会性别意识培训也在一些地区开展，对推动社会性别进入各阶层决策者和领导者的视野起了重要作用。但是社会性别作为国际学术界中的常识性概念，对我国大多数人文社会科学学者来说却十分陌生。在笔者的阅读范围内，国内法学界在社会性别研究领域中的研究文献包括但不限于：刘小楠：《美国女权主义法学平等与差异观研究》，吉林大学2005年博士学位论文；周安平：《性别与法律：性别平等的法律进路》，法律出版社2007年版；黄宇：《婚姻家庭法之女性主义分析》，西南政法大学2007年博士学位论文；薛宁兰：《社会性别与妇女权利》，社会科学文献出版社2008年版；孙文恺：《法律的性别分析》，法律出版社2009年版；刘明辉主编：《社会性别与法律》，高等教育出版社2012年版；李秀华、李敖等：《性别与法》，中国政法大学出版社2012年版等。

③ 罗奇(G.C.Roche)认为，"自生自发的秩序"概念是哈耶克最伟大的发现，亦是法学和经济学的根本原理(参见邓正来：《自由与秩序：哈耶克社会理论的研究》，江西教育出版社1998年版，第8页)。在哈耶克看来，社会秩序是"自生自发"的，来自于社会成员在不断的摩擦中的试错和修正，而非任何个人的理性构建。"法律优先于立法"；法律不是被"发明"，而是被"发现"的(参见哈耶克：《法律、立法与自由》(第一卷)，邓正来等译，中国大百科全书出版社2000年版，第113—151页)。自然秩序包括三方面的含义：第一，人类赖以取得成就的许多制度乃是在心智未加设计和指导的情况下逐渐形成并正在发挥作用的；第二，套用亚当·弗格森的话来说，民族或国家乃是因偶然缘故而形成的，但是它们的制度则实实在在是人之行

学界的重要分析工具。

徐晓光在其博士论文修订基础上出版的《藏族法制史研究》是中国大陆地区第一部研究藏族法制的专著。在"吐蕃的民事法律规范"部分中,该著论述了"婚姻家庭问题",其论述内容主要包括"婚姻形式"、"婚姻范围"、"父母的主婚权"、"一夫多妻制"、"转房制度"、"亲系"及"亲属关系在法律上的效力"等。[①]在"近代中央政府藏区立法与藏族部落法"部分中涉及到"婚姻"的内容主要有"彩礼"、"结婚"、"离婚"等。徐晓光教授指出,藏族传统法律在婚姻家庭方面具有"藏区的独特性"。该书具有填补空白和开创先河的意义和作用,后来国内有关"藏族法制"研究的主题很多都涵括在本书的范畴之内。

孙镇平的博士论文《清代西藏法制研究》从法史视角详细梳理了清朝在西藏施行法律的历程、规律、特色及经验教训等,展示出清代西藏法制的诸多方面,具有开创性。在涉及婚姻部分的论述时,他认为清朝西藏地方政府在婚姻问题上还是以《十三法典》为核心的历史延续,并论述了婚姻形式、婚聘制度(订婚、聘礼、婚龄及婚期、婚礼过程)、离婚的法律规定、婚姻多样性的原因、妇女地位及对清代西藏婚姻制度的评价等问题。孙著认为,综观清代西藏的婚姻家庭制度,由于西藏固有的社会制度、自然环境,其几乎没有受到《大清律例》等中央颁行法律的影响,从而使得调整西藏的婚姻家庭关系的法律主要是西藏地方习

(接上页)动的结果,而非人之设计的结果;第三,自由人经由自生自发的合作而创造的成就,往往要比他们个人的心智所能充分理解的东西更伟大。哈耶克强调自生自发的社会秩序有三个基本要素:自由、竞争和规则。其中,市场竞争和法制保障是秩序扩展的基本机制,而自由则是两种机制有效运行的基础(哈耶克:《个人主义与经济秩序》,邓正来译,三联书店2003年版,第12页)。在此概念的影响下,诸如张冠梓的"论法的生长"(张冠梓:《论法的成长——来自中国南方山地法律民族志的诠释》,社会科学文献出版社2002年版)、徐晓光的"原生的法"(徐晓光:《原生的法:黔东南苗族侗族地区的法人类学调查》,中国政法大学出版社2009年版)等提法都是对这个概念的进一步本土化厘清和研究。

① 徐晓光:《藏族法制史研究》,法律出版社2000年版。

惯法。这些习惯法有的在清代形成,有的在清代以前就已存在,它们左右了西藏的婚姻家庭制度及其表现形态,并影响到今天。① 这些结论对笔者的研究具有较大的启发。

丹珠昂奔花了 10 年时间完成了百万言巨著《藏族文化发展史》。该著对藏族史前文化时期的原始婚姻做了详细研究,并对婚姻形式、入赘、抢婚等习俗的由来做了解释,同时对"苯教"文化时期藏族伦理道德中所表现出来的"尊重妻子"的伦理进行了分析。丹珠昂奔特别强调,现在某些介绍西藏婚姻的文章以偏概全,大讲特讲藏人的"一妻多夫"婚姻现象,致使许多不明真相的读者以为藏区至今还普遍存在"一妻多夫"等奇特婚姻,这是大错特错的。事实上,今天藏人主要是一夫一妻制——这种婚姻制度至迟在松赞干布时代就开始了。②

陈庆英主编的《藏族部落制度研究》在"藏族部落法律制度"一章中将"婚姻"放在了"民事规范"之下,主要论述了藏族部落社会的婚姻具有"讲究门户"、"父母和头人干预"、"避免近亲结婚"及离婚等内容。另外,在该书的"藏族部落的社会文化"一章中,对"婚姻与家庭"问题单列予以阐释,主要阐述了"婚姻的缔结"(其中又包括"通婚范围"、"姑娘成年礼的习俗"、"自由恋爱"、"父母包办婚姻")、"订婚"、"结婚"、"招婿(上门)婚"、"离婚、丧偶、再婚"及"妇女的社会地位"等内容,③资料详实,引证丰富。

张济民主编的藏族部落习惯法研究丛书"三部曲"④是继《藏族法

---

① 孙镇平:《清代西藏法制研究》,知识产权出版社 2004 年版。
② 丹珠昂奔:《藏族文化发展史》,甘肃教育出版社 2000 年版。
③ 陈庆英主编:《藏族部落制度研究》,中国藏学出版社 2002 年版。
④ 张济民主编:《渊源流近——藏族部落习惯法法规及案例辑录》,青海人民出版社 2002 年版;《寻根理枝——藏族部落习惯法通论》,青海人民出版社 2002 年版;《诸说求真——藏族部落习惯法专论》,青海人民出版社 2002 年版。

制史》出版后在学界影响较大的学术专著。由于该书的立足点在于梳理、整理、讨论与藏族部落习惯法有关的一切现象,尤其是"赔命价"的刑事习惯规范,因此其涉及主题必然也是多样的。在《寻根理枝——藏族部落习惯法通论》一书中,"婚姻与继承制度"只是作者涉及的众多主题①之一。在该主题下,作者讨论的范畴主要有"婚姻形式"、"通婚范围"、"婚姻的缔结与解除"及"婚姻律的特点"等内容。②

杨士宏编著的《藏族传统法律文化研究》亦将"婚姻家庭"的论述放在了吐蕃法律的"民事法律规范"中予以阐述,主要就"婚姻形式"、"婚配制度"、"一夫多妻制"、"填房制"、"血缘关系和法律效力"等方面进行了论述,并认为"在藏族传统习惯法中有歧视妇女、限制妇女从事社会或政治活动的明文记载,妇女在法律中往往处于被支配的地位"。③

甘措的博士学位论文《藏族法律文化研究》主要采取法史学历史分期的方法对藏族传统法律文化进行梳理,在其梳理过程中也是综合性的论述。有关"婚姻"的论述是放在藏族传统法律文化中的"制度文化"部分一笔带过的。④

吕志祥的博士学位论文《藏族习惯法及其转型研究》将"婚姻家庭法规"放在了"藏族习惯法内容"的"民事法规"部分,并认为藏族习惯法具有"忽视妇女权益保护的消极影响"。⑤

---

① 其他的主题包括藏族部落习惯法、藏族部落组织、藏族部落的行政法律制度、藏族部落的军事法律制度、所有权制度、契约制度、刑律、各种纠纷的解决及程序等内容。参见张济民主编:《寻根理枝——藏族部落习惯法通论》,青海人民出版社2002年版。
② 张济民主编:《寻根理枝——藏族部落习惯法通论》,青海人民出版社2002年版。
③ 杨士宏编著:《藏族传统法律文化研究》,甘肃人民出版社2003年版。
④ 他指出,传统的藏族法律文化的制度层面,……从小的方面来讲,有包括诉讼制度、神判法制度、刑罚制度、财产继承制度在内的公法和私法制度等。参见甘措:《藏族法律文化研究》,青海人民出版社2009年版。
⑤ 吕志祥:《藏族习惯法:传统与转型》,民族出版社2007年版,第37—38、77—79页。

多杰的博士学位论文《藏族本土法的衍生与成长》以"藏族法制史的法人类学"为视角展开探索,"婚姻家庭规范"仅仅是其历代政权"私法规范"①的一个组成部分,并未就此专题展开论述。

黎同柏在其博士论文《吐蕃王朝法制研究》就"婚姻形式"、"婚姻目的"、"转房制度"、"亲系和血缘关系"等内容②进行了简短的论述。

张玉皎的博士论文《藏传佛教女性观研究》③主要从宗教学的视角对藏传佛教中女性地位进行了研究,认为藏传佛教女性观继承了原始佛教以来的女性观,并对之进行否定之否定,将女性地位提升到前所未有的高度,值得肯定。该文认为,从佛教伦理角度,女性的地位必须得到重视,佛教女性宗教文化的建立,关系到佛教的本质和信仰结构,关系到佛教的人文关怀是否彻底实现;从女性解放角度,女性宗教文化的恢复或重建,关系到女性通过宗教的方式提升社会地位,实现女性的彻底解放。

与本研究主题相关的,在私法领域尤其是婚姻法领域研究的专著,截止笔者完稿时国内只有四部,分别是:杨怀英等的《滇西南边疆少数民族婚姻家庭制度与法的研究》、④雷明光的《中国少数民族婚姻家庭法律制度研究》、⑤郑小川、于晶的《婚姻继承习惯法研究——以我国某些农村调研为基础》⑥、李向玉的《黔东南苗族婚姻习惯法与国家法的

---

① 多杰:《藏族本土法的衍生与成长——藏族法制史的法人类学探索》,兰州大学2009年博士学位论文,第91—105、179—183、221—235页。
② 黎同柏:《吐蕃王朝法制研究》,中央民族大学2013年博士学位论文,第71—73页。
③ 张玉皎:《藏传佛教女性观研究》,中央民族大学2016年博士学位论文。
④ 杨怀英等:《滇西南边疆少数民族婚姻家庭制度与法的研究》,法律出版社1988年版。
⑤ 雷明光:《中国少数民族婚姻家庭法律制度研究》,中央民族大学出版社2009年版。
⑥ 郑小川、于晶:《婚姻继承习惯法研究——以我国某些农村调研为基础》,知识产权出版社2009年版。

冲突与调适》。① 杨怀英教授的著作开创了新中国民族婚姻法学理论研究之先河，具有重大价值。该著系统严谨，并率先在民族婚姻法学理论领域开展了对滇西南少数民族地区婚姻家庭制度与法的研究，为中国民族婚姻法学的建立奠定了基础。② 雷明光教授的著作是国内第一部第一次系统全面论述55个少数民族的婚姻习惯法及法律文化的作品，有重要价值。郑小川、于晶的著作是国内第一部就婚约、彩礼、分家等婚姻习惯法进行研究的作品，具有很大的价值。李向玉的著作是以扎实的田野调查为根基的，其对婚姻习惯法规则、继承法规则、赡养规则以及婚姻习惯法司法实践、"抢婚"、与刑事法规则的冲突及婚俗改革等方面进行了研究，亦具有较大价值。上述著作对本书的写作都有重大启发。

与本主题直接相关的两篇博士论文，即许韶明的《差异与动因——青藏高原东部三江并流地区兄弟型一妻多夫制研究》和切吉卓玛的《藏族传统婚姻文化研究》分别从人类学和藏学的视角对该主题进行了研究。

许韶明的《差异与动因——青藏高原东部三江并流地区兄弟型一妻多夫制研究》，是国内人类学领域第一篇研究藏族特殊婚姻形态的博士论文。该文来源于其详实的田野调查，从人类学的视角探讨了藏族特殊婚姻形态的存在原因和分布样态。许文认为，在藏区不同地方流行的兄弟型一妻多夫制存在着结构性差异，该种婚制既是地理环境的产物又是文化的产物，是正在进程和发展中的婚姻制度，不会消亡。③该结论，对笔者有重大启发。由于该文的着力点主要是通过藏族兄弟型一妻多夫制的研究来论证人类婚姻形式的多样性，在学科属性上主

---

① 李向玉：《黔东南苗族婚姻习惯法与国家法的冲突与调适》，知识产权出版社2011年版。

② 陈苇：《民族婚姻法学理论研究的力作——〈滇西南边疆少数民族婚姻家庭制度与法的研究〉评介》，载《中国法学》1995年第6期，第119页。

③ 许韶明：《差异与动因——青藏高原东部三江并流地区兄弟型一妻多夫制研究》，中山大学2009年博士学位论文，第253页。

要是人类学的作品,因此其对于藏族婚姻法律文化方面的其他内容诸如婚龄、通婚规则、婚姻缔结原则、婚姻仪式、婚后居住形式、离婚、婚姻纠纷解决机制等几乎没有涉猎。

切吉卓玛撰写的博士学位论文《藏族传统婚姻文化研究》,是国内藏学领域第一部由藏族女性撰写的就"藏族婚姻文化"进行研究的学位论文。该论文对于人们了解藏族婚姻文化有一定价值。卓玛博士写道,"由于时间和篇幅有限,论文中没有一一详述三大藏区的婚姻礼仪,也没有涉及到藏族传统婚姻习惯法方面的内容,这不能不算是一个小小的遗憾"。[1] 婚姻礼仪以及婚姻习惯法是藏族婚姻文化非常重要的组成部分,有必要深入研究。

截止笔者定稿时止,国内与本研究主题直接相关的法学类硕士学位论文有越来越多的趋势,这些论文有一定的价值。但这些论文的论述重点要么集中在单复式婚姻姻形态,要么单纯探究《西藏〈婚姻法〉变通条例》之修订,要么宽泛地探究"变迁与调适",没有系统梳理藏族婚姻法律文化的载体、内容、动因、纠纷解决等重要内容,研究的广度、深度尚待进一步拓展。

(二)国外研究综述

在国外,对藏族婚姻法律文化的研究,以 20 世纪 60 年代为界,大概分为两个阶段。20 世纪 60 年代之前,除旅行家、传教士[2]的一些游

---

[1] 切吉卓玛:《藏族传统婚姻文化研究》,中央民族大学 2012 年博士学位论文,第 19 页。同名专著 2013 年出版。参见切吉卓玛:《藏族传统婚姻文化研究》,中央民族大学出版社 2013 年版。

[2] 1971 年的《巴巴多斯宣言》指出,基督教传教士在世界各个地区传播福音也反映和补充了殖民当局利用价值观渗透进行统治的立场。传教士的出现往往暗示殖民的部落社会需要被迫接受完全不同于自身思想和行为的价值观和标准。宗教的借口常常会将对土著居民的经济和人力开发合法化。参见[美]博德利(Bodley J.):《发展的受害者》,何小荣等译,北京大学出版社 2011 年版,第 266 页。

记和旅行见闻及一些对藏族社会介绍的文章偶有提及外,鲜有系统的学术研究。

如法国旅行家和探险家古伯察(Evariste Régis Huc)于1846年1月29日到达雪域圣地拉萨,在其游记《鞑靼西藏旅行记》中记录了西藏多夫制的风俗。"鞑靼地区接受多妻制,多妻制既不与民法,又不与宗教信仰和当地的风俗习惯相悖","这种婚制对于鞑靼人来说也可以被视为一件好事"。①

经典作家恩格斯在《家庭、私有制和国家的起源》一书中提到:印度和西藏的多夫制,也同样是个例外;关于它起源于群婚这个无疑不无兴趣的问题,还需要作进一步的研究。而在实践上,多夫制的容让性看来比伊斯兰教徒的富于嫉妒的后房制度大得多。②

芬兰人韦斯特马克于1891年出版的《人类婚姻史》中,介绍和分析了西藏的一妻多夫制。他认为西藏的多偶家庭之所以产生,是与男女性人口比率分布不均以及土地、家产不分散等经济因素有关的。③

1928年,英国驻锡金行政官贝尔曾记述了藏族官员向他介绍的有关情况。贝尔的论述出自他所著的"The People of Tibet"一书,④后来被国内许多出版物引用。如在民国时期颇有名气的《西藏史地大纲》中就做了这样的引用:"曾有达赖喇嘛之书记某,加以调查并统计,谓在某一地方,二十家之内有十五家为一夫一妻,两家为一夫多妻,三家为一妻多夫;在北部平原,其比例为七家一夫一妻,三家一夫多妻,十家一妻

---

① [法]古伯察:《鞑靼西藏旅行记》(第2版),耿昇译,中国藏学出版社2006年版,第192页。
② [德]恩格斯:《家庭、私有制和国家的起源》,中共中央马克思恩格斯列宁斯大林著作编译局译,人民出版社1999年版,第61页。
③ [芬]E. A. 韦斯特马克:《人类婚姻史》(全三册),李彬等译,商务印书馆2002年版。
④ [英]贝尔:《西藏志》,董之学、付勤家译,商务印书馆1936年版。

多夫;若就全藏而论,卒以一夫一妻者为多云"。① 而贝尔是引用库学真得隆的匡算:大概卫省(西藏东部、西康西部地区)每二十家中,一妻多夫制者三家,一夫多妻者一家。据库氏推算:西藏东部一妻多夫占百分之十五,北部占百分之五十。②

可见,在 20 世纪 60 年代之前,对藏族婚姻习俗及法律文化的研究主要还是一些传闻性的描述,系统严谨的学术研究尚付阙如。

20 世纪 60 年代之后,彼得(Peter)王子、石泰安(Rolf Alfred Stein)、戈德斯坦(M. Goldstein)、阿吉兹(Aziz)、南希·莱文(Nancy E. Levine)和本觉(Ben Jiao)等学者主要采用人类学的田野调查方法,以喜马拉雅山周边藏族典型调研点为单位,进行了系统、深入、细致的研究,并且将藏族单复式婚等特殊婚姻形态的发生原因与传统藏族社会的政治、经济、文化等因素结合起来进行研究,值得赞赏。

如 20 世纪 60 年代比较有影响的彼得王子在他的研究《一妻多夫制的研究》中提出:"在藏族文化影响的民众中也会发现一夫一妻和一夫多妻婚姻……但是,一妻多夫却是藏族婚姻中最不寻常的婚姻形式"。③ 埃克威尔在 1968 年发表的一篇文章中提到,"虽然(在西藏)婚姻可能是一夫一妻、一夫多妻或一妻多夫,但是数量最多的家庭仍属一夫一妻婚姻"。④

法国著名藏学家石泰安在其名著《西藏的文明》中指出,近代西藏和古代吐蕃,人们至少在王家氏族中发现过三种婚姻形式,首先是一夫一妻制,它似乎是在安多地区占优势,在其他地方分布也很广,而且还

---

① 洪涤尘编著:《西藏史地大纲》,上海正中书局 1936 年版,第 54 页。
② 徐益棠:《康藏一妻多夫制之又一解释》,载《边政公论》1948 年第 2 期。
③ Prince Peter of Greece & Denmark, *A Study of Polyandry*. The Hague: Mouton, 1963. p. 193.
④ 转引自马戎:《试论藏族的"一妻多夫"婚姻》,载《民族研究》2000 年第 6 期,第 34 页。

似乎是一种比较晚期的现象……第二种婚姻形式就是一夫多妻制,但仅限于富贵望族和贵族。对于古代那些赞普和地方土司来说,这是一种通过婚姻而与贵族氏族联系起来的政治手腕。然而,最典型的婚姻形式似乎还是一妻多夫制。无论是在农业人口中,还是在牧民中,几乎到处都通行这一制度,仅仅是在安多未曾出现过,某些旅行家们也曾证实过这一现象。一般从理论上来说,这是一种兄弟之间的一妻多夫制。但事实上,一位女子可以嫁给几个没有血缘关系的男子;或者是与一个丈夫正式结婚后,极力劝说其夫允许她接受其他男子。然而,正常的标准应该是一家兄弟共娶一位妻子。如果在另外的情况下,其他朋友也分占这位女子,那就是把他们看作是结义兄弟。但是,长子身份的等级原则却发生了作用。因为只有长兄独自一人才有权选择妻室,只举行一次结婚仪式,其他兄弟们事实上也不言而喻地成了她的共同丈夫。他们与长兄形成了一个难以分别和不可分割的集团。由这种婚姻产生的孩子,无论其真正的父亲是谁,都一概归长兄所有。这一集团与其居住条件有关……众兄弟集团共享妻子、房屋和土地,可以说其所有权都集中到了长兄一人身上"。①

美国人类学家戈尔斯坦认为西藏婚姻形式是对西藏土地制度的选择性适应。基于他1965年至1967年间对定居印度的藏民(这些藏民主要来自江孜县的两个村庄)的田野调查所作的研究,戈德斯坦把"差巴"②的婚姻特点归纳为"单一婚姻原则"(monomarital marriage principle)和"单一婚姻主干家庭"(monomarital stem family)即"差巴"家庭中的每一代只能建构一个婚姻,这个婚姻的后代都是家族的直系成

---

① [法]石泰安:《西藏的文明》,耿昇译,中国藏学出版社1998年版,第106、109—112页。
② "差巴",藏语音译,意为支差者,是领种地方政府的差地,为地方政府和所属农奴主支差的人。

员并享有全部权利。家庭世袭继承的"差地"①是不可分割的,每个家庭成员都有责任承担家庭向领主应尽的责任,也不愿放弃自己对于家庭财产的权利。所以为了防止子女各自结婚所引起的在责任、权利两个方面的纠纷和困难,解决的办法是一代中只能组成一个正式婚姻。如果在这一代中有许多儿子,他们只能共同娶一个妻子(一妻多夫),如有其他女儿则嫁出;如果只有一个儿子,那么他就只娶一个妻子(一夫一妻),如有其他女儿则嫁出;如果没有儿子而只有一个女儿,她将招赘一个丈夫(一夫一妻);如果没有儿子但有许多女儿,她们只能共同嫁给一个入赘的丈夫(一夫多妻)。

在解释原因时,戈氏认为,这种婚姻的安排保证了家庭财产不会被两个婚姻产生的各自后代所分割。"堆穷"②(通常从事商业)家庭出现"一妻多夫"婚姻,其原因也是担心财产的分散。由于"堆穷"是西藏农村的主体,所以"一夫一妻"也因此通常被简单地认为是藏族婚姻的主要形式。③ 总之,戈德斯坦认为西藏的土地制度使人们出于经济理性的考虑只能维持"一代一个婚姻",当有多个男性后裔时,解决的办法就是"一妻多夫"婚姻。而当这种土地制度不存在时,藏人就会抛弃这种婚姻形式。

美国人类学家阿吉兹也认为藏人的婚姻形式是人们"经济理性"的

---

① 旧时,西藏地方封建政权的官家、贵族、寺院三大领主将其土地分给农奴领种。农奴占有一份土地后,即被束缚于领主的土地上,终年为领主支应各种徭役、实物和货币差乌拉,承受残酷的剥削。农奴对差地有使用权而无所有权。农奴若丧失劳动能力,差地将被领主收回,分配给他人使用。参见周润年、喜饶尼玛译注:《西藏古代法典选编》,中央民族大学出版社 1994 年版,第 75 页,注释 108。

② "堆穷",藏语音译,意为小户,主要指耕种牧主及其代理人分给的少量份地,为农牧主及其代理人支差的农奴。

③ Melvyn C. Goldstein, *Stratification, Polyandry and Family Structure in Central Tibet*. Southwestern Journal of Anthropology, 1971(27):68.71.72.

结果。根据在中印边境定日县的调查,阿吉兹在《藏边人家》中指出,由于藏族施行的是"外婚制"原则,因此在其他文化中不被接受的性关系与婚姻关系诸如"母女共夫"、"父子共妻",在藏区都是可以接受的。根据阿吉兹的调查,"一妻多夫"婚姻形式几乎全都发生在村中最富裕的家庭,而定日藏民关于分家会导致家庭财产分散和贫困的考虑,是他们赞同"多元婚姻"安排的重要原因。由于"多元婚姻"的维系并不容易,需要克服例如嫉妒心理等等,所以藏民提到"多元婚姻"时,往往看作是家庭成员相互合作的成功。在解释这种婚姻形式存在的原因时,阿吉兹认为,藏人把"一妻多夫"婚姻基本上看作是一种经济安排,土地和房产不致分割,这种婚姻还可以保持家庭的劳动力不外流,这些劳动力可使家庭的经济活动多样化(兄弟们分别从事农业、畜牧业、商业等),从而增加致富的机会。① 她与戈德斯坦一样,强调"一妻多夫"这种婚姻安排是人们"经济理性"的结果。②

南希·莱文在其专著《一妻多夫婚姻的动态》中不仅仅关注"一妻多夫"这种婚姻的形式,而且试图对这种婚姻内部的人际关系和婚姻外部这类家庭对社区组织的影响开展系统的调查与分析。③ 在后来发表的文章中,她认为,在 1959 年民主改革后,随着土地制度和其他制度的改变,藏人的婚姻形式也发生了重大变化。藏族男女青年采用非正式的方式生活在一起,既不是同居,也不涉及共同劳动和共享财产。她也

---

① Barnara N. Aziz, *Tibetan Frontier Families: Reflections of Three Generations from D. ing-ri*. New Delhi: Vikas Publishing House, 1978. 139. 143. 106.

② 西藏的婚姻形态可能比任何其他社会更具有多样性,这种复杂的婚姻形态反映了人们的社会观念,表现了他们在思想和行为方面的适应性,它也是持续不断的社会流动过于剧烈的结果,这一切都促使人们在尽可能广阔的范围内选择合适的婚姻形态。参见[美]巴伯若·尼姆里·阿吉兹:《藏边人家》,翟胜德译,西藏人民出版社 1987 年版,第 155 页。

③ Nancy E. Levine, *The Dynamics of Polyandry: Kinship, Domesticity, and Population on the Tibetan Border*. London: The University of Chicago Press, 1988.

认为是西藏的土地制度和经济制度尤其是财产继承制度决定西藏特殊的婚姻形式。①

本觉是人类学家戈尔斯坦的学生,他对西藏婚姻文化的研究更为精细,研究对象界定为"兄弟共妻型一妻多夫制"。在其博士学位论文《兄弟型一妻多夫制复活的社会—经济和文化动因》中,通过对西藏"Dechen"村的田野调查,认为西藏部分农牧区之所以选择兄弟共妻型一妻多夫是"社会—经济"原因和"唯物论"等文化原因综合作用的结果。在当地的地方性知识中,选择这种婚姻方式对其"更为有利",且能"帮助家户提高生活水准和克服贫困"。尽管自治区政府官员及媒体对这种婚姻形式的评价是负面的、"落后的",但这并不妨碍农牧区社会主体对其的自然选择。② 总体而言,其对西藏婚姻形式的研究更为细致,但在原因的解释上,与戈德斯坦等学者一致,认为这是人们"经济理性"的必然结果。

另外,日本学者对藏族婚姻习俗及法律文化也有研究。中根千枝(なかねちえ)教授在研究西藏贵族婚姻时认为,"离婚、再婚、一夫多妻、一妻多夫的例子是常见的"。③ 榎一雄(えのき かずお)先生则认为,"对藏族的多偶家庭是原始群婚残余的观点"是将粗糙的资料套到一百年前的公式化的理论中的错误结果,应该以一个村落为单位进行详细周密的调查,才有助于获得正确的知识。④

---

① Nancy E. Levine, *The Demise of Marriage in Purang, Tibet: 1959—1990*. PerKvaerne, ed. OSLO. The Institute for Comparative Research in Human Culture. Tibetan Studies Volume1,1994:468—480.

② Ben Jiao, *Socio-Economic and Cultural Factors Underlying The Contemporary Revival of Fraternal Polyandry in Tibet* (the dissertation on Ph. D. degree). Ohio: Case Western Rerserve University,2001. 197—200. 200.

③ [日]中根千枝:《西藏的贵族》,载王尧、王启龙主编:《国外藏学研究译文集》(第9辑),西藏人民出版社1992年版,第343页。

④ 转引自张建世:《20世纪藏族多偶家庭调查研究述论》,载《中国藏学》2002年第1期,第100页。

可见,从上述研究者的研究主题可以看出,他们的研究焦点主要集中在以下几个方面:一是单复式婚的数量和其在全部家庭总数中所占的比例;二是单复式婚与经济活动类型之间的关系;三是单复式婚尤其是"一妻多夫"婚姻内部的各种具体组成形式;四是对藏族婚姻法律文化通过实证的田野调查的方式作出的解释。但这种解释主要是基于经济原因(以戈尔斯坦为代表)的解释,很少从其他因素进行解释。加之,除戈尔斯坦、本觉的研究是在西藏及其他藏区本地进行的以外,其余几位人类学家的调查对象基本上都是中国藏族地区之外的藏民,且其研究视角也主要以人类学为主,法学视角的考量未曾得见。故而,有必要就本主题在法学视角下进行更进一步研究。

四、研究思路和方法

(一)研究思路

本书紧紧围绕着"事实"—"解释"—"规范"三个基点,始终以地方婚姻立法和国家法为对话对象,在此基础上试图对藏族婚姻法律文化的合理性进行评价,并对其未来可能的演进和修正路径进行预测。

"事实"部分涵盖了本书的第一章、第二章和第三章。作者试图通过对"形式"与"内容"的二分,将藏族婚姻法律文化进行简单类型学划分,以期使藏族婚姻法律文化的模糊图景进一步明晰。在"事实"的"形式"部分即第一章,作者主要研究了藏族婚姻法律文化的载体和基本形态(单复式婚、双单式婚),并通过对其基本形态的实证研究和田野调查,证实承载于多种载体的藏族单复式婚、双单式婚等婚姻形态并未随着经济与社会发展逐步消亡,其依然具有顽强的生命力;"事实"的"内容"部分即第二章和第三章。作者主要就藏族婚姻法律文化中的婚龄、通婚规则、婚姻仪式、婚后居住形式、离婚、婚姻纠纷解决机制等内容进行了学术梳理。在研究中,结合笔者的田野调查、实证考察及问卷调查,就这些内容的基本内涵、价值、变迁等内容进行了深入阐述。

"解释"部分主要是本书的第四章。作者试图回答"藏族婚姻法律文化形成原因是什么"这一命题。通过对藏族婚姻法律文化中"法律—地理"、"法律—伦理"、"法律—经济"等原因的论证与阐释,作者认为藏族婚姻法律文化的形成是诸多因素综合作用的结果,任何一种对其存在动因的单一解释都存在缺陷。

"规范"部分主要是本书的第五章。作者通过对藏族婚姻法律文化和国家法关系的历史考察及其现实互动,通过宪政层面民族区域自治权之《婚姻法》"变通"管道,提出二者关系现实考量的十六字方针"认可吸纳、否定摒弃、尊重维持、改革变通",以期为中国《婚姻法》在藏区的变通适用提供参考。

(二)研究方法

本书系跨学科研究,涉及到藏学、民族学、社会学、人类学、历史学、政治学、哲学等学科与法学的交叉。但在研究方法的选择上,论文主要以田野调查、参与观察及法教义学为基本方法,同时兼采深度访谈法和问卷调查法。具体而言:

1. 田野调查方法

田野调查是人类学的根本方法,也是作为人类学和法学双重分支的法(律)人类学的基本方法。田野调查,也称作实地研究,是一种深入到研究现象的生活背景中,以参与观察和非结构访谈的方式收集资料,并通过对这些资料的定性分析来理解和解释现象的社会学研究范式。[①] 该方法成为本文研究的基本方法,也是"动态地"呈现藏族婚姻法律文化的重要方法。

---

① 风笑天:《社会学研究方法》,中国人民大学出版社 2001 年版,第 38 页。

藏区地域广袤、文化类型多样,农区、牧区、农牧区等不同的文化生态会呈现出不同的婚姻法律文化现象。由于作者在西藏有更便利的调研条件,因此作者先后于 2010 年 7 月至 8 月、2012 年 8 月及 2013 年 8 月三次深入西藏农牧区及相关基层组织、法院等地进行田野调查,其他藏区则因为主客观原因未曾实地调研。在 2010 年 7 月至 8 月期间,作者深入西藏拉萨市堆龙德庆县、日喀则地区仁布县姆乡向巴村、林芝地区八一镇等农区及农牧区进行了为期一个多月的田野调查,初步体验并取得了第一手调查资料。在 2012 年 8 月期间,作者先后到西藏山南地区桑日县人民法院、桑日县桑日镇雪巴村委会、昌都地区贡觉县相皮乡嘎托行政村等地进行田野调查,取得了一手资料。2013 年 8 月期间,主要是就上述两次的调研资料进行进一步核实和修正。这些资料成为本文进行相关论证的重要基础。

2. 参与观察方法

参与观察一般与实地研究(field study)相联系。它是在自然场所里进行的直接的观察,而且多采取无结构观察的形式。这种观察的目的是全面、深入地描述某一特定的文化现象。它预先并没有什么特定的理论假设,也很难通过其他方法获得所需要的资料,因此需要在研究领域内部进行长期的观察,从大量现象中概括出研究对象的主要特征。研究目的和特点决定了观察者要有较高的参与程度。在实地观察中,研究人员努力忘却他们自己的文化,试图在当地的文化环境中再社会化。[1] 该方法也是笔者采用的主要方法之一。

这种参与观察和深描方法在法人类学、法社会学中较为常见。但在规范法学亦即法教义学中较为少见,且较少采用。其主要原因,一般认为是基于"非主流"和"边缘",但笔者认为更大的可能性是采用这类

---

[1] 袁方主编:《社会研究方法教程》,北京大学出版社 2004 年版,第 342 页。

方法的艰辛。这种艰辛非亲历者不能体会。本人于2010年7月至8月第一次进藏期间,就因为高原反应严重当场休克约一分钟,若非本人学生随身带有氧气,将有生命之虞。另外,在田野点必须与农牧民群众同吃同住同劳动,才能真正"参与观察"。2012年8月第二次进藏期间,本人因极度严重的高原反应,召"120"救护车送山南地区人民医院紧急抢救,医生诊断是"肺水肿"前期,极度危险,且血压高压达190多接近200。从某种程度上,第二次调研期间,能活着回来是非常幸福的事情。[①] 所以,笔者在读到周相卿老师在《法人类学理论问题研究》一书中所提到的一句话"田野调查,字字皆辛苦"[②]时,深以为然、潸然泪下!

3. 法教义学方法

法教义学方法,它是以实证法,即实在法规范为研究客体,以通过法律语句阐述法律意蕴为使命的一种法律技术方法。法教义学为法的适用提供某种法律规则,因而它是以法适用为中心而展开的方法。[③] 一般而言,其具体的方法包括法律发现、法律推理、法律解释、漏洞补充、法律论证、价值衡量等。法教义学方法即法律方法,是法学区别于其他学科的独特方法。

具体而言,本文在相关主题的论述上,结合藏区历史上的固有法,诸如《十善法》、《十五法典》、《十三法典》、《十六法典》等内容,同时对新中国成立后三个《婚姻法》文本在藏区的变通适用情况,结合我国现行的《宪法》、《民族区域自治法》、《立法法》等部门法进行法教义学研究。

---

① 就在笔者调研完回到内地,惊闻著名的藏学研究专家、"教育部百千万人才计划"入选者、四川大学兼职博导、西藏民族学院孙林教授及其夫人张月芬副教授不幸在西藏昌都调研时遇难,不甚唏嘘。愿二位学界前辈在净土圆满、具足!
② 周相卿:《法人类学理论问题研究》,民族出版社2009年版。
③ 陈兴良:《刑法教义学方法论》,载《法学研究》2005年第5期,第40—41页。

4.深度访谈方法

深度访谈法,又称之为临床式访问,它是为搜集个人特定经验的过程及其动机和情感资料所作的访问。我国老一辈社会学家在生活史研究中,曾成功地运用了深度访谈法。[①] 该方法成为本文研究的重要辅助方法。

笔者利用本人原单位(西藏民族学院[②])的校友资源优势,先后就本文涉及的相关主题向本人所在的田野点、藏族同事及西藏日喀则地区南木林县、岗巴县,山南地区乃东县,那曲地区那曲县色雄乡人民政府,昌都地区昌都县俄洛镇曲尼村,拉萨市拉鲁居委会及当雄县当曲卡镇当曲村及阿里地区普兰县司法局等地的相关人员通过深度当面、电话、邮件或即时网络通讯工具等方式访谈。这些资料通过及时记录被访谈人口述而收集,同时通过随机访谈来核实被访谈人信息的准确度。被访谈人的人名及访谈地点按社会科学的学术伦理通常采取隐去实名的方法,以代名或英文字母表示。这些资料成为本文重要的一手辅助资料来源。

5.问卷调查方法

本书也采用了开放式和半开放式问卷的调查研究方法,作为对本书研究方法的另外一种辅助。调查研究(survey research)是一项非常古老的研究技术,同时也是社会科学中经常使用的观察方法。在一个典型的调查中,研究者先选择调查对象作为样本,然后利用标准化的问卷进行调查。[③] 这种方式与那种参与观察、深度访问等方法对个案进

---

① 袁方主编:《社会研究方法教程》,北京大学出版社 2004 年版,第 274 页。
② 该校 2015 年经教育部批准更名为"西藏民族大学"。
③ [美]艾尔·巴比:《社会研究方法》(第 11 版),邱洋奇译,华夏出版社 2009 年版,第 244—245 页。

行定性研究的方式有着明显的区别。①

笔者先后于 2010 年 12 月(样本数量为 478 份)与 2012 年 7 月(样本数量为 500 份)通过对西藏民族学院藏族大学生发放匿名调查问卷的方式就本书研究主题进行开放式和半开放式问卷调查,同时就个别主题对藏族大学生进行深度访谈。

6. 法史学方法

史料是法史学研究方法的基础,只有对基本史料有扎实的认知,才能得出可靠的结论。② 本研究严格遵循法史学研究方法,主要以敦煌出土的吐蕃古藏文文献、藏区摩崖石刻、藏区考古资料等"静态"的直接证据和《贤者喜宴》《西藏王臣记》《西藏王统记》《汉藏史记》《西藏通史——松石宝串》《柱间史》《红史》《白史》《青史》《萨迦世系史》《土观宗派源流》《布敦佛教史》等在藏族史学界具有较高可信度的具有间接证据作用的史料,同时辅之以二十四史中有关"羌"、"党项"、"吐蕃"等内容记载的史料,以及英雄史诗(如《格萨尔》)、人物传记(如《米拉日巴传》)、寓言故事、民间传说、民俗、格言、文学、诗歌等资料,对藏族婚姻法律文化这一主题进行跨学科的研究。

当然,除了采用上述方法获取第一手资料外,笔者还广泛参考与本书相关的法学、经济学、藏学、民族学、社会学、人类学、历史学、政治学、宗教学、哲学等领域中公开发表的文献,这些文献中所表达的思想或部分事实,成为本书进行论证的宝贵资源。胡适先生就曾说过:"史料的来源不拘一格,搜采要博,辨别要精,大要以'无意于伪造史料'一语为

---

① 袁方主编:《社会研究方法教程》,北京大学出版社 2004 年版,第 266 页。
② 陈寅恪先生曾说过:"一时代之学术,必有其新材料与新问题。取用此材料,以研求问题,则为此时代学术之新潮流"。参见陈寅恪:《金明馆丛稿二编》,生活·读书·新知三联书店 2001 年版,"陈垣敦煌劫余录序"。

标准"。① 蔡元培先生也说过:"有材料乃生问题,因问题而求旁证参考;资此旁证参考而置此问题于其正当之视线上。不以设定为决论,不以阙漏为补苴;这样的处置问题,乃真是求客观知识的态度。"② 因此,本研究不全然是法学或史学的观点,也有可能形成诸如伦理、宗教、政治、经济,乃至于人类学和社会学的考察,实在是一种综合性的研究。

---

① 转引自陈东原:《中国妇女史》,商务印书馆2015年版,第1页。
② 蔡元培:《安阳发掘报告》,载《国立中央研究院历史语言所专刊》1929年第1期,"序"第1—2页。

第一章 藏族婚姻法律文化的形态

你见,或者不见我,
我就在那里,不悲不喜。
你念,或者不念我,
情就在那里,不来不去。
你爱,或者不爱我,
爱就在那里,不增不减。
你跟,或者不跟我,
我的手就在你手里,不舍不弃。
来我的怀里,
或者,
让我住进你的心里。
默然 相爱,
寂静 欢喜。

——扎西拉姆·多多:《班扎古鲁白玛的沉默》①

---

① 扎西拉姆·多多:《班扎古鲁白玛的沉默》,载扎西拉姆·多多:《喃喃》,中信出版社2012年版,第214页。

形态,是指事物的形状和表现形式。婚姻形态就是婚姻的表现形式和样态。藏族婚姻法律文化的形态就是藏族婚姻法律文化的表现形式和具体样态。本章是对"藏族婚姻法律文化的形态是什么"这一"事实"的"形式"部分的回答。作者首先指出藏族婚姻法律文化的表现形态即其载体有哪些,紧接着对婚姻形态的基本内涵及其演进进行了阐释,最后以笔者的三次田野调查所得资料为依托,通过对藏族婚姻法律文化中的一妻多夫、一夫多妻等单复式婚姻形态的研究,提出"人类婚姻形态多元,一夫一妻制绝非唯一圭臬,在不同的地理环境和文化背景中,会产生不同的婚姻形态"的论点。

第一节 藏族婚姻法律文化的表现形态

任何民族的法律文化必须依托于某种规范或叙事中才能得以传播。藏族婚姻法律文化亦不例外。藏族婚姻法律文化的表现样态各异、载体多样,神话传说、故事谜歌、占卜巫辞、图腾禁忌、伦理道德、宗教规范及盟文誓词等载体中涉及到婚姻的内容均起着维持婚姻秩序、规范婚姻行为的法律功能。

一、神话传说

神话传说具有法律的功能。从法律的起源上讲,神话传说承担着维持秩序、规范行为及裁决争讼的功用,是法律文化的重要载体之一。这在中外法律的起源上都有例证。有学者在研究中指出,中国古代的基本法律观念,当系脱胎于先民的神判活动,无论是"皋陶治狱"的神话传说还是法的古体起源传说,其实都源自于极为古老的神话思维方式。[①] 云

[①] 徐忠明:《神话思维与中国古代法律起源若干问题释证》,载《比较法研究》1994年第2期,第186—189页;叶舒宪:《中国神话哲学》,中国社会出版社1992年版,第77页。

南怒族的创世神话曾经作为法律依据调解和裁决了怒族与傈僳族的土地争夺案。① 在国外,生活在南太平洋上的美拉尼西亚人同样以神话作为维持社会等级、确证在某地的生存权利的法律依据。② 作为大陆法系国家的典型代表德国,其法律的起源和发展亦可以从古希腊古罗马的神话中寻觅踪迹。事实上,古希腊的神话影响了西方人的法律思维,而古罗马的神话则影响了西方人的立法技术和法律实践。③

在藏族婚姻法律文化中,神话传说同样起着维持秩序、规范行为及裁决争讼的法律功能。藏族的神话传说主要通过宗教叙事得以传播。苯教作为藏族原始宗教,至今在藏族社会中有着极为深刻的影响。作为苯教文化的重要组成部分,其神话体系及内容蔚为大观。立足藏族婚姻法律文化,分析和研究苯教神话,在《离神记》《黑头藏人起源记》等苯教神话文献中,处处讲述"夫妻分居在各自的母系氏族中,婚姻生活采取丈夫走访妻子的形式,子女从母居,属母方氏族,世系和财产继承从母系"的故事,许多情节充满母系社会时期典型的生活事件和生活场景。另外,《黑头藏人起源记》《兄妹分物记》《斯巴卓浦》《色尔义》(又名《金钥——苯教源流史》)等苯教神话文献④中,能够找到有关"妇女社

---

① 该案发生在 1948 年。云南怒江两岸的怒族人和傈僳族人为争夺一块猎场发生了持续一年的械斗,胜负难决。双方便理智地寻求一种共同认可和接受的规则来解决,即谁的祖先最早占有这片土地。最后双方决定由两族巫师背诵本民族的创世神话。怒族头领兼巫师括留背诵出从第一代女祖茂英充到他本人六十四代宗谱;傈僳族巫师仅诵出三十几代族谱。结果,怒族证明其始祖比傈僳族更久远,傈僳族认输,心服口服地离开猎场,争讼告终。参见贺建平:《试论创世神话的法律功用》,载《贵州民族学院学报(社会科学版)》1995 年第 4 期,第 53 页。

② [英]马林诺夫斯基:《巫术 科学 宗教与神话》,李安宅译,中国民间文艺出版社 1986 年版,第 81—121 页。

③ 戴启秀:《从古希腊古罗马神话看德国法律的起源与发展》,载《德国研究》2009 年第 2 期,第 46 页。

④ 关于苯教神话文献涉及婚姻家庭的内容的进一步研究,参见刘军君:《藏族苯教婚姻神话探析》,载《宗教学研究》2016 年第 2 期,第 161—168 页。

会地位下降,实行妻从夫居,子女从父居,世系按父系计,婚姻由对偶婚转变为一夫一妻制,财产继承从父计,崇拜祭祀男性祖先"等反映父系社会生活场景的故事。①

自佛教传入藏族社会以来,关于藏族的起源就有了猕猴与罗刹女结合繁衍人类之说,这在藏族社会著名典籍《柱间史》《红史》《贤者喜宴》《王统世系明鉴》《西藏王臣记》等书中均有记载。② 该传说可视为藏族先民不同部族之间从族内群婚向族外通婚的抽象反映。有研究指出,传说中的"猕猴"与"罗刹女"是血缘图腾符号。二者结合的传说实际上隐含着远古两地氏族之间的联姻。③ 在罗刹女和神猴结合之前罗刹女所在的部落是族内婚,由于族内婚所生子嗣在遗传学上劣质于族外婚。藏地土著居民意识到该弊端,遂选两个相距甚远且没有血缘关系的部族结合。

---

① 扎巴:《笨教神话研究》(藏文),中央民族大学 2012 年博士学位论文,"摘要"第 7 页。

② 例如《王统世系明鉴》载:圣观音菩萨,对一神变示现的猕猴授以近事律,派其到西藏雪域修行。猕猴在一块黑色岩石上修法,当他修习菩提慈悲心并深悟佛法性空生起胜解时,有一个被业力驱使的岩魔女来到身边,先用情话挑逗,继而又穿妇人服装,对猕猴说,让我们结为夫妻吧。猕猴回答说,我是受圣观世音菩萨点化的修法者,与你成亲,就会破了我的戒行。岩魔女说,若不如此,她即嫁给魔鬼,每日伤害生灵数万,每夜吞食生灵数千,还要生下无数魔鬼,危害众生,猕猴两难,遂请之于观音菩萨而获准,并受到愤怒母与救度母的同声称赞,猕猴与罗刹女即结为连理。婚后生下六个子嗣,且分别由六道轮回投胎而来,从而性情各不相同:由地狱投生者,脸色黝黑,能耐苦;由饿鬼处投生者,貌丑而贪吃;由牲畜处投生者,粗笨怠惰,性情顽;由人间投生者,见多识广,却凌心小气;由非天处投生者,身体强健,易生妒忌;由天神处投生者,深谋远虑,心性善良。他们被父猴送到众鸟群集、果木丰茂的森林里,食野果为生。三年后,父猴前来观看,发现猴崽已增至五百只,树上果食已尽,他们面有菜色,饥肠辘辘,举手哀号,情状悲惨。父猴寻思,何不前往普陀山圣观世音处请援。观音答应抚养众猴,遂从须弥山缝隙取来青稞、小麦、豆子、荞麦、大麦芽,撒于地上,长出谷物,此地后称索塘贡波山。猴崽们非但不受饥饿之苦,且因食物变化,身上之毛脱落,尾巴变短,渐通言语,遂变成人,穿树叶为衣。参见萨迦·索南坚赞:《王统世系明鉴》,陈庆英、仁庆扎西译,辽宁人民出版社 1985 年版,第 40—43 页;阿底峡尊者发掘《柱间史:松赞干布的遗训》,卢亚军译,中国藏学出版社 2010 年版,第 30—35 页。

③ 石硕:《一个隐含藏族起源真相的文本——对藏族始祖传说中"猕猴"与"罗刹女"含义的释读》,载《中国社会科学》2000 年第 4 期,第 167—177 页。

在该传说中普遍记述,"由于西藏的人种,是猕猴菩萨和岩妖魔女传出的缘故,分成为两类,父猴菩萨传出的一类,性情宽和,信仰虔诚,心地慈悲,勤奋努力,爱做善业,出语和柔,长于辞令,这是父猴的遗种也。岩妖魔女传出的一类,贪欲好怒,加上谋利,好盘算,喜争执,嬉笑无度,身强勇敢,行无恒毅,动作敏捷,五毒炽盛,喜闻人过,愤怒暴急,这是魔女的遗种也。"①据此,笔者推断,吐蕃自佛教传入、男权社会建立之后,为维护统治地位,亟需在自身起源即"族源论"上提升男性地位、贬低女性地位,关于族源的神话传说即承担此任务。

二、故事谜歌

"仲"即"故事",藏文为"sgrung",本义为故事、寓言、神话传奇等,它的具体含义应是指没有文字记载之时,赞普身边专门掌管并讲述有关本部落之神话传说、寓言故事及先世传闻的"故事师"一类人员,其职能颇类似后世的"史官"。②《西藏王臣记》记载,松赞干布以前,"王族世系共有二十七代,其在位时,咸以苯、仲、德乌三法治理王政"。③ 其中,"仲"就是"故事"。经典作家恩格斯(Friedrich von Engels)曾对民间故事作过高度评价,他说:"民间故事书还有这样的使命:同圣经一样培养他的道德感,使他认清自己的力量、自己的权利、自己的自由,激起他的勇气,唤起他对祖国的爱"。④ 在法律未产生以前,"故事"("仲")

---

① 萨迦·索南坚赞:《王统世系明鉴》,陈庆英、仁庆扎西译,辽宁人民出版社1985年版,第43页.阿底峡尊者发掘《柱间史:松赞干布的遗训》,卢亚军译,中国藏学出版社2010年版,第30—34页。

② 石硕:《隐喻与权力:藏地古代的谜歌德乌(LDEVU)》,载《中国藏学》2000年第2期,第54页。

③ 五世达赖喇嘛:《西藏王臣记》,刘立千译注,西藏人民出版社1992年版,第11页。

④ 转引自谈士杰:《史诗〈格萨尔〉与藏族民间故事》,载《青海社会科学》1993年第1期,第67页。

承担着维持秩序、规范行为的法律功能。

藏族故事分为书面记录的故事和口头流传的故事两种。书面记录的故事主要源于《尸语故事》①,它自印度传入藏区以后,大部分故事已被藏族化、本土化,散发着浓郁的藏区文化气息。口头流传的故事有原始观念的古老和社会现象的纪实。② 故事中蕴涵着丰富的藏族民间民俗文化,其中关于"藏族婚姻形态"的故事即为其重要的一例。

《俄曲河边的传说》即为典型的"藏族婚姻形态"的故事。该故事的主要情节是:在俄曲河边住着牧马少年蒙白吉武和牧羊姑娘琼青尼玛,他们从小一起长大,青梅竹马,两小无猜。随着年龄的增长,他们两个的感情也日益增加,但姑娘的母亲却嫌贫爱富,将姑娘嫁给了一个远方的商人。商人丈夫三天两头外出经商,她一个人在家的时候,就十分想念蒙白小伙儿。小伙儿自从姑娘出嫁了以后,也是茶不思、饭不想,常常来找琼青姑娘。此事被婆婆发现,问明情况后告知了自己的儿子,经过商量就留小伙儿住下了,两人共同拥有一个妻子——琼青尼玛。商人出门经商,牧马少年在家放牧,日子过得十分美满。③ 该故事讲述了藏族婚姻法律文化单复式婚即"一妻多夫"婚姻形态中的"朋友共妻制"。通过民间故事的方式,藏族传统社会对该种婚姻形态给予了非常正面的评价——"日子过得十分美满"。可见,在吐蕃社会法律没有产生之前,事关婚姻方面的民间故事起到了规范婚姻秩序、指导日常婚姻生活、评价婚姻的功能。这实际上承担了法律的部分功能。

---

① 班贡帕巴·鲁珠:《尸语故事》,李朝群译,中国国际广播出版社 2016 年版。
② 岗措:《藏族民间故事中的民俗文化》,载《中央民族大学学报(哲学社会科学版)》2003 年第 1 期,第 116—118 页。
③ 廖东凡等主编:《西藏民间故事》(第 1 集),西藏人民出版社 1983 年版,第 35—39 页。

"德乌",藏语为"Ldevu",汉译为"谜歌"、"谜算"、"隐喻"。它是由苯教巫师向民众讲述世界形成,生灵来源等神话以及历史传说,从而以谜语来传达神谕王令。藏族可信史籍《贤者喜宴》记载:"以上赞普世系二十七代,其政权由神话、谜语及本教所护持。"①其中,"谜语"就是"德乌"。这说明,在松赞干布以前的吐蕃早期王政时代,"德乌"是治理国家、维持秩序主要手段之一。它有护持国政的作用。② 本书认为,"德乌"在吐蕃早期历史中有着重要的社会控制和维持社会秩序的功能。

　　法国著名藏学家石泰安在其名著《西藏的文明》中写道:"(藏族)古人在格言方面的才能,尤其是一大批隐喻在其中起了巨大作用。这些隐喻一般都是用于神秘的誓喻。"③意大利著名藏学家图齐(Giuseppe Tucci)则进一步认为:"谜歌师是一种占卜师,在一些关键的时刻就使用他们,如在开始战争行动或被认为是危险的举动之前就要这样作。"④有学者认为,"德乌"最初之缘起显然应与本教⑤直接相关。而早期的本教之所以大量采用"德乌"即谜语、隐语这样一种特殊的表达方式,显然与藏地早期王权与本教神权紧密结合的情形有关。藏地早期的这种王权与本教神权紧密结合的情形,可能正是"德乌"这一独特形式赖以生存的土壤。藏地的苯教徒作为王权的塑造者,自然要取得对

---

　　① 黄灏译注:《〈贤者喜宴〉摘译》,载《西藏民族学院学报》1980 年 4 期,第 36 页。
　　② 萨迦·索南坚赞:《王统世系明鉴》,陈庆英、仁庆扎西译,辽宁人民出版社 1985 年版,第 44—49 页;何峰:《从藏族谚语看藏族部落制度》,载《青海社会科学》1991 年第 5 期,第 96 页;罗爱军:《一则藏族民间故事的文化探源与思考》,载《西藏研究》2008 年第 2 期,第 65 页。
　　③ [法]石泰安:《西藏的文明》,耿昇译,中国藏学出版社 2012 年版,第 246 页。
　　④ [意]图齐:《西藏的苯教》,金文昌译,载《国外藏学研究译文集》(第 4 辑),西藏人民出版社 1988 年版,第 179 页。
　　⑤ "本教"的"本"是藏文"Bonismo"的音译,有的学者音译为"苯教"、有学者音译为"本教"。本书中二者通用。

王权的控制,而为了控制王权,必须首先垄断和独占对王权的阐释权。为此,他们自然就需要用一套必须由他们解释的隐语、谜语及特殊语汇来将王权加以神化,以此来实现对王权的控制。① 对此,笔者深以为然。

譬如本书"题记"所引苯教婚姻仪式的颂歌中,就通过"德乌"的方式表达对婚姻忠实观念的认知。"新郎的拉色尔②,新娘的拉玉③,当他们最初降生时,他们是单独的。而后他们各自成长起来,最后他们结为一体。让我们把他们托附给神,让我们使他们依附于众神"、"新郎那支镶嵌宝石的生命箭,新娘那支带着玉叶的金纺锤,当他们最初降生的时候,他们是单独降生的,而后他们各自生长起来。让我们把他们托付给众神,让我们使他们依附于众神"、"男子的生命依赖于箭,女子的生命依赖于纺锤,让我们把他们托付给众神,让箭和纺锤永不分离。让我们把'穆'绳和吉祥结托付给众神,让他们永不被切断。"④其中的"生命箭"隐喻为"男性"或"与男性相关的观念",而"金纺锤"则隐喻为"女性"或"与女性相关的观念"。法国著名藏学家石泰安分析:"一支箭"的白光代表阳性因素(精液),宛如"纺锤"状的红光隐射阴性因素(血液)。⑤我们看到,藏族先民通过"德乌"这种方式来维持基本的包括婚姻秩序在内的社会秩序。

---

① 石硕:《隐喻与权力:藏地古代的谜歌德乌(LDEVU)》,载《中国藏学》2000年第2期,第60—61页。
② 藏语,意为"神黄金"。
③ 藏语,意为"神玉石"。
④ 戈尔梅·G.桑术旦:《概述苯教历史及教义》,载王尧主编:《国外藏学研究译文集》(第11辑),西藏人民出版社1994年版,第116页;周炜:《生长神灵的山水》,云南人民出版社1999年版,第39—40页。
⑤ [法]石泰安:《西藏的文明》,耿昇译,中国藏学出版社2012年版,第267页。

三、卜卦巫辞

占巫的书籍是中国古代宗教思想系统化的重要动因。[1] 法律的演进经历了从卜卦巫辞、图腾禁忌、道德戒律、习惯风俗到习惯法最后到法律的进化过程。[2] 巫术[3]对人类法律文化的影响非常大。从古至今，所有的文明都曾受过巫术的影响。早期人类社会的法律文化受巫术的影响最大。中国传统法律文化的哲学基础深受巫术的影响。[4] 前文述及，吐蕃政权前期的赞普们凭借"仲"（故事）和"德吾"（谜算）和"苯"（宗教）来护持国政。其中"德吾"（谜算）中就包含着占卜巫辞的内容。[5]在佛教还未传入吐蕃之前，作为原始宗教的苯教流布吐蕃各地，苯教巫师成为具有一定知识和技能的特殊人物，有较高的社会地位。他们除了行使给人们祭祀鬼神，祈求降福免灾等巫师职能之外，还参与定夺男婚女嫁、生老病死、耕种驻牧以及作战结盟等事项。也就是说，当时在

---

[1] ［荷］高罗佩：《中国古代房内考——中国古代的性与社会》，李零、郭晓惠、李晓晨、张进京译，商务印书馆 2007 年版，第 48 页。

[2] 关于法律进化的深入研究，参见［日］穗积陈重：《法律进化论》，黄尊三等译，中国政法大学出版社 1998 年版。

[3] 李泽厚在《美的历程》中提到：古代之所以把礼乐同列并举，而且他们直接和政治兴衰连接起来，也反映原始歌舞（乐）和巫术礼仪（礼）在远古是合二为一的东西，它们与其氏族、部落的兴衰命运直接相关而不可分割……从烛龙、女娲到皇帝、蚩尤到后羿、尧舜，图腾神话由混沌世界进入英雄时代。作为巫术礼仪的意义内核的原始神话不断人间化和理性化，那种种含混多义不可能作合理解释的原始因素日渐削弱或减少，巫术礼仪、原始图腾逐渐让位于政治和历史。参见李泽厚：《美的历程》，三联书店 2009 年版，第 13 页。

[4] 何瑛：《巫术对中国传统法律文化的影响》，载《法律科学》2000 年第 4 期，第 37、40 页。李泽厚说："中国文明有两大征候特别重要，一是以血缘宗法家族为纽带的氏族体制，二是理性化了的巫史传统。两者紧密相连，结成一体；并长久以各种形态延续至今。""巫的特质在中国大传统中，以理性化的形式坚固保存，延续下来，成为了解中国思想和文化的钥匙所在。"参见李泽厚：《己卯五说》，中国电影出版社 1999 年版，第 33、40 页。

[5] 萨迦·索南坚赞：《王统世系明鉴》，陈庆英、仁庆扎西译，辽宁人民出版社 1985 年版，第 46 页。

第一章 藏族婚姻法律文化的形态

整个藏族社会里,举凡政治、经济、军事、文化生活等各个方面都为苯教巫师所左右。① 卜卦巫辞在早期的吐蕃社会中具有重要的维持秩序、控制社会的法律功能。实际上,今天的金瓶掣签(gser bum skrug pa)②就是清王朝根据藏族的社会情况,以及客观存在的活佛转世制度、神判巫术文化而制定的神判仪式。

"从认识世界的概念上来说,巫术与科学十分接近"。③ 卜卦和巫辞最初是由一些神秘莫测的、模棱两可的前兆联想,继而发展成为一种前兆迷信,再进一步系统化而形成的。所谓的前兆,有吉兆,藏文为"bang",汉语称"休征",是有利的或无害的现象;凶兆,藏文为"nagn",汉语称"咎征",是不详的特殊现象。吉兆、凶兆都是人们把事物发展过程中多次发生的迹象加以综合、排比、联系、推理而建立起来的一种判断系统。同时,把它普遍化、系统化并用来预测将来可能产生的事物,或者,预料某种事物可能产生的后果。由于受当时人们认识水平和心理状态的影响,对这种前兆产生迷信,又逐步发展,到了吐蕃时期就成为苯教巫师手中十分有力的工具,被他们弄得十分神秘而

---

① 有的巫师被部落成员推崇、拥戴,以至于登上氏族或部落首领或酋长的显赫职位。其实,吐蕃王朝第一任赞普聂赤赞普,即是当时一位四处云游,以从事巫术为生的巫师。因其拥有巫术技能,且相貌独特,才被吐蕃苯教徒十二牧人以肩为座抬回族内,一致奉为主,即部落酋长。参见谢热:《论古代藏族的巫及其巫术仪式》,载《青海民族研究》1999 年第 3 期,第 90 页。

② 1793 年乾隆皇帝(1711—1799)正式颁布《钦定藏内善后章程二十九条》,设立金瓶掣签制度。该章程第一条明确规定:"大皇帝为求黄教得到兴隆,特赐金瓶,今后遇到寻认灵童时,邀集四大护法,将灵童的名字及出生年月,用满、汉、藏三种文字写于签牌上,放进瓶内,选派真正有学问的活佛,祈祷七日,然后由各呼图克图和驻藏大臣在大昭寺释迦像前正式拈签"。至此,"金瓶掣签"制度以国家法律的形式确立下来。2005 年实施的《宗教事务条例》第二十七条第二款规定:"藏传佛教活佛传承继位,在佛教团体的指导下,依照宗教仪轨和历史定制办理,报设区的市级以上人民政府宗教事务部门或者设区的市级以上人民政府批准"。这里的"依照宗教仪轨和历史定制办理"就是指按照"金瓶掣签"制度办理。

③ [英]弗雷泽:《金枝》,赵昍译,陕西师范大学出版社 2010 年版,第 54 页。

且具有权威性。① 这种"十分神秘而且具有权威性"的概念体系成为规范人民生活、维持社会秩序、预测未来的重要指针,实际上承担着法律的功能。就本文的研究主题而言,它是藏族婚姻法律文化的重要载体之一。

据敦煌藏文写卷 P. T. 1047 第 39 号的记载:"妇女参与国王政事,国王社稷不保;国王脸色如寒鸦;妇人当权,社稷败亡。"②该卜卦巫辞的内容后世直接通过"妇女不得参与国王政事"的法律形式③确定下来,并成为金科玉律。又如伦敦印度事务部图书馆所藏敦煌藏文占卜文书 23.1—3—4 号记载:啊"吉"山雄壮耸立,宽广丛林茂密,一只羚羊孤兽,纵身跳下山头,虽壮仅有一只。女神开口言道:此乃山中财宝,将它收入圈中。此乃美女成亲之卦。……娶亲,能成。……问何事,皆吉。④ 其实,很多占卜都问到"婚姻成不成"这一问题。由此可以看出,在当时的社会条件下婚姻已经成为人们普遍关心的内容,而且"婚姻与家庭也已脱离了早期的形态,成为新的社会基础"。⑤

时至今日,藏区的很多婚姻法律文化依然可以见到卜卦巫辞的重要影响。譬如,安多藏区的少女成人礼"戴天头"(藏语为"skra phab

---

① 王尧、陈践:《吐蕃时期的占卜研究——敦煌藏文写卷 P. T. 1047、1055 号译释》,载王尧、陈践编著:《敦煌吐蕃文书论文集》,四川民族出版社 1988 年版,第 74—75 页。

② 同上书,第 82 页。

③ 如吐蕃"法律二十条"(亦有人译为"法律二十章"、"藏律二十条")规定:"遇有大事,要自有主张,勿听妇言"。参见黄奋生编:《藏族史略》,民族出版社 1989 年版,第 71—72 页。《藏律二十条》称:"妇女不得参加盟会议事",后人将此发展为"勿予妇女议论国事之权"。转引自徐晓光:《藏族法制史研究》,法律出版社 2001 年版,第 84 页。在旧西藏噶厦法典中规定:"奴隶与妇女不得参与军政事宜"。参见赤烈曲扎:《西藏风土志》,西藏人民出版社 1982 年版,第 190 页。

④ 王尧、陈践:《三探吐蕃卜辞——伦敦和印度事务部图书馆所藏藏文占卜文书译释》,载王尧、陈践编著:《敦煌吐蕃文书论文集》,四川民族出版社 1988 年版,第 116 页。

⑤ 同上书,第 104 页。

pa",音译为"嘉普巴")仪式中,一般女孩的阿爸会请来宁玛派的密咒师(藏语为"sngag pa",音译为"厄花")为全套服饰诵经"开光"。① 而在藏族的婚姻仪式中,请喇嘛卜卦、择订婚期,以及整个婚姻仪式中的喇嘛诵经活动,都随处可见卜卦巫辞的世俗影子。而且如果卜卦结果不"吉利",还需"念经镶解之后,经过一个月或半年之后举行订婚仪式"。② 可见,卜卦巫辞在吐蕃社会乃至当今藏族社会中,在婚姻领域中部分承担着维持婚姻秩序、规范婚姻行为的法律功能。

四、图腾禁忌

"图腾"一词源于北美印第安阿尔衮琴部落奥吉布瓦方言"totem"的中文译名,最初由严复于 1903 年将其翻译为"图腾",其原意是"它的亲属"、"它的亲族"、"它的标志"等。③ 图腾是某种社会组织或个人的象征物,它或是亲属的象征,或是祖先、保护神的象征,或是作为相互区分的象征。④ 在先民社会的信仰中,人们认为本氏族成员或者源于某种特定的物种,或者与某种动物或者植物或者他们认为神圣的自然现象具有亲属关系。时至今日,如中国人认为自己是龙的传人、日本人认为自己是太阳神的后裔,实际上也是古代图腾制度的遗存。

当原始先民视某种图腾物为亲属、祖先和神之后,希望得到它们的庇护,于是,也就产生了对图腾物象的一系列旨在尊重、保护的禁忌规

---

① 刘军君:《成人礼与婚姻规制的建构——青海贵德藏族"戴天头"的田野考察》,载《北方民族大学学报(哲学社会科学版)》2015 年第 5 期,第 28 页。
② 陈庆英主编:《藏族部落制度研究》,中国藏学出版社 2002 年版,第 424 页。
③ 何星亮:《图腾与中国文化》,江苏人民出版社 2008 年版,第 3 页;黄源盛:《中国法史导论》,广西师范大学出版社 2014 年版,第 41 页。
④ 何星亮:《图腾与中国文化》,江苏人民出版社 2008 年版,第 5 页。

则。① 在原始先民普遍遵从"万物有灵"信仰的观念支配下,为了不受神灵的惩罚或者驱逐,就产生了一系列禁止看、禁止摸、禁止呼、禁止捕杀、禁止砍伐、禁止内婚②等系列禁制。这就是有学者提出的人类法律秩序所经历的"从禁忌习惯到法起源运动"③的过程。这样,在初民社会,图腾禁忌实际发挥着最初的对人的行为进行规制的类似于后世的法律的秩序功能。

在藏族社会,猕猴与罗刹女交配繁衍藏族人是诸传说中流传最广和最具土著性的传说。该传说不仅记载在系列藏族起源的藏汉史籍④

---

① 周长龄:《法律的起源》,中国人民公安大学出版社1997年版,第120页。
② 关于禁忌与法律、禁忌与主权的深入研究,参见[日]穗积陈重:《法律进化论》,黄尊三等译,中国政法大学出版社1998年版,第334—371页
③ 田成有、张向前《原始法探析——从禁忌、习惯到法起源的运动》,载《法学研究》1994年第6期,第21—27页;王学辉:《从禁忌习惯到法起源运动》,法律出版社1998年版。
④ 在远古时期,雪域还没有人类,于是观世音菩萨想化度雪域有情,就让身边的一大力猴弟子到北方雪域深山修离苦之术,并为他受戒传法,起名"猕猴禅师"。某天,猕猴遇一罗刹女,此女变化要与猕猴婚配,猕猴终不为所动,罗刹女便以死相威胁,猕猴心想:与她成婚,就是破戒;不与她成婚,她就会自寻短见,如此自己的罪孽更大。他百思不得其解,只好求教于观世音,观世音看化机已到,便让猕猴与罗刹女成婚,并赐给猕猴三样法宝,后来猕猴与罗刹女婚配后子孙繁衍,靠观世音菩萨赏赐种五谷、撒金沙、兴佛裔,衣食不愁。这些子孙分为父系、母系两大类,父系后裔大多虔信佛教、善良聪明、大智大勇、勤奋克忍;母系后裔则无信仰、少悲悯、贪财色、爱嫉妒、吠生肉、人暴戾。不久猴子猴孙因争斗而分为董、东、色、穆四个部落。这四大土著部族即为雪域吐蕃最早的先民。参见阿底峡尊者发掘《柱间史:松赞干布的遗训》,卢亚军译注,中国藏学出版社2010年版,第31—36页。《西藏王统记》记载:如是此雪域人种,其父为猕猴,母为岩魔,二者之所繁衍,亦分为二类种姓:父猴菩萨所成种姓,性情驯良,信心坚固,富悲悯心,极能勤奋,出语和蔼,善于言辞,此皆父之特性也。母岩魔所成种姓,贪欲慎恚,俱极强烈,从事商贾,贪求营利,仇心极盛,喜于讥笑,强健勇敢,行不坚定,刹那易变,思虑烦多,动作敏捷,五毒炽盛,喜窥人过,轻易恼怒。此皆母之特性也。参见索南坚赞:《西藏王统记》,刘立千译注,西藏人民出版社1985年版,第32页。《贤者喜宴》记载:"《广史》等书述:西藏最初为鬼魅所统辖。"并提到其中的鬼魅即有"强项血目罗刹"。黄灏译注:《〈贤者喜宴〉摘译》,载《西藏民族学院学报》1980年第4期,第61页。此外,《佛教史大宝藏论》、《西藏王臣记》、《汉藏史集》、《五部遗教》、《北史·党项传》、《隋书·党项传》、《后汉书·西羌传》、《周书·异域上》等藏汉史籍中都对该传说均有记载。

上,而且有考古学、①人类学②、敦煌吐蕃古藏文文书、③民间文学、④民

---

① 1990年在对拉萨曲贡新石器时代遗址的发掘中,曾出土了一件附着于陶器上的猴面贴饰T103:55,附贴于夹砂黑陶片表面,长4.3厘米、最宽2.6厘米,为浮雕样式,猴面眼、鼻孔、嘴均以锥刺出,造型生动。参见中国社会科学院考古研究所西藏工作队、西藏自治区文物管理委员会:《西藏拉萨市曲贡村新石器时代遗址第一次发掘简报》,载《考古》1991年第10期,第880页。还有一点要提及的是,在陶器上附塑猴面装饰很耐人寻味,这不是一件传统意义上的艺术品,表明曲贡人可能有猴崇拜的传统。猴在藏族人看来是神圣的动物,传说藏族先祖是猕猴与岩罗刹女结合所生的后代(《西藏王统记》),猴人经采集和种植两个发展阶段而进化为人。这传说虽混杂了一些佛教因素,但传说产生的时代当是很早的,曲贡村遗址猴面附饰的发现,有可能将这传说的起源追溯到史前时代。参见中国社会科学院考古研究所西藏工作队、西藏自治区文物管理委员会:《西藏拉萨市曲贡村新石器时代遗址第一次发掘简报》,载《考古》1991年第10期,第881页。

② 如居住于甘肃省的玛曲藏族则公认当地的阿秀家族为猴祖后裔,并世代推举阿秀族人为部落首领;同在甘肃省境内舟曲县朵曼村的藏族亦被考证由西藏山南迁居而来,村民指称村庄附近小山上的许多洞为"猴子洞",并说这些山洞是远古时猕猴居住的地方。参见林继富:《灵性高原西藏民间信仰源流》,华中师范大学出版社2004年版,第159页;居住于青海省的果洛藏族就坚信自己是猕猴子孙"董氏"的后裔,认为董氏是很久以前从卫藏迁徙到了安多。参见刘军君:《藏族祖源神话"猴魔婚媾"中的婚姻形态及观念初探》,载《宗教学研究》2014年第2期,第175页。

③ 敦煌古藏文写卷P.T.126 Ⅱ记载:"远古之初,辟荒之始,'穆'与'恰',联姻时代,'恰'之使臣到了'穆'之地界"。"我们是从下藏河头来的,迷了路,山谷险峻,河滩宽阔,曾遇到过人,那人头发是赭色的,眼睛是黄色的,声音嘶哑,手脚向里弯卷,他问我们:'你们是谁的属民?'我们如实作了回答,说:'(我们)是到'穆'国去的'恰'的使者。'他说:'如此你们便是走错了路,这地方是恶鬼之地,而'穆'国是在东南边。'说着便给指路。就这样(我们)到了'穆'国地带。"参见褚俊杰:《叶蕃远古氏族'恰'、'穆'研究》附一《P.T.126 1Ⅰ译文》、附二《P.T.126 Ⅱ原文》,载《藏学研究论丛》(第2辑),西藏人民出版社1990年版,第29、30—31页。

④ 关于人类的来源,在西藏地区广泛流传着一则猕猴演化成人的神话。神话说:在很久远的年代里,西藏山南地区,雅隆河谷的琼结地方,气候温和,山深林密。山上住着一只猴子。后来,这只猴子和岩罗刹女结为夫妻,生了6只小猕猴(有人说生了4只的)。老猴把它们送到果实丰满的树林中去生活。过了3年,老猴再去看时,已经繁衍成500多只猴子,因为吃食不够,都饿得饥肠辘辘,吱吱悲啼。看见老猴来了,便围上来呼号:"拿什么给我们吃啊?"举手相向,其状甚惨。老猴看见这种情景,心中十分不忍。于是领它们到一处长满野生谷类的山坡,指给群猴说道:"你们就吃这个吧"。从此,众猴便吃不种而收的野谷,身上的毛慢慢变短,尾巴也渐渐消失,以后又会说话,遂演化成人类。参见马学良等:《藏族文学史》(上),四川民族出版社1994年版,第20页。

间传说①等方面的系列证据可以证实。有学者认为,猕猴与罗刹女结合衍生西藏人的传说并不是一个神话传说,而是一个隐含着藏族起源之真相的重要祖源传说。"猕猴"与"罗刹女"应理解为是标志两个不同血缘氏族的"图腾"符号,这一传说的确切意义乃隐含了藏地远古时代两个不同血统的氏族部落人群的联姻。在藏族的祖源记忆中,其祖先乃是直接出自以"罗刹女"为代表的藏地土著氏族同以"猕猴"为代表的西藏高原东部横断山区氏族这两大氏族的联姻。② 这一重要论断表明,藏族先民在通婚选择、种族繁衍上实际上已经充分意识到"近亲结婚"所带来的某种遗传学上的不利后果,是藏族先民对有序社会③的不断追求,是藏族文明的重大进步。

禁忌,英文词汇为"Taboo",音译为"塔布",是西太平洋群岛上波利尼西亚(Polynesia)之一的汤加岛人的土语的音译。它代表了两种不同的意义,一方面,是"崇高的"、"神圣的",故而对受尊敬的神物不许任意侵犯;另一方面,则是"神秘的"、"危险的"、"禁止的"、"不洁的",故

---

① 今天分布于青藏高原东缘横断山脉地区的藏缅语族如彝族、纳西族、傈僳族、哈尼族、拉祜族等民族中,同样流传有以猴为始祖的传说。如流传于滇南的彝文典籍《门咪间扎节》中有《猴子变成人》一章。彝族史诗《雪猴》《布此拉俄》和凉山彝文典籍《古侯曲捏系谱》中,也均有猴子变人、猴祖创世的情节。纳西族中则流传这样的传说:洪水之后,仙女柴仁吉吉美受骗与雄猴媾合,生下一半像人一半像猴的二男二女,由是繁衍出永宁纳西族。傈僳族古歌《木刮基》也说猿猴创世并创造了人,并传说最初有一姑娘烫伤臂部,逃到森林里与猿猴成婚,生下猿猴和人类。哈尼族的传说则称人最初是住在地下的,后变成猴子钻到地上,与其他动物一同生活,后又由猴变人。拉祜族的传说中则称洪水过后剩下两兄弟,他们经与母猴婚配而繁衍了人类 。转引自石硕:《一个隐含藏族起源真相的文本——对藏族始祖传说中"猕猴"与"罗刹女"含义的释读》,载《中国社会科学》2000 年第 4 期,第 171 页。

② 石硕:《一个隐含藏族起源真相的文本——对藏族始祖传说中"猕猴"与"罗刹女"含义的释读》,载《中国社会科学》2000 年第 4 期,第 169、172、175 页。

③ 有学者认为,有序社会的形成是文明形成的主要标志。判断一个社会是否处于文明阶段,应该主要看他是否是一个具有共同的意识形态、共同的行为规范、共同的价值观的有序社会。图腾文化体系的形成,为最早的有序社会的形成奠定了基础。参见何星亮:《图腾与中国文化》,江苏人民出版社 2008 年版,第 554、556 页。

而对受鄙视的人和事物,不许随便接触。其所代表者和宗教不同,它并非建立在神圣的宗教仪式上,而是建立在它自己本身之上。它与道德戒律也不同,它没有明显的、可以观察到的禁忌声明,同时,也没有任何说明禁忌的理由。① 究其实,它既非宗教的戒律,亦非道德的训示,也不是法律的禁令,乃三者合一的"原始习惯"。②

禁忌是法律孕育之母。"法律作为一种规范模式或文化形态最早发端于禁忌"。③ "(禁忌)是人迄今所发现的唯一的社会约束和义务的体系,它是整个社会秩序的基石,社会体系中没有哪个方面不是靠特殊的禁忌来调节和管理的"。④ "禁忌不仅在法律产生以前曾起到了调节人的行为的主要作用,而且在法律产生后也仍然起着补充作用。可以说,法律是从原始的禁忌习俗中摆脱出来的,是在原始禁忌的母体内孕育成长起来的,当建立在错误的因果关系的认识基础上的巫术、禁忌不能再直接调节重大的现实社会关系时,为了解决人与人之间复杂的接触、冲突、矛盾,法律就产生了"。⑤

人们的法律意识根植于禁忌意识。这与禁忌的目的密切相关。"禁忌的目的主要表现为:保护或避免有益于生命的重要行为受到干扰;保护弱小者不受侵害;保护一般人不受鬼神的伤害。在早期,破坏禁忌所遭受的惩罚,被一种身上的或自发的力量来控制:即由被破坏的禁忌本身来执行报复。稍后,当神或鬼的观念产生以后,禁忌才开始和它们融合起来,而惩罚本身也就自动地附着在这种神秘的力量上了。正是由于这种观念的影响,对破坏者的惩罚才由团体来负责执行,因为这些破坏者的行为已对其他族民的安全产生了严重的伤害。"⑥因此,

---

① [奥]弗洛伊德:《图腾与禁忌》,文良文化译,中央编译出版社2009年版,第22—23页。
② 黄源盛:《中国法史导论》,广西师范大学出版社2014年版,第43页,注释1。
③ 田成有:《民族禁忌与中国早期法律》,载《中外法学》1995年第3期,第26页。
④ [德]卡西尔:《人论》,李琛译,光明日报出版社2009年版,第92页。
⑤ 同③,第28页。
⑥ 同①,第24页。

我们有理由认为,人类早期的刑罚体制及与此相联系的法律意识最早可以追溯到禁忌时代。

藏民族在生产和生活中制定出的禁忌范围和禁忌内容,必然会反映到婚姻方面。① 藏族在婚姻方面的最大禁忌,是禁止近亲婚配,即必须实施"血缘外婚"。② 这已经成为藏族婚姻法律文化的通婚规则之一。乱伦者将不齿于人类,或受到家庭严厉的处罚,或遭部落处死,或驱逐出部落并永远不得返还部落。整个藏族社会同其他民族一样,极其唾弃乱伦现象。之所以有该种婚姻禁忌,有学者考证认为该种健康的婚姻观念得益于牧业经济,牧业生产给牧人的启迪中,重要的一条是繁殖牲畜必须走杂交这一途径。唯有远亲(最好不沾亲)杂交才能培育优良畜种,才能得到优质的畜产品,获取丰富的物质财富。③ 藏民族从自己的经济生活中看到了近亲结婚的恶果,远亲结合的益处,他们把这一法则也应用到自己的婚姻生活中,使得婚姻健康圆满。

五、伦理道德

法律有着天然的伦理属性,法律和伦理道德的关系非常密切。法律是外在的强制,而伦理道德则是内在的强制。整个社会秩序的维持和控制,要靠法律、伦理、宗教及其他综合因素。藏族道德规范是"藏族人民带有公益性行为的准则,它既符合藏族人民绝大多数人的利益要求,也有利于维护本民族全体成员的共同利益和社会秩序。因此,它是

---

① 日本著名法学家穗积陈重曾言:关于婚姻之禁忌中,如奸通之破坏婚姻之根本、如近亲婚因性争而危及共同生活之基础,及其他显著于社会之重大危害,皆由超自然制裁以至附加公权的制裁,因此而为法律化者也。参见[日]穗积陈重:《法律进化论》,黄尊三等译,中国政法大学出版社1998年版,第414页。

② 有关"血缘外婚"的具体阐释,参见本文第二章第二节之"藏族婚姻法律文化中的通婚规则"。

③ 尕藏才旦编著:《史前社会与格萨尔时代》,甘肃民族出版社2001年版,第134页。

高于集团、阶级意志之上的社会共同意志,并为藏民族全体成员广泛接受和自觉遵守。它体现出了藏民族整个社会和各阶级、阶层、集团之间共同利益的不可抹煞的一致性"。①

藏族婚姻伦理道德是藏族婚姻法律文化的重要载体之一。有着"藏族论语"之称的敦煌吐蕃文献写卷 P. T. 1283 号《礼仪问答写卷》②更是通过宣讲伦理道德的方式劝导民众,以有利于婚姻秩序的维持与稳固。《礼仪问答写卷》被认为是"(可能)唯一一卷没有受到宗教香烟熏染的集合了吐蕃时期藏族人民的道德原则、道德规范和道德修养方法的伦理学著作。"③因此,该写卷对深入了解吐蕃社会的伦理道德价值极为珍贵。《礼仪问答写卷》第五十七问写到:"弟问:如何结亲? 兄云:娶妻要选有财富与智慧者,若两者不兼备,应挑选有财富者,选婿要选有智慧而富裕者"。④ 从该论述中,可以看出婚姻关系对当时的统治者而言,是增强统治力量和扩大财富来源的重要手段。紧接着第五十八问:"弟问:若依妻言,好处大还是小? 兄云:妻子若无不妥之处,是好话,立即将其所言之正确部分与其他分开来。美妻可以找到,不争气之子没法换掉"。⑤

---

① 熊坤新:《试论藏族禁忌与藏族道德规范的联系及区别》,载《中国藏学》1991 年第 4 期,第 35 页。关于藏族道德的深入研究,参见刘俊哲等:《藏族道德》,民族出版社 2003 年版。

② P. T. 1283 是一份十分有趣的卷子。全卷分印成 32 页,共达 532 行之多,算是一份长篇大论。王尧和陈践先生在将其由藏文翻译为汉文时,按问答分为 79 问,定名为《礼仪问答写卷》。它是以兄弟对话形式来论述日常的待人接物、应对进退、升降荣辱、处理君臣、父子、师生、主奴乃至夫妻之间关系的绝妙文章。它不是宗教的命定论的教条,也不是冷冰、森严的法律条文。它可以帮助我们了解八、九、十世纪吐蕃人的伦理思想和道德观念。参见王尧、陈践:《敦煌古藏文〈礼仪问答写卷〉译解》,载王尧、陈践编著:《敦煌吐蕃文书论文集》,四川民族出版社 1988 年版,第 123—124 页。著名藏学者恰白·次旦平措将该写卷译为"兄弟教诲录",参见恰白·次旦平措编著:《兄弟教诲录:敦煌文献兄弟教诲录及今译》(藏文本),民族出版社 1997 年版。

③ 丹珠昂奔:《丹珠文存》(卷二·下),中央民族大学出版社 2013 年版,第 202 页。

④ 王尧、陈践:《敦煌古藏文〈礼仪问答写卷〉译解》,载王尧、陈践编著:《敦煌吐蕃文书论文集》,四川民族出版社 1988 年版,第 140 页。

⑤ 同上书。

这说明,妻子如果说的是好话,是值得信赖的。但同时,要一分为二地看妻子,不能完全信任她。这在第五十九问中更明确地指出来了:"要消除女人因无止境地偷藏财物而造成不愉快之事"、"彼此和睦共处"。①

同时,在其他设问中还提到:"若有情义,同心协力,不仅眷属和睦,行至何方相安无事,子与你同心,弟与兄同心,……妻与夫同心"、"妻子无论怎样美貌都可以买来,找来。父母兄弟如何丑陋,不能另外找寻","对父母、兄弟应比妻室儿子更为珍视"。② 这说明,在婚姻家庭生活中女性要一分为二地看,要与女性"和睦相处",同时在婚姻家庭生活中要注重对父母"孝道"、对子女珍爱。这与藏区世俗法典《十三法典》《十六法典》及相关的禁忌、部落习惯法中对女性的歧视,有天壤之别。

在藏族著名史诗《格萨尔》③中,其总体的婚姻家庭状况是处在已完成或正在完成由对偶婚向一夫一妻制单偶婚过渡的历史阶段。在这一过渡阶段中,出现了一妻多夫、一夫多妻、一夫一妻等婚姻形式,并有

---

① 王尧、陈践:《敦煌古藏文〈礼仪问答写卷〉译解》,载王尧、陈践编著:《敦煌吐蕃文书论文集》,四川民族出版社 1988 年版,第 140 页。
② 同上书,第 132、134 页。
③ 《格萨尔》史诗是中国文明对世界文明的重大贡献。它将与古希腊史诗《伊里亚特》、古印度史诗《罗摩衍那》《摩诃婆罗多》同登世界艺术殿堂。那种"中国没有史诗"(黑格尔在其所著《美学》一书第三卷中说:"中国人没有史诗,(因为)他们关照方式基本上是散文性的,从有史以来最早时期就已形成一种以散文形式安排的井井有条的历史实际情况,他们的宗教观点也不适宜于艺术表现,这对史诗的发展也是一个大障碍。"这位被恩格斯称作"奥林帕斯山上的宙斯"的哲学家,以权威的口吻,做了这个断言,其影响是相当大和深远的。从那以后,"中国没有史诗",即几乎成了定论)的论调可以休矣。参见王雨顺:"序",载土登尼玛、周锡银主编,齐木道吉:《〈格萨尔〉论文选》,四川省《格萨尔》工作领导小组编印铅字本,第 4—5 页。在研究《格萨尔》的基础上,形成了国际上著名的格萨尔学,与藏学、敦煌学等世界性学科一起成为国际学科上的璀璨明珠。2001 年 10 月在巴黎召开的联合国教科文组织第 31 届大会上,140 多个国家和地区的代表一致同意将中国的《格萨尔》诞生千周年纪念活动,列入 2002—2003 年度联合国教科文组织的参与项目。这在中国《格萨尔》发展的历史上,具有十分重要的意义,是一个重要的里程碑。当前 40 卷藏文《格萨尔》精选本的编纂工作已正式列入国家项目,并陆续出版了阶段性重要成果。参见降边嘉措、吴伟编:《格萨尔王全传》(第 2 版),五洲传播出版社 2014 年版,"新版序言"。

古老的群婚的痕迹。如史诗中,在岭国赛马夺王位、珠牡、财宝的竞技中,参加者不但有角如、超同叔侄俩,还有珠牡的生父夹罗敦巴、弟弟普雅珠杰。史诗中最多的是一夫多妻的婚姻形式。如僧伦有果萨等三位妻子,格萨尔娶有珠牡等十五位妻子(一说十八位)。另外,"格萨尔时代"女子无严格的贞操观,珠牡被霍尔掠走后与霍尔王生有一子,格萨尔将她营救回来后,仍当作自己的妻子看待而无丝毫歧视。梅萨亦先后作过格萨尔、魔王路赞、木雅王的妻子,而并不被妒恨和抛弃。但这一时期以父系血统为纽带的家庭,排斥非亲生子女。格萨尔从霍尔救回珠牡后,不顾珠牡苦苦哀求,坚决杀死她与霍尔王所生的孩子。①

在《格萨尔》史诗中还反映了抢婚、罚婚、赠婚、赐婚、收继等婚俗。如霍尔王在攻打岭国时,就公开命令部下:"这次大军到岭国去,把所有男子全杀光,把所有城池全毁光,把所有财物全抢光,把要娶的老婆娶手上。"②在《格萨尔王传——卡切玉宗之部》中,总管王的次子连巴曲加在葛岭战争中丧身,岭人认为是他的妻子任措玛命中克夫所致,便以她为不祥之物,割断了她的头发,将她逐出国,遣送回霍尔娘家。③这些宝贵的史诗中包含着重要的藏族婚姻法律文化的因子。

谚语格言,也是藏族婚姻法律文化伦理道德的重要内容之一。"谚语不仅是传统中国乡民的法律意识和诉讼心态的表达,同时还具有指引乡民建构法律秩序,以及表达他们的法律思想和诉讼感受的价值。"④中

---

① 马都尕杂:《〈格萨尔〉伦理思想探微》,载《青海民族研究》2004年第1期,第44页。
② 转引自降边嘉措等主编:《格萨尔王传研究文集》(二),四川民族出版社1989年版,第278页。
③ 《格萨尔王传——卡切玉宗之部》,王沂暖等译,甘肃人民出版社1984年版,第103页。
④ 徐忠明:《传统中国乡民的法律意识与诉讼心态——以谚语为范围的文化史考察》,载《中国法学》2006年第6期,第66—84页。

国少数民族谚语有一部分是民族习惯法的重要表现形式,它们体现阶级专政本质,各阶级在法律上的不平等和政权对习惯法的强制施行,具有社会调整功能、社会规范作用,不同于仅受社会舆论力量制约的道德规范。① 可见,谚语格言具有类似于法律的维持社会秩序和进行社会控制的功能。

在藏族系列格言中,②有不少涉及到婚姻家庭。如《松巴谚语》中记载:"善言相睦,是家庭的根本;恶语相伤,是魔鬼的入门。"③又如《藏族民间谚语》中记载"长官百姓能合力,物质财富滚滚进;父母子女能同心,家庭富裕村庄兴"。④ 这些谚语告诫人们在婚姻家庭生活中要和睦相处,相互尊重,在功能上与中国现行《婚姻法》第 4 条"夫妻之间的尊重和忠实义务"具有极大的相似性。"生在阿妈怀里,献在喇嘛手中。"⑤该格言则从婚姻家庭继承的角度,对家庭财产的处理做了精准的概括。

综上,"礼仪"即伦理道德是法律的补充和外延,而法律则是"礼仪"的极限和影子。二者相辅相成,互为表里。从这个角度而言,其效果与中国传统伦理规范《论语》中"道之以政,齐之以刑,民免而无耻;道之以

---

① 徐晓光:《谚语与法律——论我国西南少数民族法律谚语的本质与特征》,载《西南民族学院学报(哲学社会科学版)》1995 年第 3 期,第 20—25 页。
② 从最早的远在公元八九世纪的古藏文文献——《敦煌文献》中录有的《松巴谚语》到十一世纪产生的藏族名著《喻法宝聚》的谚语,再到十三世纪著名的学者萨班·贡嘎坚赞的《萨边格言》,以及十四五世纪以后产生的《格登格言》、《水树格言》、《天空格言》、《火的格言》、《土的格言》、《国王修身论》等著名典籍,均为重要的格言书籍。除此之外,在藏族历史典籍中,诸如《柱间史》、《西藏王统记》、《贤者喜宴》、《西藏王臣记》、《青史》、《红史》及英雄史诗《格萨尔王传》中也有不少篇章也运用了具有哲理和雄辩意义的谚语。
③ 转引自张家秀:《藏族谚语略谈》,载《西藏民族学院学报(社会科学版)》1989 年第 1 期,第 80 页。
④ 宋兴福编:《藏族民间谚语》,四川出版集团巴蜀书社 2004 年版,第 23 页。
⑤ 佟锦华等编:《藏族谚语》,四川人民出版社 1980 年版,第 30 页;李双剑编:《曲尼藏族谚语集锦》,中央民族学院出版社 1989 年版,第 36 页。

德,齐之以礼,有耻且格"①的效果是相同的。实际上,"礼法并举"一直是传统中华法制文化尤其是秦汉以后被儒家化的法制文化的基本特征。鉴于当时唐蕃文化的频繁交流和儒家思想向藏区传播的必然性,藏族涉及婚姻家庭的伦理道德实际上必然受到儒家化的法制文化的影响。这也从另一个侧面证明中华婚姻法律文化"多元一体"②的性格特质。

六、宗教规范

藏族社会至少从吐蕃时期就开始实施"依法治国"。当然,这里的"法"是指苯教和佛教教义,即宗教规范。藏族早期社会均以苯教治国。《土观宗派源流》记载:"考诸王统记,仅说:从聂赤赞普到赤德妥赞之间,凡二十六代均以本教治理王政。"③藏族历史上最伟大的赞普④松赞干

---

① 孟子等:《四书五经》,中华书局2009年版,第7页。
② 《中华民族的多元一体格局》一文最早由费孝通先生发表在《北京大学学报(哲学社会科学版)》1989年第4期上。后来出了修订本。参见费孝通:《中华民族的多元一体格局》,载《北京大学学报》1989年第4期,第1—19页;费孝通主编:《中华民族多元一体格局》(修订本),中央民族大学出版社1999年版。
③ 土观·罗桑却季尼玛:《土观宗派源流》,刘立千译注,西藏人民出版社1984年版,第194页。
④ 林冠群先生认为,吐蕃本民族对"赞普"称号的理解,指的是"神人合一"的形象,且应呼应吐蕃王室的祖源神话。"赞普"一词的意义就是神灵,就是一尊男性的神祇。参见林冠群:《唐代吐蕃赞普位继承之研究》,载林冠群:《唐代吐蕃史论集》,中国藏学出版社2006年版,第122—125页。天神与普通人应有分野,是为吐蕃人的意识形态,也成为吐蕃向外扩张、征服四方的动力之一。《"赞普"释义——吐蕃统治者称号意义之商榷》,载《中山大学学报(社会科学版)》2012年第5期,第91页。著名藏学家王尧先生在解读吐蕃的碑铭时指出,赞普一词,系藏文"btsan po"之对音,而在古代 btsan 乃原始崇拜之精灵,拜物之本教"bon po"列为九乘之一,后转为统治者自称。在吐蕃诸王之名字中多有此字,以示崇巍。《新唐书·吐蕃传》云:"其俗谓雄强曰赞,丈夫曰普,故号君长曰赞普。"颇得其意。参见王尧编著:《吐蕃金石录》,文物出版社1982年版,第44页。

布继位执政后,①就在佛教规范"十善法"②的基础上制定了《神教十善法》,③并在《神教十善法》之后,又再次颁布了《人教十六净法》(又叫"十六清净人法"),④最后形成了吐蕃社会著名的《法律二十条》(又叫

---

① 有学者认为,自从松赞干布创制法律开始,佛教思想就已经渗透到立法活动的全过程,并成为其法律制度的精髓。然而,此时的佛教教规并未直接成为一种法律形式,而是被当权者加以借鉴和吸收,并转化成制定法的形式出现的。后来,经过松赞干布、赤松德赞、赤祖德赞"三大法王"的极力弘扬,佛教在吐蕃王朝的影响可以说达到根深蒂固的程度以后,佛教教规进而得到国家政权的肯定,它才自然转变成一种具有法律效力的形式。参见黎同柏:《吐蕃王朝法制研究》,中央民族大学 2013 年博士学位论文,第 33 页。

② 据藏族可信史籍《贤者喜宴》的记载,赞普以"十善法"推行佛教。参见巴卧·祖拉陈哇:《贤者喜宴》摘译(十二),黄灏译,载《西藏民族学院学报》1983 年第 4 期,第 39 页。"十善"是指佛教中的身三善、语四善、意三善。"善法"与"恶法"对称,指的是合乎"善"的一切道理,即合理益世之法。参见陈秋平译注:《金刚经·心经》,中华书局 2010 年版,第 94 页。"十善法"即不杀生、不偷盗、不邪淫、不妄语、不离间(或内古)、不恶口(或语)、不绮语、不贪(欲)、不嗔(恚)(chēn huì)、不邪见。参见阿底峡尊者发掘《柱间史:松赞干布的遗训》,卢亚军译注,中国藏学出版社 2010 年版,第 65—66 页;杨士宏编著:《藏族传统法律文化研究》,甘肃人民出版社 2003 年版,第 10 页;鸠摩罗什等译:《佛教十三经》,中华书局 2010 年版,第 461—462 页。

③ 《神教十善法》的内容为:"1. 不许杀生造罪;2. 不能偷抢大于针线的财物;3. 不能邪淫;4. 不许谎言;5. 不能挑拨人和;6. 不可恶语咒骂;7. 不能散布谎言;8. 禁贪欲;9. 禁害人心;10. 不做违背因果之事。"参见《西藏自治区概况》编写组:《西藏自治区概况》,西藏人民出版社 1984 年版,第 332 页。

④ 《人教十六清净法》的内容为:"1. 敬信三宝;2. 求修正法;3. 报父母恩;4. 敬重有德;5. 敬贵重老;6. 利济乡邻;7. 直心小心;8. 意深亲友;9. 追踪上流,高瞻远瞩;10. 饮食有节,货才安分;11. 追认旧恩;12. 及时偿债,秤斗无欺;13. 慎戒嫉妒;14. 不听邪说,自持主见;15. 温语寡言;16. 担当重任,宽宏度量。"参见孙怡荪主编:《藏汉大辞典》,民族出版社 1985 年版,第 2068 页。日本著名藏学研究者山口瑞凤认为,《十六清净人法》是把松赞干布王看作佛教的鼓吹者的后代史家为了赞颂他的治世而附会出来的东西,并非松赞干布所制定。实际上,松赞干布在统治吐蕃全境时,制定并实施了难以想象的残酷刑法。参见[日]山口瑞凤:《松赞干布王的〈十六条法〉的虚构性和吐蕃的刑法》,刘韶军译,载刘俊文主编:《日本学者研究中国史论著选译(第九卷 民族交通)》,中华书局 1993 年版,第 240、254 页。吐蕃王朝的刑罚历来以严酷著称。不仅像死刑、流刑、肉刑、财产刑等主要刑罚的类型普遍得到适用,而且在这些刑罚的施刑方式上,多种极为残酷的手段屡见不鲜。参见黎同柏:《吐蕃王朝法制研究》,中央民族大学 2013 年博士学位论文,第 86—96 页。

"二十章法")。① 这些松赞干布统治吐蕃全境的法规制度,最终成就其"成为对担任其统治运作的人们进行任命的权力者"。② 而"十善法"的价值在于,如能"坚守所有十善法的支系",则"能够转生于欲界六天以下的神祇。只守十善法的一半以上,能够转生于王族或大臣等高贵之身。只守十善法的一半以下,就能转生于下流之身。不守所有的十善法,就会堕入三恶趣。"③

在佛教术语体系中,佛教教义属于"三宝"④之一。宗教是藏民族的文化之源。藏民族的法律、伦理道德及其他社会控制方式无不与宗教密切相关。所以,在藏族传统法律的系列研究中,研究者都会揭示出宗教规范与法律规范及伦理规范的并存一直是藏族传统法律非常重要的特征。⑤ 实际上,正如有研究者指出的那样,对藏族而言,起效更快、控制力更强、更令人触目惊心的是"祖宗训诫"、"神灵诅咒"乃至"宗教

---

① "法律二十条"的内容是:"1. 杀人者偿命,争斗者罚金;2. 偷盗者除追还原物外,另处以八倍的罚金;3. 贱淫者断肢,并流放异方;4. 谎言者,割舌或发誓;5. 要虔诚皈依佛、法、僧三宝;6. 要孝顺父母,孝敬侍养;7. 要敬重大德,不与贵族及贤俊善良人争斗;8. 敦睦亲族,敬事长上;9. 要帮助邻里;10. 要出言重信;11. 要做事谨慎,未受委托不应干涉;12. 要行笃厚,信因果,忍耐痛苦,顺应不幸;13. 要钱财知足,使用食物与货物务期适当;14. 要如约还债;15. 要酬德报恩;16. 要斗秤公平,不用伪度量衡;17. 要不生嫉妒,与众和谐;18. 遇有大事,要自有主张,勿听妇言;19. 要审慎言语,说话文雅;20. 要处世正直,是非难判断时,对神发誓。"参见黄奋生编:《藏族史略》,民族出版社 1989 年版,第 71—72 页。
② [日]山口瑞凤:《松赞干布王的〈十六条法〉的虚构性和吐蕃的刑法》,刘韶军译,载刘俊文主编:《日本学者研究中国史论著选译(第九卷 民族交通)》,中华书局 1993 年版,第 221 页。
③ 尼玛:《敦煌藏文文献〈十善法广论〉译注》,载《伊犁师范学院学报(社会科学版)》2010 年第 2 期,第 131 页。
④ "三宝",梵文为"Triratna",佛教称佛、法、僧为"三宝"。"佛",指佛祖释迦牟尼,亦泛指一切佛;"法",指佛教教义;"僧",指传承、弘扬佛教教义的僧众。
⑤ 徐晓光:《藏族法制史研究》,法律出版社 2001 年版;恰白·次旦平措等:《西藏通史——松石宝串》,陈庆英等译,西藏古籍出版社 2004 年版。

审判",那比死更可怕。①

宗教规范中涉及婚姻方面的规范是藏族婚姻法律文化的重要载体之一。在藏族原始宗教苯教②古文献《黑头凡人的起源》中记载了藏族人的起源及最早兄妹结婚及其婚姻禁忌。《黑头凡人的起源》中写道：内部有情众生的产生,从最初的绝无空,产生些微存在。然后产生光和芒。光是父,芒是母。由此产生黑和暗,由此产生微风。由此产生微霜,由此产生露珠,霜和露珠的结合,形成了镜子一样的湖。……花卵破裂而产生女人朗朗玲玲……就生下了最初人类"唐戈王子"。"我是女性有功于男性,现在你这个男性应该有功于女性,两地异性应该结合。结合以后生了唐波、唐木、唐戈三个"。根据《黑头凡人的起源》的英译本即1966年在印度出版的《卓浦》（又译为"辛绕的训诫"）中的记载,斯巴桑波奔赤和曲江甲毛之间有九兄弟及九姐妹,从而产生了九个妻子、九个丈夫,即十八对夫妇。这其中第三个女儿叫做米堪玛谟,他跟她的丈夫贡巴东居之间有八名后裔,他们就是人类最早的祖先。③这与世界上各民族的兄妹结婚创世说极为相似。而苯教天神中三大系统的神灵即恰神、祖神、穆神都与人类发生过婚姻关系,这种婚姻关系既有天神之子娶人间女子为妻,又有人间男子迎娶天神之女为妻。④这说明,在藏族的宗教规范中很早就有男女婚配应当远距离（如"天与地"的距离）结合,反对近亲结合的规定。这实际上反映出人们对

---

① 刘军君:《藏族骨系血缘外婚制的"非正式制度"解析——基于文献稽考与安多农区的田野实证》,载《西南民族大学学报》2015年第11期,第65页。
② 关于苯教婚姻的进一步研究,参见刘军君:《藏族苯教婚姻神话探析》,载《宗教学研究》2016年第2期,第161—168页。
③ [韩]金东柱:《苯教古文献〈黑头凡人的起源〉之汉译及其研究》,中央民族大学2011年博士学位论文,第117—120、122—125、286、288页。
④ 孙林:《西藏中部农区民间宗教研究》,四川大学2007年博士学位论文,第309页。

生殖和血统的秩序和因果关系的深刻见解,对兄妹婚危害的痛定思痛,而且以祖训的方式法定"兄妹不婚",并进一步延伸为"同姓不婚",再延伸为"氏族外婚"的禁止性规范。这些规范成为藏族婚姻法律文化的重要内容。

在藏族传统社会中,藏族婚姻法律文化是"教法"、"王法"、"自法"①的混合体。在"教法"中,以苯教和藏传佛教为核心的观念文化占有相当重要的地位。② 在某些情况下,为了宗教需要,妇女的社会地位受到重视。但在另外一些情况下,妇女的地位又是极其低下的。③ 有学者指出,女性在藏传佛教的历史中非但没有缺席,反而用其特有的方式开创了一条修行成就之路。藏传佛教乃至世界各大宗教都是在父权制社会的背景下发展起来的,在其以往众多的宗教记录中,虽然有很多女性的身影,但她们的生活记录却是经过了男性的过滤和解释,从而出现了相互矛盾的女性观:一方面藏传佛教继承了佛教传统的女性观,认为女性的价值低于男性,女性在修行过程中需要克服比男性更多的困

---

① 按照传统分类,藏族的法律分为教法、王法和自法等三种法律。"教法"即宗教教规,"象绫罗结一样柔和,即温柔和顺";"王法"即世俗的法律,"象金牛轭一样沉重,即以武力压制";"自法"即道德戒律,"具有很高的德行,自觉遵纪守法"。参见周润年、喜饶尼玛译注:《西藏古代法典选编》,中央民族大学出版社1994年版,第14页。

② 有学者认为,藏族传统法律和习惯法是以"人本"和"神本"二元共存的混合物,其源于"人本",升华为"神本",精制于"人本",形成"教"(道统)中有"法"、"法"(法统)中有"教"的多元法系。杨士宏编著:《藏族传统法律文化研究》,甘肃人民出版社2003年版,第2页。西藏传统文化至少包括以下内容:(1)佛教文化;(2)以本教为中心的原始宗教文化;(3)世俗文化;(4)上层贵族文化;(5)下层大众文化;(6)外来文化。乔根锁:《西藏的文化与宗教哲学》,高等教育出版社2004年版,第26页。以佛教哲学为核心的观念文化是藏族文化的基本特征之一。丹珠昂奔:《藏族文化发展史》,甘肃教育出版社2000年版,第18页。藏文化精神的基本内涵包括:宽容主义精神;人性主义精神;利他主义精神;出世主义精神;爱国主义精神。丹珠昂奔:《藏族文化发展史》,甘肃教育出版社2000年版,第1413—1418页。

③ 诺布旺丹、巴桑卓玛:《藏传佛教的两种女性观》,载《中国藏学》1995年第3期,第158页。

难;另一方面对女尊和女性领袖极其崇拜,并将对女性的尊重列为戒律之一。并进一步认为,原始佛教和部派佛教时期,佛教女性观以女身垢秽、女性不能成佛等观点为主,对出家女性的戒律规定多于出家男性,并认为女性僧伽的加入对于佛教僧团的发展产生了妨碍。但经典中偶见释迦牟尼对女性的尊重和肯定,表明早期佛教对女性的严苛规定,是受到当时的父权制社会影响,而释迦牟尼本人一直秉持着众生平等、男女平等思想。大乘佛教兴起之后,佛性一如思想的广传,使佛教对女性成佛有了新的规定,认为女身可转男身成佛,甚至女性可以即身成佛,在诸佛净土中,也有存在女性的净土,这表明男女在佛性上无有分别,都能够成佛,对佛教的众生平等思想进行了有力的证明。密宗兴起之后,进一步对女性成佛给予了肯定,大力提升了女尊信仰的地位,并将不能侮辱、诋毁女性列为根本戒之一,维护了女性尊严。因此,她认为:藏传佛教女性观继承了原始佛教以来的女性观,并对之进行否定之否定,将女性地位提升到前所未有的高度。① 这个研究结论,值得重视。

  "王法"中对女性地位的歧视由来已久,这主要体现在藏族"世俗"统治者颁布的成文法规规范和藏区部落法律文化规范中。如在五世达赖喇嘛时期制定的《十三法典》第七条"杀人命价律"中就明确规定,人分为上、中、下三个等级,这三个等级的人必须按照血统的尊贵、地位的高低、职能的大小而定。"妇女、流浪乞丐、铁匠、屠夫等皆下等人等级"。② 在

---

  ① 参见张玉皎:《藏传佛教女性观研究》,中央民族大学 2016 年博士学位论文,第 1—24 页。
  ② 周润年、喜绕尼玛译注:《西藏古代法典选编》,中央民族大学出版社 1994 年版,第 96 页。

部落法律文化中,"命价"①或"血价"②的赔偿金额很大程度上是女性社

---

① 有学者指出:"赔命价"是千百年来藏族人在解决杀人案件的社会实践中逐步形成的民族法律文化传统,是宗教理念与现实要求相结合的产物。首先,高原藏族人普遍信奉藏传佛教,藏传佛教禁止杀生,所倡导的行为核心是改恶从善,发生伤害性命案件,杀人本来已是恶,又要杀人者以命偿命,这是犯罪孽。赔偿"命价"和"血价"的所得,大部分奉送布施,可以给死者请寺院宗教职业者进行超度、告慰亡灵。不仅如此,在藏族人看来,人的灵魂是不灭的,生死是可以轮回的,人死了还可以再生,因而即使是被判处死刑,也并不是严重的处罚。其次,高原藏族人认为赔偿"命价"所得能够安慰被害者的亲属、子女,有利于消除悲伤,有利于双方不结新的仇恨,不埋复仇的根源。随着历史上藏区地方政权的建立,这一处理社会纠纷的习惯成为了法律。松赞干布时期的《法律二十条》、元末帕主政权时期的《法律十五条》、17世纪五世达赖时期的《十三法》与《十六法》都对"赔命价"予以认同。"赔命价"作为一种法律文化,是高原藏族人历史地凝结成的一种生存方式,它根植于高原藏族人的超越性和创造性,是其价值和行为规范的体现,也是藏区社会运行的一种内在机理和图式。因而,"赔命价"习惯法形成之后,对稳定人心,解决社会冲突,维护藏区的社会稳定起到了不可替代的作用。参见苏永生:《国家刑事制定法对少数民族刑事习惯法的渗透与整合——以藏族"赔命价"习惯法为视角》,载《法学研究》2007年第6期,第116页。有学者指出,"赔命价"习惯法是为了防止被害人及其亲属复仇、避免或减免加害人所可能遭受的人身惩罚,以金钱或物品给付被害人及其亲属以赔偿杀人和伤人损失,进而达致双方实现和解为目的的行为惯例,是藏族社会尤其是原始游牧部落古老的行为习惯,其主要特点是防止寻仇报复,谋求赔偿和解,保证社会稳定安宁。它是藏族部落社会特定文化场域内自生自发的内部规则。参见淡乐蓉:《藏族"赔命价"习惯法研究》,山东大学2010年博士学位论文,第1页。青海藏区自古盛行对伤害致死人命、故意杀人、过失致死等命案的赔偿,其程序、项目、数额各部落大同小异,又因事、因人有区别对待。有些材料采取译音方式,写作"尼什洞"或"米洞"。张济民主编:《渊源流近:藏族部落习惯法法规及案例辑录》,青海人民出版社2002年版,第256页。有关"赔命价"的深入研究,请参见淡乐蓉:《藏族"赔命价"习惯法研究》,中国政法大学出版社2014年版。实际上,在初民社会,复仇乃是一种重要的自卫、自助行为。在时代的语境下,显然合于人情的要求,隐含了正义与平等的价值观念,且对于以后的侵害,具有警示的作用。在社会的经济情况慢慢发达以后,人类逐渐知悉,财物是可以作为慰藉悲伤、消除怨恨的手段的。参见黄源盛:《中国法史导论》,广西师范大学出版社2014年版,第51—53页。笔者认为,放在法律进化的宏观语境下,以财物赔偿即"命价"或"血价"来缓和并逐步取代同态复仇,实在是人类法制文明上的重大进步,应该值得肯定。况且,藏区的各种情况非常复杂,对藏区"命价"习惯法"一律承认"或者"统归无效"都是极端的做法,正确评估认知并"改良"使之逐步适应现代社会法治理念,才是藏区"命价"习惯法的道路。

② 藏族部落自古盛行对各种纠纷造成伤或残施行血价赔偿,其程序、项目、数额在各部落大同而存异,且因事、因人有多种区别。张济民主编:《渊源流近:藏族部落习惯法法规及案例辑录》,青海人民出版社2002年版,第251页。

会地位的重要标准。在藏区,传统部落法律文化中命价一般以男性等级而论,女性"命价"或为"男性命价的一半",①或为"男性命价的五分之三",②或是对女性"剔除半个头的头发"③进行侮辱。

  在"自法"中,藏族女性地位也是矛盾的。一方面各种民歌、俗语、格言极尽嘲讽之能事,对女性加以歧视。如藏族著名的《萨迦格言》中就说:"从事力不能及的事情,与众人结仇,与力士相争,偏信女人,结交坏人,五者都是加速自灭的原因"。④ 但另一方面,为了各种感情或现实或伦理的需求又对女性地位加以抬高。在敦煌吐蕃文献写卷P.T.1283 号《礼仪问答写卷》中就记载:"父母养育儿子,儿子敬爱父母之情应如珍爱自己的眼睛。父母年老,定要保护、报恩。养育之恩,应尽力报答为是。"⑤

---

  ① 青海果洛藏族自治州莫坝部落的习惯法规定,男性头等命价约合 150 个元宝、10 匹马、10 支枪,而女性头等命价约合 75 个元宝、5 匹马、5 支枪。男性二等命价约为 100 个元宝或 300 头牛,而女性二等命价则为 50 个元宝或 150 头牛。男性三等命价约为 50 个元宝或 150 头牛,而女性三等命价则为 25 个元宝或 75 头牛。"头等命价"系笔者约合计算。参见张济民主编:《渊源流近:藏族部落习惯法法规及案例辑录》,青海人民出版社 2002 年版,第 18—19 页。元宝是古代的一种货币,对金银货币约定俗成的通称。由贵重的黄金或白银制成,一般白银居多。

  ② 青海海西蒙古族藏族自治州汪什代海部落习惯法规定,打死一名男子命价为白洋 5000 元左右,而打死一名妇女命价为白洋 3000 元左右(马、牛、羊折价)。女性命价是男性同等的五分之三。"头等命价"系笔者约合计算。参见张济民主编:《渊源流近:藏族部落习惯法法规及案例辑录》,青海人民出版社 2002 年版,第 77—78 页。白洋即银元(又名"银圆"、"大洋"),指代旧时使用的银质硬币,圆形,价值相当于七钱二分白银,主要有袁大头等。

  ③ 玉树藏族自治州玉树部落习惯法规定,男性斗殴致伤,赔约 50 锭银子,或由干布、百长、百户毒打 200 皮鞭。而妇女之间斗殴打架则被认为对牲畜发展、草原繁茂、长官不吉利,得剔除半个头的头发。参见《中国少数民族社会历史调查资料丛刊》修订编辑委员会编:《青海省藏族蒙古族社会历史调查(修订本)》,民族出版社 2009 年版,第 126 页。

  ④ 萨班·贡嘎坚参《萨迦格言》,王尧译,当代中国出版社 2011 年版,第 100 页。

  ⑤ 王尧、陈践编著:《敦煌吐蕃文书论文集》,四川民族出版社 1988 年版,第 134 页。

另外，在藏区还普遍存在着"女神崇拜"。① 无论在西藏，还是甘、青藏区，几乎十有八九就以"喇木"、"拉姆"②或"拉毛"称呼"女神"的，且妇女们争相以自己有这样的名字而觉得自豪、觉得美丽。"喇木"、"拉姆"或"拉毛"女神作为属于女性自己的始祖和保护神，在人们中间有着神圣而高大的形象。因而，受到广大善男信女们的深切爱护和虔诚尊奉。③

七、盟文誓词

盟文誓词是一种古老的风俗习惯，自远古时代起便存在于世界各个民族，是人类社会历史上一种广泛的世界性的文化现象。④ 盟文

---

① 如班丹拉姆是藏传佛教女护法神之一，又称"吉祥天女"、"吉祥天母"等，象征着美丽、吉祥、财富、运气，她具有两种形态，一种是平和吉祥的寂静形象，一种是恐怖凶猛的忿怒形象。参见张玉皎：《藏传佛教女性观研究》，中央民族大学2016年博士学位论文，第26页。她"成为释迦牟尼佛使其护持佛法的无敌守护神灵"。参见列隆·谢毕多杰：《藏族神祇名录》（藏文本），民族出版社2003年版，第124—125页。

② "拉姆"，意为女神，是为女性出家神，全称"拉姆多吉绕丹"，她可以保护家庭平安，招财进宝，有时充当财神的角色，一般供奉在仓房内。参见平措占堆：《西藏农民：后藏班觉伦布村的调查报告》，五洲传播出版社1998年版，第66页。在民间祭祀的诸神中，西藏某农村社区普遍祭祀的主要民间神灵就包括拉姆。其他的神灵还有格拉、域拉、顶拉、洛达、鲁等。格拉即生神，域拉即地方神，顶拉即房顶神，洛达即庄稼主，鲁亦可译为龙，佛家认为它是天、鲁（龙）、药叉、寻香、非天、金翅、非人、大腹行八部众之基本上水栖的人首蛇身的畜生。民间认为鲁有两种，一种是塔鲁，即为居于灶中的"鲁"，也就是灶神。另一种是"萨鲁"，此鲁栖身于牛圈及大树旁。民间认为祭祀它们可使马肥壮，牲畜兴旺。参见平措占堆：《西藏农民：后藏班觉伦布村的调查报告》，五洲传播出版社1998年版，第65—66页。

③ 谢热：《古代藏族的祖先崇拜及其仪式》，载《藏学研究论丛·第3辑》，西藏人民出版社1991年版，第248—249页。

④ [英]马林诺夫斯基：《原始社会的犯罪与习俗》（修订本），原江译，法律出版社2007年版；罗伯特·巴特莱特（Robert Bartlett）：《中世纪神判》，徐昕、喻中胜、徐昀译，浙江人民出版社2007年版；E. A. 霍贝尔：《初民的法律——法的动态比较研究》，周勇译，中国社会科学出版社1993年版；布朗：《原始社会结构与功能》，丁国勇译，九州出版社2006年版；邓敏文：《神判论》，贵州人民出版社1991年版；夏之乾：《神意裁判》，团结出版社1993年版；刘黎明：《契约·神裁·打赌——中国民间习惯法习俗》，四川人民出版社1993年版；张冠梓：《论法的成长：来自中国南方山地法律民族志的诠释》，社会科学文献出版社2000年版；张永和：《信仰与权威：诅咒（赌咒）、发誓与法律之比较研究》，法律出版社2006年版；高其才：《瑶族习惯法》，清华大学出版社2008年版等。

誓词①在当下的藏族社会中依然发挥着解决纠纷的功能。②"盟文誓词等具有很强的法律效力"。③ 藏地民间谚语说:"人不违誓,狗不吃铁"、"窃贼食言,豺狼食肉"、"信佛之人没有恶趣之忧,食言之人没有解"。④

根据敦煌古藏文文书的记载,在诉讼中,能否起誓成为判决的重要依据。"起誓是向苍天承诺,若不遵守起誓的誓言,将遭天神降罪,将遭魔怪加害。"⑤在 P.T.1071 号文书《狩猎伤人赔偿律》中,每项裁决均有以下内容:"放箭人发誓非因挟仇有意伤害,可由担保人十二人连同本人十三人共同起誓",⑥然后再作相关惩罚。在 P.T.1078 号《悉董萨部落土地纠纷诉状》中记载:"诸人申誓,所言与诉词相符"、"各自申言起誓"。⑦ P.T.1079 号《比丘范静根诉状》中记载:"等人申誓,如此

---

① 著名藏学家陈践教授认为,吐蕃时期的盟文誓词大致可分成三类:一类是吐蕃与其他民族会盟之誓词,如 823 年树立的《长庆会盟碑》;唐蕃之间曾经结盟 10 次(平凉为劫盟),主要是划定边界,确定各自领域。一类是赞普赐盟予功臣之誓词,是历代赞普向最主要功臣颁赏的重要内涵。一类是吐蕃盟誓制度演化后的形式——集会议盟,历年的夏季议盟与冬季议盟,是吐蕃解决当年大事的重要途径。盟文誓词的内容,均为双方最想获得的重大承诺。如,作为赞普一方,希望小邦、臣工永远效忠,不背叛自己。作为小邦、臣工一方,希望赞普赐以永固告身;奴户、土地、园林、牧场都永不收回;在法律方面,希望处罚一人,不受株连;遭遇报复时,希望上峰做主保护;遭遇谗言时,赞普允许申辩。真实反映了权利与义务的均等及吐蕃时期政治、经济、军事、法律的某个侧面。参见陈践、杨本加:《吐蕃时期藏文文献中的盟誓》,载《中国藏学》2009 年第 3 期,第 136 页。
② 有学者指出,盟誓约束力的规定性并无绝对的意义,常常沦为一种政治工具和斗争策略。可以说到吐蕃王朝中期,盟誓制度,已经不完全是赞普与群臣的立信结盟,而是贯彻赞普王权的一种工具。尤其在盟誓诏书之中,盟誓的对等原则明显不再具有切实的内涵。尽管盟誓常以利益权衡为出发点,并不存在绝对的约束力,但是盟誓在吐蕃王朝时期的运用,却在社会、政治领域内产生过有效的激发作用,并且具备了超越社会和政治本身的丰富文化内涵。参见任小波:《吐蕃盟誓研究》,中央民族大学 2010 年博士学位论文,第 9 页。
③ 何峰:《论吐蕃法律的渊源、形式和立法原则》,载《中国藏学》2007 年第 1 期,第 37 页。
④ 陈庆英主编:《藏族部落制度研究》,中国藏学出版社 1995 年版,第 239 页。
⑤ 陈践、杨本加:《吐蕃时期藏文文献中的盟誓》,载《中国藏学》2009 年第 3 期,第 133 页。
⑥ 王尧、陈践译注:《敦煌吐蕃文献选》,四川民族出版社 1983 年版,第 8—35 页。
⑦ 王尧主编:《法藏敦煌藏文文献解题目录》,民族出版社 1999 年版,第 145—146 页。

所言"。①

除此之外,在吐蕃时期著名的《法律二十条》第四条、第二十条中就提到"谎言者,割舌或发誓"、"要处世正直,是非难判断时,对神发誓。"②另外,在英雄史诗《格萨尔——加岭传奇》中写到:凡经赌咒发过的誓言,一般不会反悔,因为"喝了黑酒,头会发晕;吃了黑肉,会造罪孽;食了黑誓,会堕地狱。"③在格萨尔要他去对付罗刹阿赛时,他说:"鬼门关上阎王曾经对我说:'你同阿赛罗刹曾经有盟誓,若把今生后世日子颠倒过,就是恩深父母为你忏悔时也迟,如果弃信背盟胆敢食誓言,把你打入地狱再用油锅来炸尸。'"④

由于"自然是宗教的最初原始对象",⑤因此在当时吐蕃社会苯教"万物有灵"观念影响下,人们普遍认为,如果作恶多端,即便生前不遭神灵的惩戒,死后也会受到各种神灵的惩罚。正是由于这种敬畏心理,使人们不敢轻易冒犯神灵去为非作歹。这点表现在信守誓言上就尤为突出,凡要发誓,必先向自己笃信的神灵或灵物赌咒。可见,"誓"在当时是一种重要的社会控制手段和解决纠纷的方式。有学者总结道:藏族盟誓"被不同社会用来维系内外关系、组织部落联盟、建构国家、维护社会秩序和解决纠纷。它从性质上来讲是一种契约,是一种特殊的有着双重性的契约,同一个盟誓契约既是作为法律关系主体的人与人之间的契约,又是人与神之间的契约,它还是处理纠纷的重要方式"。⑥这个见解不无道理。

---

① 王尧主编:《法藏敦煌藏文文献解题目录》,民族出版社1999年版,第145—146页。
② 黄奋生编:《藏族史略》,民族出版社1989年版,第71—72页。
③ 《格萨尔——加岭传奇》,阿图等翻译整理,中国民间文艺出版社1984年版,第153页。
④ 同上书,第104页。
⑤ [德]费尔巴哈:《宗教的本质》,王太庆译,商务印书馆1999年版,第2页。
⑥ 牛绿花:《藏族盟誓研究:以甘南藏区为例》,中国社会科学出版社2011年版,第9—10页。

藏族盟文誓词中涉及到婚姻家庭方面的内容是藏族婚姻法律文化的重要载体之一。在藏族社会中，将盟誓习惯最早上升为法律规定的，是吐蕃时期的《纯正大世俗法十六条》中载的"对所发之誓言及保证，应视之如生命"。① 而在近代有重要影响的法典《十六法典》第九条"狡诳洗心律"中更是对"立誓"的习惯直接规定为法律的内容。所谓"立誓"，即需如鼻之于面部，不偏不倚。立誓得由具智慧眼、幻化身、能预见之护法神为证，始可明辨真伪。旧法典谓："企鹅不得用网擒，毒蛇勿须赶下坡，以石击鸦行不得，路遇母狗不可打，小绿松石勿串链"。召集发誓人即须照此办理。所谓"企鹅"，意指喇嘛、善知识、上等人。彼等不需立誓，故不列于立誓人之内；"毒蛇"，意指具法术之咒师，其可以魔力消防罪孽，亦不需立誓；"乌鸦"则指饥寒交迫之人，因其为衣食之欲，而无正确取舍，以致随意发誓，也不在立誓人之列；所谓"母狗"，喻妇人。彼等虑及丈夫及子女，亦随意发誓，自不在立誓人之列；"小绿松石"，指不谙世事之孩童及傻子等。此类人等不明誓言取舍之利害关系，也不列入立誓人之中。那么，何等人可以立誓呢？一般来讲，凡知晓自利和他利，明事理，崇公正，心胸开阔，能化敌为友，具备以上诸条件者即可立誓。②

从该规定可以看出，妇女是被排除在"立誓"的范围之内的。换言之，女性因为其本身的性别而被排除在纠纷解决机制"立誓"之外。这其实与吐蕃时期颁行的法律中含有的"妇女不得参与国王政事"的条目一脉相承。这些规范成为藏族婚姻法律文化的重要内容。

---

① 巴卧·祖拉陈哇：《〈贤者喜宴〉摘译（三）》，黄颢译注，载《西藏民族学院学报（哲学社会科学版）》1981年第2期，第17页。
② 周润年、喜绕尼玛译注：《西藏古代法典选编》，中央民族大学出版社1994年版，第101—102页；周润年：《西藏古代〈十六法典〉的内容及其特点》，载《中国藏学》1994年第2期，第42—50页。

第二节　藏族婚姻法律文化中的婚姻形态

一、婚姻形态的基本内涵及其演进

(一) 婚姻形态的基本内涵

婚姻形态，简言之，就是婚姻的表现形式和样态。受经典作家思想的影响，中国大陆地区的法学学者基本认为，婚姻形态是随着人类社会的不断演进，从低级到高级，依次经历的血缘婚、普纳路亚婚、对偶婚、一夫多妻婚（特殊形态）和一夫一妻婚等五种具体婚姻形态。由这些婚姻关系依次又发展出五种家庭形态，即血缘家庭、普纳路亚家庭、对偶家庭、父权制家庭（特殊形态）和一夫一妻制家庭。

中国台湾地区的法学学者对其有不同的理解。史尚宽先生认为，婚姻之形态，一般而言可分为五类：一是杂交婚、固定婚；二是双复式婚姻（即群婚）、单复式婚姻（即一妻多夫婚及一夫多妻婚）、双单式婚姻（即今日之一夫一妻制）；三是掠夺婚、父权的婚、相互同意婚；四是定期婚、终生婚；五是内婚、外婚。[①]

(二) 婚姻形态的演进

中国大陆地区有学者认为，婚姻形态的历史演进，经历了群婚制和对偶婚制及一夫一妻制等几个阶段，并认为"无论是奴隶制社会，还是封建社会和资本主义社会，其一夫一妻制均是以私有制为经济基础，这种一夫一妻制是片面的、名不副实的，具有婚姻不自由、男尊女卑、父权统治等根植于私有财产的共同特征。只有社会主义社会的一夫一妻制才是建立在公有制基础之上的，是真正的一夫一妻制，

---

① 史尚宽：《亲属法论》，中国政法大学出版社2000年版，第87—92页。

并具有婚姻自由、男女平等以及保护妇女、儿童和老人合法权益等基本特征"。① 有的学者则认为,婚姻伦理的演变过程,其发展可大致分为三个阶段:群婚伦理、对偶婚伦理、一夫一妻婚伦理。婚姻伦理的演变,是一个漫长且复杂的过程。从宏观的角度看,婚姻伦理伴随着婚姻形态的变化而变化,并对婚姻形态的演变起着推进或阻碍的作用。②

中国台湾地区的学者认为,关于"婚姻形态的沿革如何,尚无定说"。③ 戴炎辉、戴东雄先生认为,关于婚姻原始形态之问题,有两种对立的学说,即巴霍芬(J. J. Johann Jakob Bachofen)、摩尔根(Lewis Henry Morgan)由乱婚(即杂交婚)进化为固定婚,以及韦斯特马克等主张的人类自始就是固定婚,因为人类的嫉妒本能及伦常观念,乱婚(即杂交婚)不能存在。此外,尚有人主张,仅有一部分民族有杂交时代而已。但上述学说"均不过是一种假设而已,并无科学的根据"。因此,在人类婚姻史上,"固然不能否认若干民族有杂交状态,但不得径以此而以为一切人类婚姻之原始形态"。由于乱婚并非各民族在婚姻史上必经的阶段。故而,人类之婚姻生活,以固定婚为普通制度。固定婚从形式上又可以分为三类:一是双复式婚(即集团婚或群婚);二是单复式婚,该婚再分为两种,即一妻多夫婚与一夫多妻婚;三是双单式婚,又称为单婚或一夫一妻婚。而掠夺婚、有偿婚、聘娶婚、共诺婚是婚姻成立的形式,并非婚姻形态。④

可见,中国大陆地区的学者由于深受经典作家关于人类婚姻形态

---

① 余延满:《亲属法原论》,法律出版社 2007 年版,第 136—137 页。
② 王歌雅:《中国婚姻伦理嬗变研究》,中国社会科学出版社 2008 年版,第 11—18 页。
③ 史尚宽:《亲属法论》,中国政法大学出版社 2000 年版,第 87—92 页。
④ 戴炎辉、戴东雄、戴瑀如:《亲属法》(全一册·最新修订版),台北顺清文化事业有限公司 2009 年版,第 39—41 页。

演进思想的影响,大多认为婚姻形态由低到高经历了从群婚向一夫一妻婚的演进。本书认为,从发生学上考察,经典作家均深受达尔文生物进化理论的影响。巴霍芬首次提出了人类社会由早期存在着的不受限制的性交阶段,逐步向一夫一妻制过渡的理论,同时还提出了母权制先于父权制的论点。麦克伦南(John Ferguson McLennan)在《原始婚姻,关于婚礼中抢劫仪式的起源的研究》一书中指出:婚姻关系发展的起点是"乱婚",在亲属依父系计算之前,一切民族都存在过亲属按母亲计算的时代。这一论断带有某种奠基性意义。① 自巴霍芬以降,摩尔根、马克思、恩格斯无不受到社会达尔文主义的影响。这是一种典型的人类婚姻"单线进化论"。由于马克思主义是执政党中国共产党的指导思想,故中国大陆地区对世界上另外一种反对单线进化论的思潮介绍较少。

事实上,"社会进化论"和"反社会进化论"思潮一如哲学思想中的"唯物"和"唯心"一样,都是存在于社会发展史上的两种重要思潮。反"人类婚姻单线进化论"的著名斗士即芬兰人韦斯特马克,其皇皇巨著《人类婚姻史》就是该论的典型代表。他认为人类自始至今都是实行一夫一妻制的,人类并未经历群婚(杂交)阶段。事实上,其《人类婚姻史》一书的主旨即在于论证一夫一妻制家庭的古老和恒久性,否认人类历史上曾经有过乱交或群婚阶段的存在,并认为先有婚姻后才有家庭,是婚姻起源于家庭,而非家庭起源于婚姻。人类的两性之间由于延续种属与照顾子嗣的需要而自古维持着稳固的关系。② 倒是美国人卡尔弗顿(V. P. Calverton)发表在 1931 年《美国社会学杂志》上的文章——

---

① [苏]谢苗诺夫:《婚姻和家庭的起源》,蔡俊生译,中国社会科学出版社 1983 年版,第 11 页。
② [芬]韦斯特马克:《人类婚姻史》,王亚南译,上海神州国光社 1930 年版;E. A. 韦斯特马克:《人类婚姻史》(全三册),李彬等译,商务印书馆 2002 年版。

《人的形成：人类学大纲》一书"绪论"中的意见较为中肯，卡氏认为，不管是韦斯特马克还是摩尔根，两者都表演着"文化迫力"，二者所代表的阶级的因素是界定胜负的因素。韦氏保障了中产阶级的伦理，所以韦氏被中产阶级的知识分子毫无批判地接受了。摩氏对于无产阶级的壁垒设置了武器，所以摩氏也被考茨基、普列汉诺夫等激进人士毫无批判地接受了……因为有利可图的因素蒙蔽了两方面的眼睛，谁也看不见他们自己的权威的弱点。凡与自己的阶级有利的方法，便被采作科学的分析；没有利益的，便在放弃之列。①

本文认为，中国台湾地区的学者对于婚姻形态及其演进的认知相对而言较为客观。实际上，无论是人类婚姻形态起源于群婚（杂交状态）还是自始至今均为一夫一妻婚，两派学者均无法客观验证，从而也无法说服对方。"疑者不定"或"尚无定论"倒是一个客观公允的表述。

（三）本书关于婚姻形态及其演进的界说

综合上述学者的研究，本书拟就婚姻形态及其演进界说如下。

婚姻形态，即婚姻之表现形式。由于乱婚（杂交状态）并非各民族在婚姻史上的必经阶段，因此，人类的婚姻生活，是以固定婚为基本制度的。而根据固定婚双方当事人人数的多寡，人类的婚姻形态基本可分为三类。

第一，双复式婚，即集团婚或群婚。简言之，就是配偶双方均为复数之婚。即兄弟等共同以个人之妻为妻，或姊妹等共同以各人之夫为夫的婚姻形式。

第二，单复式婚，即一夫多妻婚和一妻多夫婚。简言之，就是配偶

---

① ［英］马林诺夫斯基：《两性社会学：母系社会与父系社会之比较》，李安宅译，上海人民出版社 2003 年版，第 297—298 页。

一方为复数,而另一方为单数之婚。其中,一夫多妻婚为普遍婚制,而一妻多夫婚为例外现象。藏族婚姻法律文化中的一妻多夫婚和一夫多妻婚即为该种单复式婚的典型代表。

第三,双单式婚,即一夫一妻婚。简言之,是指配偶双方均为单数之婚。亦即配偶以终身生活为目的而适法结合之婚。这是目前大多数国家和地区对婚姻形态的基本要求和规范。

婚姻形态的演进,由于两派学者("进化论"派和"反进化论"派)均为假说,无确凿有效的证据,因此其演进规律尚无定论。

二、藏族婚姻法律文化中的婚姻形态

藏族婚姻法律文化中的婚姻形态,是指藏族婚姻法律文化中婚姻的表现形式。藏族婚姻法律文化中的婚姻形态主要分为两类:一是双单式婚,即一夫一妻婚。二是单复式婚,即一夫多妻婚和一妻多夫婚。图示如下:

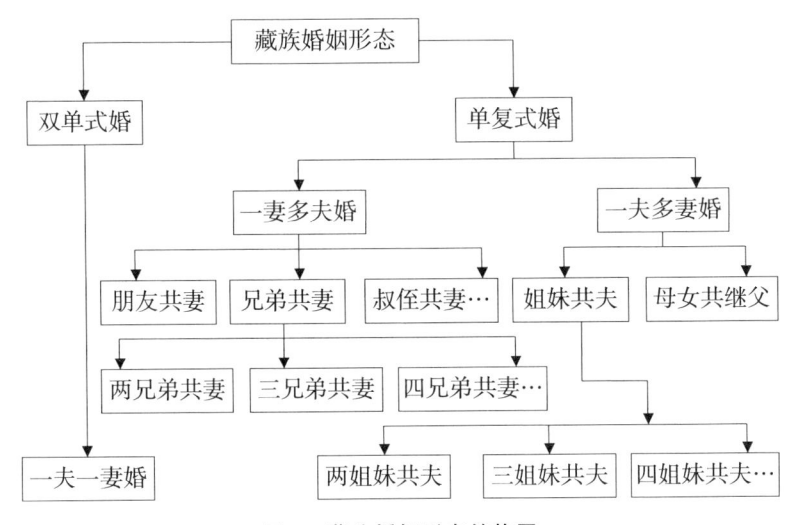

图 1　藏族婚姻形态结构图

(一) 双单式婚

1. 双单式婚之内涵

双单式婚,指配偶一方是藏族的一夫一妻婚,可将其界定为:配偶一方是藏族且数量为单数以终身共同生活为目的而适法结合并获得公认的两性结合关系的婚姻形式。该界定包括以下构成要件:

(1)在主体的民族归属上,配偶一方为藏族

在双单式婚下,配偶中的一方在民族归属上,必须为藏族。如此,才能厘清本研究主题与一般研究主题(诸如汉族与汉族的婚姻,回族与回族之间的婚姻等)的关系。其基本的民族归属公式为:"藏族—×族"婚。

(2)配偶双方数量为单数,且限定为一夫一妻

配偶双方的数量为单数,且限定为一夫一妻,以此区别于在藏族婚姻法律文化中存在的单复式婚,即一妻多夫婚和一夫多妻婚。

(3)婚姻关系为适法的结合

由于本书对"法"的理解为法人类学视角下的"法",亦即确认是不是法的根本标准在于一种社会控制现象是否具备了法所应具有的四个属性:权威、普遍适用的意图、权利与义务的关系、制裁。[①] 而与此相对应,藏族婚姻法律文化中的双单式婚,亦即满足了上述四个构成要件,就成为"适法"的结合。换言之,只要双单式婚具备由权威机关或人员承认、当地地方性知识中普遍适用、配偶之间存在权利义务关系,且违背这种权利义务关系将面临制裁就构成"适法的结合"。诚如罗素(Bertrand Russell)所言,婚姻关系与其他性关系不同,因为事实上它是一种法律制度。在绝大多数社会中,它还是一种宗教制度,不过,其

[①] 张冠梓:《论法的成长:来自南方山地法律民族志的诠释》,社会科学文献出版社2000年版,第3页。

基本性质是由法律制度来确定的。①

(4)以终身共同生活为目的之公认的两性结合关系

婚姻成立之时,须期白头偕老,不能预先约以期限。② 因此,双单式婚下之配偶双方在缔结婚姻关系时,是以终身共同生活为目的的。"婚姻者,公认之性交关系也。"③这种公认,必通过社会的法律、习惯、宗教、道德等正式或非正式的方式为之。在要式婚下,需要满足登记要件;在不要式婚下,则毋需满足登记要件,但需要通过婚姻礼仪等方式"公认"。一时或偶然的性交关系不是双单式婚。

该婚制,在藏族婚姻法律文化语境下,既可以男子为中心建立["从夫(父)居"],也可以女子为中心建立["从妻(母)居"]。由于藏族具有不歧视"女娶男嫁婚"④中男子的优良传统,故而"嫁女子"和"娶男子"在藏族的日用生活中具有同等重要的地位和价值。当藏族女子说"娶某个男子"时亦如汉族男子说"娶某个女子"一样正常。

但透过"从夫(父)居"或"从妇(母)居"的表层,在双单式婚下,配偶所生子女一般情况下依然归父方,"骨系"(Rus-pa)⑤计算从父。

---

① [英]伯兰特·罗素、托马斯·内格尔:《关于人类婚姻的哲学思考》,时光译,载《西南民族学院学报(哲学社会科学版·增刊)》1999年第4期,第270页。
② 戴炎辉、戴东雄、戴瑀如:《亲属法》(全一册·最新修订版),台北顺清文化事业有限公司2009年版,第44页。
③ [日]穗积陈重:《法律进化论》,黄尊三等译,中国政法大学出版社2003年版,第385页。
④ 关于"女娶男嫁婚",参见本文第二章第四节"藏族婚姻法律文化中的女娶男嫁婚"的研究。
⑤ 藏文写作"Rus",读音"如"。目前一些汉文资料中习惯上译作"骨系"。这是直译其字义。因为藏语"Rus"在现代观念中为骨,"Rus pa"即骨头。实际上古代藏籍中记载的"如"同汉文中的姓氏是相近的,它是指由一个男性祖先繁衍下来的子孙血缘集团。藏族"如"都是按父系计算和传承而同"如"的人内部是禁止结婚的,直到现在藏北草原牧民仍然鄙视同"如"的结婚。因此,"如"(Rus)实际上一种父系氏族的反映。参见格勒:《藏族早期历史与文化》,商务印书馆2006年版,第135页。

藏族的姓名及其构成有其明显的特点,不同于汉族或其他民族的姓名。其复杂多变与藏族远古及古代氏族、部族以及和藏族历史、神话、传说等密切相关,其产生、发展、演变与消亡情况比较复杂,古代藏族姓名和现代藏族人的姓名有着很大的不同。① 子女不存在随父或随母姓的问题。但自阶级产生以来,身份较高者,需要冠以家族世袭、领地、封号、庄园名称、寺院名称、地域名称等区别于一般姓名。典型者如"昆·公却杰布","昆"是家族名,作为自己的姓。"多嘎·次仁旺杰","多嘎"是领地或封号,作为自己的姓。"班禅额尔德尼·却吉坚赞","班禅额尔德尼"是封号,作为自己的姓,其名是"确吉坚赞"。"东嘎·洛桑赤烈","东嘎"是寺庙名字,作为自己的姓,"洛桑赤烈"才是名字。在上述情况下,子女均可以从父姓。此制下,子女当然能够继承父亲或母亲的私有财产。

2. 双单式婚之表现形式

双单式婚在藏族的表现形式与汉族不同,一般而言,可将其分为三类:

(1)男娶女嫁

即男方通过一定的婚姻礼仪将女方迎娶到自己家中,从而建立双单式婚。该婚姻形式下,妻从夫居。这是藏族绝大部分婚姻的缔结方式。

(2)女娶男嫁

在形式上类似于汉族地区的"入赘"、"招赘"、"招婿"等内容,但在藏族人的观念中,是不存在上述概念和观念的。亦如上文所表述的那样,"嫁女子"和"娶男子"在藏族的日用生活中具有同等重要的地位和价值。该婚是以迎娶之方式将男方娶到女方家,从而建立双单式婚。

---

① 东主才让:《藏族古代部族与藏族姓名浅谈》,载《北京图书馆馆刊》1997年第1期,第86页。关于藏族人名研究的专著,参见王贵:《藏族人名研究》,民族出版社1991年版。

该婚姻形式下,夫从妻居。

(3)自立门户

该类型又称为"自立帐篷"。"藏族的习俗,夫妻平时不同居,各居一室,牧区则一家同居一帐房"。① 该情形之发生主要与牧业经济的居住环境有关,也正因为如此,该情形在牧区较农区为多,尤其在牧区多子女家庭表现得更为明显。由于牧业经济的流动性,其居住设施简单,无相当空间供子女谈情说爱。因此,在牧业家庭中多子女或子女之婚受到父母干涉之时,便存有"自立门户"或"自立帐篷"的情形。在该情形下,视具体情况,既可以夫从妻居,亦可以妻从夫居,无定式。

3. 双单式婚之分布样态

整个藏区地域广袤,仅西藏的面积就达120多万平方公里,双单式婚的分布会表现出差异的个性。以西藏为例,日喀则地区和昌都地区的婚姻形式相左,而拉萨和那曲地区各异,阿里和林芝地区的亦不同。经济发展水平、地域远近、受教育程度、人口流动性大小以及当地习俗等都会成为影响双单式婚的因素。一般而言,距离经济发展中心较近、受教育程度较高、人口流动性较大及当地习俗影响小的地方,双单式婚的比例会非常高;反之,其比例会相对较低。

但无论是从民主改革前的实际调查还是从当下笔者的田野调查来看,双单式婚即一夫一妻婚作为藏族社会最主流、占主导地位的婚姻形式是毋庸置疑的。正如丹珠昂奔先生特别强调的那样:今天藏族人主要是一夫一妻制——这种婚姻形式至迟在松赞干布时代就开始了,现在某些介绍西藏婚姻的文章以偏概全,大讲特讲藏人的"一妻多夫"婚姻现象,致使许多不明真相的读者以为藏区至今还普遍存在"一妻多

---

① 杨明编著:《藏族游牧部落及社会主义现代化》,成都电讯工程学院出版社1988年版,第109页。

夫"等奇特婚姻,这是大错特错的。①

(二)单复式婚

1.单复式婚之内涵

藏族的"单复式婚",是最引起学者关注的现象,这在"导论"的"国内外文献综述"部分已经做了详细的介绍。单复式婚,指配偶一方是藏族的一夫多妻婚和一妻多夫婚。可将其界定为:配偶一方是藏族且数量为复数的以终身生活为目的而适法结合并获得公认的两性结合关系的婚姻形式。其构成要件除"配偶一方数量为复数"区别于前述"双单式婚"之外,其余与之相同。"配偶一方数量为复数",是指婚姻一方当事人的配偶数量为复数,可能为二,也可能为三,还可能为四,甚至可能为五或者六,等等,这要视具体情况而定。该婚制的其他特征与前述"双单式婚"相同,在此不赘。

2.单复式婚的基本分类

藏族的单复式婚可分为一夫多妻婚和一妻多夫婚两类。

(1)一夫多妻婚

一夫多妻婚,即一男子同时有两个或两个以上妻子的婚姻形式。在一夫多妻婚下,实际上又分为两种情况:

① 上层阶级如贵族、头人等的一夫多妻婚

在民主改革前,贵族阶层为了提高自己的政治地位和社会地位,常常在自己阶层内互结婚姻,攀连门第,在这里"结婚是一种政治的行为,是一种借新的婚姻来扩大自己实力的机会;起决定作用的是家世的利益,而绝不是个人的意愿"。② 财力的多寡也是决定"一夫多妻婚"成为"普遍的婚制"的重要原因——"一夫多妻制,非谓人人皆有多妻,而谓

---

① 丹珠昂奔:《藏族文化发展史》,甘肃教育出版社 2000 年版,第 175 页。
② 恩格斯:《家庭、私有制和国家的起源》,载《马克思恩格斯选集》(第 4 卷),人民出版社 1972 年版,第 74 页。

有财力之人,纵娶有多妻,礼俗或法律亦不予禁止。故就实际言之,在一夫多妻制之下,一夫一妻反而是普遍现象。此实际上之一夫一妻,非礼俗或法律所强制,仅当事人不欲为或不能为而已"。①

实际上,"一夫多妻婚"在藏族历史上,从赞普松赞干布建立吐蕃王朝时期就开始了。吐蕃王臣赞普的婚姻形式基本上是以"一夫多妻"制为主的。除史料所记载的贡松贡赞、芒松芒赞、墀都松赞等三位赞普都娶一房妻子外,其余七位赞普都娶有两个或多个王妃。在当时封建统治下的吐蕃社会,"一夫多妻"现象较普遍,尤其在吐蕃王室中,"一夫多妻"是对赞普"王者"身份的另一种解释。出于绵延子嗣的需要,"多妻"意味着"多子","多子"意味着"多福",也意味着"王权"的承继,家族的兴旺。当然,吐蕃王室的婚姻中还有不可忽视的"政治"因素。无论是与吐蕃的大家族通婚,还是纳大唐、泥婆罗公主为妃,都是避免政治冲突的权宜之计,也是保持与邻邦友好交往的外交手段。②

另外,藏传佛教中密宗的宗教观念和仪轨也为"一夫多妻"的产生提供了一定的思想基础。法国著名藏学家石泰安"用另外一种完全不同的原因来解释一夫多妻制的婚姻"——"密教祖师玛尔巴除了正妻之外还有八房妾,因为她们是黑茹迦(饮血者)信仰礼仪中的'轮座'所必需的"。③ 在世俗的观念中,"一夫多妻"仅仅是一种婚姻形式,即使对某个教派的高僧大德而言,也不过是为难以抑制的情欲寻找一个美妙的借口,为色情提供一整套精心设计而又多样化的宗教礼仪的支持。但在密教礼仪中,性行为被置于首要地位,而根据一种具有多方面共鸣

---

① 戴炎辉、戴东雄、戴瑀如:《亲属法》(全一册·最新修订版),台北顺清文化事业有限公司2009年版,第40页。
② 切吉卓玛:《藏族婚姻文化研究》,中央民族大学2012年博士学位文,第113页。
③ [法]石泰安:《西藏的文明》,耿昇译,中国藏学出版社1998年版,第111页。

的象征意义,性行为的特征被认为是神圣的和典范性的,其意义是深刻的。这种行为受到赞美并升华为一种境界,即般若与方便的融合,成就大乐与成就空的快乐,也就是符合慈悲的行为,这是菩提萨埵的主要准则。在宗教观念和仪轨的渗透下,"一夫多妻"的形式为广大信众普遍接受、理解并加以效仿。①

②普通民众之间的一夫多妻婚

在藏区民主改革前,在堆穷(Them-chung)、②差巴(Khrl-p)③、这些阶层中也有少量的一夫多妻婚。其基本的表现形式为同胞姊妹共夫婚、母女共继夫婚等。根据20世纪五六十年代的调查材料反映,当时还存有少量的母女共(继)夫婚。该婚制下,一般是继父待到继女年龄长成时因为各种原因形成事实上的同居关系,而继母对此也表示认同,从而形成事实上的母女共(继)父婚。从20世纪90年代开始的调查资料中,已经找不到这种婚姻形式。笔者2010、2012、2013年三次在西藏的田野调查中,也未发现该种婚姻形式。事实上,这种婚姻形式随着藏区社会经济的不断发展,基本上已经消亡。某种程度上而言,这种婚姻形式已经成为一种历史遗存。

相较而言,同胞姊妹共夫婚占有相对较高的比例。而在同胞姊妹共夫婚中,根据姊妹数量的多少,又可分为两姐妹共夫、三姐妹共夫、四姐妹共夫……。其中两姊妹共夫最为常见。即便是在当下,也仍是个别农牧区藏族同胞所热衷的一种婚姻方式。④

---

① 切吉卓玛:《藏族婚姻文化研究》,中央民族大学2012年博士学位论文,第116页。
② "堆穷",意为"小户",主要指耕种农奴主及其代理人分给的少量份地,为农奴主及其代理人支差的农奴。"堆穷"多由"差巴"下降而来,也有一部分是外来的逃亡户。
③ "差巴",意为"支差者",是领种地方政府的差地,为地方政府和所属农奴主支差的人,地位高于"堆穷"。
④ 笔者的访谈人在西藏那曲地区工作的多吉以及在阿里地区工作的罗布均提到了这种现象,访谈时间:2012年10月30日。

(2) 一妻多夫婚

一妻多夫婚，即一女子同时有两个或两个以上丈夫的婚姻形式。"一妻多夫婚为例外的特殊现象"。① 其基本的表现形式为同胞兄弟共妻、朋友共妻、叔侄共妻、甥舅共妻及继父子共妻等。在这些形式中，以兄弟共妻为常态和普通，也最为个别农牧区普通藏族同胞所喜爱。而在同胞兄弟共妻的多夫制中，根据兄弟数量的多少，又可分为两兄弟共妻、三兄弟共妻、四兄弟共妻……。其中两兄弟共妻最为常见，即便是在当下，也仍是个别农牧区藏族同胞所热衷的一种婚姻方式。

该婚姻形式，也可分为两种情况：

① 王室、贵族中的一妻多夫婚

在吐蕃王室的婚姻中，有一特殊个案，是法王赤松德赞与其子牟尼赞普共娶一妻，这在《西藏王臣记》等藏文史料中都有记载，属"父子共妻"现象。牟尼赞普28岁继承王位，并将父王最年轻的妃子茹容氏纳娶为妃。"王妃卜容萨·甲摩尊者，乃昔王父之母甲摩萨之所转生也。王与少妃常萦于怀。及赴宋喀时，又殷切嘱托小王看顾，因此王子乃继纳其为妃。事为其母蔡邦萨所妒，遂借口责谓王父去世时，卜容萨未曾卸妆，未有悲伤，遣刑吏往杀之，殊为小王所救，其母愈生反见，乃进毒食而鸩杀王也。"② 这个历史记载的意思是：父王赤松德赞临终时，将王妃茹容氏托付给王子牟尼赞普照顾，王子对王妃茹容氏关爱备至，因此，引起母后蔡邦氏梅脱仲的愤怒，随即投毒害死了牟尼赞普。这种婚姻出现在父或子死后，所以并不像一般的父子共妻，同时拥有一个妻子。吐蕃王室的这种婚姻形态，是"父子共妻"的特殊形式，它反映了父

---

① 戴炎辉、戴东雄、戴瑀如：《亲属法》（全一册·最新修订版），台北顺清文化事业有限公司2009年版，第40页。

② 索南坚赞：《西藏王统记》，刘立千译注，西藏人民出版社1985年版，第133—134页。

权继承制社会当中的一种婚姻形态。①

② 普通民众之间的一妻多夫婚

该婚制亦如前述,在此不赘。实际上,即便是在今天,该婚制不仅在西藏地区存在,在其他藏区的偏远农牧区也是存在的。②

第三节 藏族婚姻法律文化中婚姻形态的现状调查

一、农牧结合区田野点 Z 村的婚姻形态

(一) Z 村的基本情况

笔者于 2010 年 7—8 月深入该田野点进行田野调查。Z 村属于 R 县,R 县是典型的农牧结合的传统藏族乡土社会,位于雅鲁藏布江中游河谷地带。境内山高谷深、山峦起伏、沟壑纵横、河流密布,地势东北、东南高,西北偏低。平均海拔 3950 米左右。其中有的辖区平均海拔在 4200 米以上。境内最高峰海拔 6112 米。气候属南温带半旱高原季风气候,日照充足,年日照时数 2300 小时,年无霜期 120 天左右,气候干燥,雨季集中在 7、8 月份,降水量占全年的 95%,年降水量 451.6 毫米。洪水、泥石流、滑坡、地震、干旱等自然灾害频繁发生。总面积 2000 多平方千米,人口 3 万余人。

(二) Z 村的婚姻形态调查

R 县 Z 村 121 户,813 人。村庄经济结构为半农半牧。笔者从实

---

① 切吉卓玛:《藏族婚姻文化研究》,中央民族大学 2012 年博士学位论文,第 116 页。
② 如许韶明、郭家骥等在云南迪庆藏族自治州的田野调查。参见许韶明:《差异与动因——青藏高原东部三江并流地区兄弟型一妻多夫制研究》,中山大学 2009 年博士学位论文,第 10 页;郭家骥:《生态环境与云南藏族的文化适应》,载《民族研究》2003 年第 1 期,第 54—55 页。

地访问的几户人家中,选出五户作为研究对象:

1. 一夫一妻婚

该户户主白央,①女,56 岁。共有 3 口人。配偶多吉,男,57 岁。其子罗布,男,20 岁,尚未婚娶。主要的生计来源是传统的农牧业。共有土地 13 亩,牦牛 2 头。土木结构房屋一层,耐用消费品 21 寸彩色电视一台,摩托车一辆,沼气池一个。

2. 两兄弟共妻婚

该户户主旺扎,男,60 岁。共有 7 口人。配偶尼玛,女,56 岁。主要的生计来源是传统农牧业。长子次仁,男,38 岁,放牧。次子旺杰,男 34 岁,外出务工,每年的务工收入约 2 万元。两兄弟共妻德吉,女,36 岁,在家务农。长孙扎西,男,18 岁,画工。次女,卓嘎,14 岁,上学。共有土地 8 亩,牛 10 头,牦牛 30 头,藏绵羊 80 只。木石结构房屋二层,耐用消费品 25 寸彩色电视一台、电冰箱一台,摩托车一辆、四轮拖拉机一辆,家境殷实。共妻德吉氏和长子领取结婚登记证。

3. 两兄弟共妻婚

该户户主次仁,男,45 岁。共有 5 口人。配偶央吉,女,47 岁,在家务农。长子罗布,男,25 岁,木匠,外地打工。次子琼布,男,23 岁,画工(本村或外地打工,冬天在本村,春秋在外地)。共妻卓玛,女,20 岁,在家务农。土地 5 亩,牛 3 头,牦牛 8 头,藏绵羊 36 只。木石结构房屋二层,耐用消费品 25 寸彩色电视一台、电冰箱一台,摩托车一辆、四轮拖拉机一辆。其他现代家具齐全,如电饭锅、电磁炉等,沼气池一个。共妻卓玛氏和长子领取结婚登记证。

4. 两兄弟共妻婚

该户户主培仁,男,67 岁。共有 9 口人,配偶已去世。长子格吉,男,

---

① 根据社会科学伦理,本书访谈当事人姓名及田野调查地名均为化名。

41岁,以农牧业和副业为主要收入来源,农闲是画工。次子,措吉,男,32岁,外地打工,司机,开大货车拉石头。共妻配偶拉姆,女,33岁,在家务农。孙子均在上学。土地14亩,牛5头,牦牛6头,藏绵羊36只。木石结构房屋二层。耐用消费品25寸彩色电视机一台、电冰箱一台,摩托车一辆、四轮拖拉机一辆、小汽车一辆。现代家具齐全,如电磁炉、液化气、电饭锅等,沼气池一个。共妻拉姆氏和长子未领取结婚登记证。

5.四兄弟共妻婚

该户户主旺杰,男,73岁。共有15口人。配偶央宗,女,76岁,在家务农。长子罗布,男,49岁,在家务农。次子达西,男,45岁,以前在外地打工,后来自己开大型货车拉货,现在是专职司机。三子克珠,男,42岁,放牧,基本以放羊为主,兼放牦牛。幼子顿珠,男,35岁,开自己家购买的大型中巴,旅游客车。共妻配偶尼珍,女,47岁,在家务农。长孙次旦,男,务农,24岁。长孙配偶拉姆,女,21岁,在家务农。次孙巴桑,男,22岁,放牧。幼孙朗杰,男,19岁,有时打工、有时放牧。二层木石结构房屋。土地18亩,牛7头,牦牛23头,藏绵羊140只。耐用消费品25寸彩色电视机一台,摩托车一辆、四轮拖拉机一辆,沼气池一个。共妻尼珍氏和长子未领取结婚登记证。

从上面的描述中可知,旺扎家、次仁家、培仁家、旺杰家境较好的重要原因是——这几个家庭都是兄弟共妻型一妻多夫家庭,且家庭成员分工明确。作为丈夫甲的老大可能以务农为业,作为丈夫乙的老二可能以放牧为业,而作为丈夫丙的老三可能经商或(长期或季节性)外出务工。实际上,这种分工在藏族婚姻仪式的"箭歌"[①]中多有体现。譬

---

① 娘家老人给女婿赠神圣的彩箭时唱的歌叫箭歌。箭歌是问答式的,女方老人向新女婿赠箭时发难的歌,继承了远古时期的习俗。参加杨茂森:《卓尼藏族民歌概论》,载《西藏艺术研究》2000年第2期,第81页。

如,"甲:我家神里有三支箭,你要说出它的意思? 乙:家神里有三支箭,那不是箭,象征着大小三个儿子。大儿子是优等务农的,二儿子是聪明勤劳的持家人,三儿子是会做买卖的生意人"。① 正因为如此,我们才看到在这三户家庭中都有着体面的二层木石结构的崭新房屋,要知道,在农牧区评定一户人家是否富有的直接标准就是谁家的房屋"建得好"、"修得阔气"。而白央家因为人口较少,且没有外出务工人员,生活水平较低,典型的表现是房屋结构是土木结构一层且年久失修。上述实证材料说明,在农牧结合区,单复式婚婚姻形态尤其是兄弟共妻型一妻多夫婚具有顽强的生命力,是藏族农牧区民众自愿选择且极其适应当地自然环境的婚姻形式,当地民众对该婚制的评价普遍良善。

二、以牧为主区田野点 T 村的婚姻形态

(一) T 村的基本情况

笔者于 2012 年 8 月深入该田野点进行田野调查。T 村在行政区划上属于 G 县,该县位于西藏东部,属于东南三江(澜沧江、怒江、金沙江)流域的横断山脉峡谷区,境内地势由东南向西北倾斜,地形复杂、万山重叠、山川并列、沟谷纵横、切割深重,总体地势在海拔 2570—5443 米之间,平均海拔 4021 米。境内雨量充足,冬寒夏凉,气候怡人,独特而优越的自然地理和气候条件适宜多种多样的动植物生长,种植、养殖传统在该地由来已久。

T 行政村距 G 县城 38 公里,隶属于 P 乡。全村 42 户 398 人,分 3 个自然村,全村通车、通电。村庄经济结构为以牧为主,兼农。人多地少,信息闭塞,整体文化水平很低,专业技能匮乏,大部分群众主

---

① 杨茂森:《卓尼藏族民歌概论》,载《西藏艺术研究》2000 年第 2 期,第 81 页。

要依靠放牧、种植青稞、采挖虫草等方式获得收入来源,致富途径单一。

(二) T村的婚姻形态调查

据笔者2012年8月调查数据,在全村42户中,一妻多夫家庭为23户,一夫一妻未领结婚证的为18户,一夫一妻并办理结婚证的仅1户(该户男子原来在一妻多夫制家庭中与其他兄弟共妻不和而搬出另娶)。还有4户,或单身或离异。笔者从实地访问的几户人家中,仍选出五户作为研究对象:

1. 一夫一妻婚

该户家庭人口共计4人。户主,江村,男,藏族,1970年生,中共党员,小学文化程度,农民。妻子央宗,藏族,1978年生,妇女主任,小学文化程度。家有2个孩子。安居工程落实建房资金10000元,建筑面积200平方米,已于2012年入住。家庭收入:虫草采集8000元,林下资源1000元,其他收入2000元,家庭总收入11000元,人均收入2750元。未办理结婚登记证。

2. 一夫一妻婚

该户属于特困户。家庭人口共计7人。户主贡觉,男,藏族,1959年生,识藏语,中共党员,农民。妻子曲措,1958年生,文盲,农民。4个儿子,1个女儿。最大的1988年出生,最小的2005年出生。农田面积3亩,种粮面积3亩,粮食总产量150公斤。农业收入660元,虫草采集5000元。牦牛3头,马1匹,摩托车1辆,脱粒机1台。2011年应领特困户款项15400元,实领5076元,有未兑现情况。家庭总收入10736元。人均收入1534元。未办理结婚登记证。

3. 两兄弟共妻婚

该户家庭人口共计7人。长子多杰,1981年生,藏族,农民,初中文化程度;次子赤列,1986年生,藏族,农民,小学文化程度。二子共妻。妻子羊措卓玛,1981年生,藏族,农民,高中文化程度。妻已与长子办理结婚登记证。除了上述3人外,还有父母2人,子女2人。户主系两兄弟之父。农田面积6亩,但实际种粮面积3亩。粮产总量300公斤。牦牛14头,马1匹。农田收入1320元。虫草采集12000元。林下资源,诸如采集松茸等,200元。其他收入3600元,家庭总收入49520元。人均收入7074元。未办理结婚登记证。

4. 三兄弟共妻婚

该户家庭人口共计6人。户主扎西,藏族,1980年生,农民,小学文化程度。其兄江措,藏族,1974年生,农民,文盲。其弟公嘎,藏族,1984年生,藏族,农民,小学文化程度。共妻拉增,1985年生,藏族,农民,小学文化程度。有子女2人。农田面积5亩,但实际种粮面积3亩。粮产总量250公斤。牦牛8头,马1匹。农田收入1100元。虫草采集1000元。林下资源,诸如采集松茸等,1000元。家庭总收入12100元。人均收入2017元。房屋破损现象较为严重。未办理结婚登记证。

5. 两姐妹共夫婚

该户家庭人口共计13人。共夫户主朗加,男,藏族,1953年生,小学文化程度,个体工商户。妻子次贡,1946年生,藏族,文盲,个体工商户。妻子巴姆,1966年生,藏族,小学文化程度,个体工商户。有2子2女,其中1女出家为僧。2子亦共妻1人。另有小孩5人。农田面积14亩,但实际种粮面积8亩。退耕还林5.5亩。粮产总量350公斤。牦牛8头。农田收入1540元。虫草采集15000元。林下资源,诸如采集松茸等,1000元。家有摩托车2辆,其他收入3600元,家庭总收入17540元。人均收入1349元。未办理结婚登记证。

该调研点的婚姻形态相当丰富,涵盖了双单式婚及单复式婚中的两个子形态,不仅有一妻多夫婚,而且还有一夫多妻婚。通过对以牧为主的典型田野点婚姻形态的描述,我们发现在这些家庭中,两兄弟共妻及两姐妹共夫婚在当地占有相当的优势,具体表现就是家庭收入较其他婚姻形式而言更多。换言之,在单复式婚之子形态一妻多夫婚中,两兄弟共妻型较三兄弟共妻型形态而言具有更大的优势,且在一夫多妻之子形态姐妹共夫婚中,该婚制也具有很大的优势。

第四节 藏族婚姻法律文化中婚姻形态的调查统计分析

现有关于藏族婚姻法律文化中婚姻形态的研究,主要是个案研究,缺乏全国大规模普遍意义上的调查,致使在本主题的外观表现上呈现出"碎片化"样态。也容易出现丹珠昂奔"特别强调"的现象,即许多读者以为藏区至今还普遍存在"一妻多夫"等奇特婚姻,这是大错特错的。[①] 为了厘清藏族婚姻法律文化中婚姻形态的基本分布状况,笔者结合文献资料及本人亲自或委托他(她)人代为调查的婚姻形态分布地区、所在地区生产经营方式、户数、双单式婚(一夫一妻婚)所占比例、单复式婚(一妻多夫婚和一夫多妻婚)所占比例,按照调查时间先后顺序进行列表统计,以期能够为后续研究提供个案样本,并期望引起地方立法部门对该问题的重视。

按调查时间的先后顺序,本文依据学界对于婚姻形态的定性,将调查结果分成三个阶段:第一阶段是 20 世纪 80 年代之前的调查数据统

---

① 丹珠昂奔:《藏族文化发展史》,甘肃教育出版社 2000 年版,第 175 页。

计;第二阶段是20世纪80年代到2000年的调查数据统计;第三阶段是2000年以来的调查数据统计。

一、20世纪80年代之前的调查

20世纪80年代之前,对藏族婚姻法律文化中婚姻形态的研究具有明显的历史烙印。所做的调查,一方面是为1949年新中国成立后实行的大规模的"民族识别"积累资料,另一方面是为了论证、证明、补充经典作家在人类婚姻形态演变上的结论。尤其是为了论证恩格斯在《家庭、私有制和国家的起源》中所阐释的"人类社会婚姻形态从低到高依次经历了血缘婚、普纳路亚婚、对偶婚、一夫多妻婚(特殊形态)和一夫一妻婚等五种婚姻形态"的经典论断。此时的调查资料,除美国学者阿吉兹在尼泊尔边境及西藏定日县所作的调查结论以外,均认为藏族婚姻法律文化中的单复式婚或者是"原始群婚的残余",或者是"历史的奢侈品"。在"阶级分析法"和"学术为政治服务"的双向作用下,学术所要反映的客观性隐而不显,其结论和调查数据的客观性及可信度有待商榷。本文认为,这种"摩尔根模式"[①]是一种先验理论的产物。这种先验理论模式,不仅不能客观地反映、概括多样、曲折、错综复杂的人类社会的性、婚姻、家庭的演化的历史进程,还传播了一种先验理论的模式化的思维路线、思维方式,值得当下研究者反思和警醒!

下表是20世纪80年代之前藏族婚姻形态的部分调查数据统计表。

[①] 王玉波:《人类初期有过杂乱性交阶段吗——摩尔根模式刍议》,载《中国性科学》2004年第6期,第7页。

表1 20世纪80年代之前藏族婚姻形态部分调查统计表(%)

调查时间	调查地点	生产方式	户数	一夫一妻占百分比	一妻多夫占百分比	一夫多妻占百分比
1940年代①	卫省(西藏东部、西康西部),今西藏昌都地区、林芝地区	农业牧业林业	——	——	15.0	5.0
	卫省(西藏北部),今西藏那曲地区	牧业			50.0	——
1956年②	那曲宗孔马部落,今西藏那曲地区	牧业	127户	121户 95.4	2户 1.5	0户 0.0
1958年③	西藏江孜地区康马县涅如区天霸村	半农半牧	104户	78户 75.0	26户 25.0	——
1958年④	那曲宗罗马让学部落,今西藏那曲地区	牧业	54户	50户 92.6	1户 1.8	3户 5.6
1958年⑤	西藏日喀则地区拉孜县托吉谿卡	半农半牧	44户	36户 81.8	4户 9.1	4户 9.1
1958年⑥	西藏山南地区扎朗宗囊色林谿卡	半农半牧	104户	88户 84.6	10户 9.6	6户 5.8
1958年⑦	西藏日喀则地区拉孜县柳谿卡	半农半牧	122户	80户 60.7	39户 32.0	3户 2.4
1958年⑧	西藏日喀则地区拉孜县资龙谿卡	半农半牧	76户	46户 40.8	24户 31.6	6户 7.9

---

① 徐益棠:《康藏一妻多夫制之又一解释》,载《边政公论》1948年第2期。
② 《中国少数民族社会历史调查资料丛刊》修订编辑委员会编:《藏族社会历史调查3》(修订本),民族出版社2009年版,第12—13页。
③ 欧潮泉:《论藏族的一妻多夫》,载《西藏研究》1985年第2期,第81页。
④ 同②,第47页。
⑤ 西藏社会历史调查资料丛刊编辑组编:《藏族社会历史调查2》,西藏人民出版社1988年版,第113页。
⑥ 《中国少数民族社会历史调查资料丛刊》修订编辑委员会编:《藏族社会历史调查2》(修订本),民族出版社2009年版,第132页。
⑦ 同⑤,第317页。
⑧ 同上书,第595页。

(续表)

调查时间	调查地点	生产方式	户数	一夫一妻占百分比	一妻多夫占百分比	一夫多妻占百分比
1959年①	西藏山南地区琼结宗琼果区雪乡	以农为主	188户	184户 97.9	1户 0.5	3户 1.6
1959年②	西藏山南地区琼结宗缺沟区强钦乡	以农为主	97户	94户 96.9	3户 3.1	——
1959年③	西藏山南地区琼结宗久河区久乡	以农为主	70户	——	——	40户 57.1
1959年④	尼泊尔边境及西藏定日县	农牧结合	430户	308户 71.6	90户 20.9	32户 7.5
1961年⑤	西藏那曲宗桑雄地区阿巴部落	牧业	267户	198户 84.6	56户 10.5	13户 4.9

通过表1,我们可以发现20世纪80年代之前藏族婚姻法律文化中的婚姻形态具有以下几个方面的特征:

(一) 婚姻形态多元

尽管受经典作家思想和"学术为政治服务"的时代特点影响,但当时的调查资料依然无法遮蔽婚姻形态多元这一基本事实。20世纪80年代的调查资料均显示,一夫一妻婚、一夫多妻婚和一妻多夫婚等双单式婚和单复式婚广泛存在于调研地区。

(二) 双单式婚占据主导地位

双单式婚在各婚姻形态中所占的比例总体上在70%以上,占据着

---

① 中国藏学研究中心等编:《西藏山南基巧和乃东琼结社会历史调查资料》,中国藏学出版社1992年版,第164—165页。
② 同上。
③ 同上。
④ [美]巴伯若·尼姆里·阿吉兹:《藏边人家》,翟胜德译,西藏人民出版社1987年版,第161—162页。
⑤ 西藏社会历史调查资料丛刊编辑组编:《藏族社会历史调查5》,西藏人民出版社1987年版,第219页。

主导地位。即便是不受经典作家思想影响的美国学者阿吉兹（Aziz）在尼泊尔边境及西藏定日县的调查资料中也显示,在所调研的430户家庭中,双单式婚有308户,所占比例达到71.6%。

(三) 兄弟一妻多夫型单复式婚和姐妹一夫多妻型单复式婚平分秋色

通过该表,我们发现,兄弟一妻多夫型单复式婚和姐妹一夫多妻型单复式婚所占比例大体相当,藏区民众没有对某种婚姻形态有特别的偏好。部分调研地区的姐妹一夫多妻型单复式婚甚至达到了相当的比例。如"西藏山南基巧和乃东琼结社会历史调查资料"表明,在山南地区琼结宗久河区久乡所调研的70户家庭中,姐妹一夫多妻型单复式婚有40户,所占比例高达57.1%。

二、1980—2000年间的调查

1980—2000年对藏族婚姻法律文化中婚姻形态的研究是一个承上启下的阶段。一方面,学界的关注点依然在单复式婚的定性问题上,承接20世纪80年代以来对单复式婚定性的思考,继续补充经典作家所提观点的论据,并从"革新"的视角思考该种"陋习"的出路,典型的如西藏昌都地区中级人民法院吕昌林的研究;另一方面,一些人类学学者通过细致的田野调查说明该种婚姻形态的文化适应性。典型的如格勒在那曲地区、马戎在西藏、平措占堆在后藏班觉伦布村、本觉在"德庆村"的调研。这些研究尤其是人类学学者的研究,为后续学者以"文化多样性"和"少数人权利"为视角的研究提供了难能可贵的素材。下表是1980—2000年西藏藏族婚姻形态的部分调查数据统计表。

表 2 1980—2000 年间藏族婚姻形态部分调查统计表(%)

调查时间	调查地点	生产方式	户数	一夫一妻占百分比	一妻多夫占百分比	一夫多妻占百分比
1980 年代①	西藏那曲地区安多县门堆如瓦部落	纯牧	30 户	22 户 76.4	7 户 23.3	1 户 3.3
	西藏那曲地区安多县库尔茫部落	纯牧	128 户	—	3 户 2.3	—
	西藏那曲地区安多县丹吉林部落	纯牧	20 户	—	—	1 户 5.0
	西藏那曲地区安多县拥怎如瓦部落	纯牧	10 户	—	—	1 户 10.0
1980 年代②	西藏日喀则地区江孜县班觉伦布村	半农半牧	113 户	94 户 83.2	11 户 9.7	5 户 4.4
1982—1984 年③	西藏拉萨市当雄县公当区八嘎乡	牧业为主	50 户	45 户 90.0	与后者合计为 10.0	与前者合计为 10.0
1987 年④	西藏山南地区琼结宗缺沟区强钦乡	以农为主	160 户	—	5 户 3.1	—
1987 年⑤	西藏那曲地区安多县多玛区布典乡	牧业	104 户	101 户 97.0	2 户 2.0	1 户 1.0
1988 年⑥	西藏各地区	农林牧业	753 户	640 户 85.0	100 户 13.3	13 户 1.7
1988 年⑦	西藏农牧区	农业牧业	541 户	494 户 91.3	19 户 3.5	28 户 5.2

---

①⑤ 格勒等编著:《藏北牧民——西藏那曲地区社会历史调查》,中国藏学中心出版社 1993 年版,第 68 页。

② 平措占堆:《西藏农民:后藏班觉伦布村的调查报告》,五洲传播出版社 1998 年版,第 76 页。

③ 张天路:《西藏人口的变迁》,中国藏学出版社 1989 版,第 26 页。

④ 中国藏学研究中心等编:《西藏山南基巧和乃东琼结社会历史调查资料》,中国藏学出版社 1992 年版,第 164—165 页。

⑥ 王大犇、陈华、索朗仁青:《西藏藏族妇女的婚姻与生育》,载张天路主编:《中国少数民族社区人口研究》,中国人口出版社 1993 版,第 45 页。

⑦ 马戎:《西藏的人口与社会》,同心出版社 1996 版,第 306 页。

(续表)

调查时间	调查地点	生产方式	户数	一夫一妻占百分比	一妻多夫占百分比	一夫多妻占百分比
1994年①	西藏昌都地区察雅县牧区	牧业为主	——	——	60.0——70.0	——
1994年②	西藏昌都地区左贡县东坝乡角荣村	半农半牧	——	5.0	90.0	——
1996年③	西藏德庆村	半农半牧	118户	55户 46.6	47户 39.8	12户 10.2
1996年④	西藏德庆村	半农半牧	105户	57户 54.3	32户 30.5	12户 11.4
1996年⑤	西藏昌都地区芒康县	半农半牧	10875户	——	4597户 42.3	472户 4.3
1999年⑥	西藏昌都地区贡觉县三岩区所辖的沙东、克日、罗麦、雄松、敏都、木协六乡	半农半牧	2232户	——	——	304户 13.6
1999年⑦	西藏昌都地区贡觉县三岩区所辖外的相皮、哈加、漠洛、拉脱、阿旺、则巴六乡	半农半牧	4753户	——	3201户 67.3	——

---

① 吕昌林:《浅论昌都地区一夫多妻、一妻多夫婚姻陋习的现状、成因及对策》,载《西藏研究》1999年第4期,第55页。

② 同上。

③ Ben Jiao, *Socio-Economic and Cultural Factors Underlying The Contemporary Revival of Fraternal Polyandry in Tibe*t(the dissertation on Ph. D. degree). Ohio:Case Western Rerserve University,2001,p. 125.

④ Ibid.

⑤ 吕昌林:《浅论昌都地区一夫多妻、一妻多夫婚姻陋习的现状、成因及对策》,载《西藏研究》1999年第4期,第55页。

⑥ 同上。

⑦ 同上。

通过表2,可以发现1980—2000年间藏族婚姻法律文化中的婚姻形态具有以下几个方面的特征:

(一) 婚姻形态多元

一夫一妻婚、一夫多妻婚和一妻多夫婚等双单式婚和单复式婚广泛存在于各田野点。无论是在以牧业为主的那曲地区,还是以农业为主的山南地区,或者是农牧结合的"德庆村",各种婚姻形态广泛存在,是不证自明的事实。

(二) 双单式婚占据主导地位

无论是格勒在牧区的调研,还是中国藏学研究中心在山南农区的考察,抑或是本觉在"德庆村"的田野作业,所得数据均显示,双单式婚即一夫一妻婚占据主导地位。如格勒在西藏那曲地区安多县门堆如瓦部落的调研显示,在所调研的30户家庭中,双单式婚有22户,所占比例达到76.4%;中国藏学研究中心在西藏山南地区琼结宗缺沟区强钦乡的调查结果显示,在所调研的160户家庭中,一妻多夫的单复式婚有155户,所占比例达到96.8%;本觉在"德庆村"的田野调查结果显示,在所调研的105户家庭中,一妻多夫的单复式婚有57户,所占比例达到54.3%。

(三) 一妻多夫型单复式婚具有广泛的适应性

通过表2,笔者发现一妻多夫型单复式婚不论在农区还是牧区抑或是农牧区均有广泛的适应性。格勒在牧区西藏那曲地区安多县库尔莽部落田野点的调查表明,在所调研的128户家庭中,一妻多夫型单复式婚有3户,所占比例达到2.3%;平措占堆在农区西藏日喀则地区江孜县后藏班觉伦布村、孜金乡罗堆村的调查显示,在所调研的113户家庭中,一妻多夫的单复式婚有11户,所占比例达到9.7%;吕昌林在西藏昌都地区贡觉县三岩区所辖的相皮、哈加、漠洛、拉脱、阿旺、则巴六乡的调查结果显示,在所调研的4763户家庭中,一妻多夫的单复式婚有3201户,所占比例高达67.3%。

(四)单复式婚分布地区广泛

单复式婚在农区、牧区及农牧结合区均有分布,分布地区广泛。以西藏为例,西藏拉萨、山南、日喀则、昌都等地都分布着单复式婚姻形态。

(五)单复式婚分布的差异性

单复式婚分布的差异性不仅表现为农区、牧区、农牧区的差异,而且也表现为上述区域与城镇的差异,还表现为同一地区的不同区域之间的差异。上述调查资料多是来自于农区、牧区或者农牧结合区等偏离城镇较远的地区。实际上,根据笔者三次进藏的田野调查,单复式婚在城镇、城市几乎消亡。如果有的话,也是"历史遗留",大多属于年龄在60多岁以上的城镇、城市老年人因为上世纪父母包办或其他原因而导致的单复式婚。

三、2000年之后的调查

2000年之后,对藏族婚姻法律文化中婚姻形态的研究成为"藏族婚姻"这一研究下的重要主题。由于整个学界受"文化多样性"及"少数人权利"理念哲学思潮的影响,很大程度上已经破除了藏族的一夫多妻、一妻多夫等单复式婚是"落后"、"愚昧"等带有明显的阶级分析烙印观点的影响。更多学者通过田野调查进行实证分析,材料来源几乎均为一手。如杨恩洪在日喀则地区白朗县扎夏乡米龙村、综村,张建世、土呷在昌都地区类乌齐县达然、索村、然恩、珠多、申达、尚卡、尚日、吉多村,许韶明在昌都地区左贡县碧土乡龙西村、昌都地区江达县青泥洞乡所日村,笔者在昌都地区贡觉县相皮乡嘎托村、昌都地区昌都县俄洛镇曲尼村及日喀则地区仁布县姆乡向巴村等地的调查,其材料均为一手。加之在2000年之后,整个社会对"西藏问题"("西藏婚姻"也是属于"西藏问题"的一部分)的学术禁区也在逐步打破,因此在2000年之后所得数据材料也就更为可信更有说服力,一个更为真实、鲜活、生动的藏族婚姻形态的研究呈现在读者面前。下表是 2000 年之后藏族婚姻形态的部分调查数据统计表。

表 3　2000—2010 年藏族婚姻形态部分调查统计表(%)

调查时间	调查地点	生产方式	户数	一夫一妻占百分比	一妻多夫占百分比	一夫多妻占百分比
2000 年①	西藏日喀则地区白朗县扎夏乡米龙村	半农半牧	7 户	0 0.0	7 户 100.0	0 0.0
	西藏西藏日喀则地区白朗县扎夏乡综村	半农半牧	39 户	14 户 35.9	24 户 61.5	1 户 2.6
2002 年②	西藏昌都地区类乌齐县达然、索村、然恩、珠多、申达、尚卡、尚日、吉多	半农半牧	476 户	——	82 户 17.2	2 户 0.4
2005 年③	西藏昌都地区左贡县碧土乡龙西村	半农半牧	27 户	15 户 55.6	12 户 44.4	
2006—2007 年④	西藏昌都地区江达县青泥洞乡所日村	游牧	66 户	41 户 62.1%	25 户 37.9	
2007 年⑤	云南省迪庆州德钦县云林乡雨崩村	农业牧业	38 户	27 户 71.1	10 户 26.3	1 户 2.6
2009 年⑥	西藏昌都地区昌都县俄洛镇曲尼村	半农半商	44 户	43 户 97.8	1 户 2.2	0 户 0.0
2010 年⑦	西藏日喀则地区仁布县姆乡向巴村	半农半牧	121 户	101 户 83.5	20 户 16.5	0 户 0.0

---

① 杨恩洪:《藏族妇女口述史》,中国藏学出版社 2006 年版,第 37 页。
② 张建世、土呷:《珠多村藏族农民家庭调查》,载《西藏大学学报(社会科学版)》2006 年第 2 期,第 5 页。
③ 许韶明:《差异与动因:青藏高原东部三江并流地区兄弟型一妻多夫制研究》,中山大学 2009 年博士学位论文,第 150 页。
④ 同上书,第 51 页。
⑤ 同上书,第 219 页。
⑥ 笔者于 2010 年 9 月 10 日对厦门大学法学院本科生冬梅同学的电子邮件及即时通讯工具访谈,该调查是冬梅同学为完成厦门大学法学院《婚姻法学》的学期论文于 2009 年 8 月在当地所做的实际调查。
⑦ 笔者于 2010 年 7 月至 8 月在日喀则地区仁布县姆乡向巴村所做的田野调查。

(续表)

调查时间	调查地点	生产方式	户数	一夫一妻占百分比	一妻多夫占百分比	一夫多妻占百分比
2011年①	西藏昌都地区江达县娘西乡	半农半牧	322	——	约20.0	——
2011年②	西藏山南地区加查县加查镇三村	半农半牧	87户	86户 98.9	0户 0.0	1户 1.1
2011年③	西藏林芝地区朗县洞嘎镇滚村	半农半牧	45户	44户 97.8	1户 2.2	0户 0.0
2011年④	西藏林芝地区米林县单娘乡德羊村	半农半林	——	——	只有1户	——
2011年⑤	西藏日喀则地区日喀则市甲措雄乡罗杰村	半农半牧	——	——	只有1户	——
2011年⑥	西藏日喀则地区聂日雄乡番孔村	农业牧业	32户	16户 50.0	15户 47.0	1户 3.0
2011年⑦	西藏日喀则地区江孜县孜金乡罗堆村	农业牧业	48户	37户 77.0	11户 23.0	0户 0.0
2011年⑧	西藏昌都地区八宿县然乌乡然乌村	商业	37户	28户 76.0	9户 24.0	0户 0.0
2012年⑨	西藏昌都地区贡觉县相皮乡嘎托村	牧业	42户	18户 42.8	23户 54.8	0户 0.0

---

① 笔者2012年2月对厦门大学法学院博士生湘木子(化名)的访谈,其工作于西藏自治区党校。该数据是基于其于2011年9月在参加该乡扶贫工作时的估算。
② 笔者委托西藏民族学院法学院2008级本科生西若措姆在2011年寒假期间所作的田野调查。
③ 同上。
④ 笔者委托西藏民族学院法学院2008级本科生次珍在2011年寒假期间所作的田野调查。
⑤ 同上。
⑥ 笔者委托西藏民族学院法学院2008级法1班本科生周檬焱同学在2011年寒假期间所作的田野调查。
⑦ 同上。该地区为重点产粮村。
⑧ 同上。该地区为旅游景点交通要道。
⑨ 笔者于2012年8月16日西藏昌都地区贡觉县相皮乡嘎托村的田野调查。特别感谢我的学生张作江,协助调查。

通过表 3,可以发现 2000 年之后藏族婚姻法律文化中的婚姻形态具有以下几个方面的特征:

(一)婚姻形态依然多元

前文述及,藏族婚姻法律文化中的婚姻形态主要分为两类:一是双单式婚,即一夫一妻婚。二是单复式婚,即一夫多妻婚和一妻多夫婚。在上述研究者的调查中,上述两种婚姻形态广泛存在于各田野点。

(二)在个别调研点双单式婚的主导地位丧失

由于研究者对研究对象或田野点的选择性"过滤",使得研究者的视角只关注于婚姻形态多样、单复式婚数量较多并有研究价值的地区,而不会关注于双单式婚占主导地位的地区。因此,在这些调查中,我们意外地发现双单式婚已经丧失了主导地位,取而代之的是在藏区具有顽强生命力的兄弟共妻型一妻多夫单复式婚。如杨恩洪在日喀则地区白朗县扎夏乡米龙村的调研显示,在所调研的 7 户家庭中,一妻多夫的单复式婚所占比例达到 100%。而其在综村的调查显示,在所调研的 39 户家庭中,一妻多夫的单复式婚 24 户,所占比例达到 61.5%;笔者在昌都地区贡觉县相皮乡嘎托村的调查结果显示,在调研的 42 户家庭中,一妻多夫的单复式婚有 23 户,所占比例达到 54.8%。这说明,这些地区双单式婚与单复式婚在婚姻形态中所占比例平分秋色,两种婚姻形态都是适合当地地理环境和文化制度的婚姻形态,无价值优劣之分。

(三)兄弟共妻型单复式婚具有顽强的生命力和广泛的适应性

通过表 3,可以发现一妻多夫单复式婚所占比例非常高,而一夫多妻型单复式婚则逐渐式微。通过对这些调研资料更为详细地观察,我们发现,在一妻多夫单复式婚中,兄弟共妻单复式婚具有顽强的生命力和广泛的适应性,而一夫多妻型单复式婚则几乎消失。如许韶明在西藏昌都地区左贡县碧土乡龙西村的调查显示,在所调研的 27 户家庭中,一妻多夫的单复式婚有 12 户,所占比例达到 44.4%,这些单复式婚无一例外全为兄弟共妻型;笔者在西藏日喀则地区仁布县姆乡向巴村的调查显示,在所调研的 148 户家庭中,一妻多夫的单复式婚有 20 户,所占比例达到 13.5%,这些单复式婚无一例外全为兄弟共妻型;笔者在西藏日喀则地区江孜县孜金乡罗堆村的调查显示,在所调研的 48 户家庭中,一妻多夫的单复式婚有 11 户,所占比例达到 23%,这些单复式婚无一例外全为兄弟共妻型。

(四) 单复式婚存在地区生产方式多为农牧结合

"历史上不同的婚姻形态以及由婚姻形态形成的家庭形态,是由不同的生产方式决定的"。[①] 传统的马克思主义经济学认为,经济基础决定上层建筑。婚姻形态作为人类社会的总的社会制度的一部分与作为经济基础要素的生产方式之间存在着很大的关联。单复式婚这种婚姻形态与藏区的生产方式密切相关。通过上表,我们发现,调研点所在地区的生产方式大部分为农牧结合,但也有例外情况,在以商业为主要生产方式的地区也存在该种婚姻形态。这说明,一方面在恶劣环境中生存的藏族家庭,农牧结合的生产方式需要更多的男性劳动力,于是兄弟型单复式婚成为首选;另一方面,该种婚姻形态的存在,经济并非唯一原因,它还有更为深层的文化动因。这就可以解释以商业为主要生产方式的昌都地区八宿县然乌乡然乌村也存在着兄弟共妻型一妻多夫单复式婚。

(五) 单复式婚分布地区有迹可循

相较于 2000 年之前的两次调查统计分析结果,2000 年之后单复式婚的分布不再杂乱无章,而是有迹可循。拉萨、山南等地区已经很难

[①] 《凉山彝族奴隶社会》编写组:《凉山彝族奴隶社会》,人民出版社 1982 年版,第 198 页。

觅到单复式婚的踪迹。单复式婚的分布地区更为集中。从上表可以看出,单复式婚主要分布在西藏的昌都地区(古代称为"康")和日喀则地区(后藏,班禅驻锡地)。笔者认为,这主要是经济社会发展的原因造成的。一般而言,经济社会发展程度与单复式婚存在呈反相关关系。经济社会发展愈发达的地区,单复式婚存在可能性愈小;反之,则愈大。拉萨和山南地区在民主改革后尤其是在1979年改革开放后经济发展势头强劲,且其地理区位和自然环境较好。在电视等媒体已经普及的情况下,很多民众对双单式婚有了更大的渴求。而昌都和日喀则部分地区由于地理区位和经济社会发展等原因,单复式婚的存在还有一定的社会基础。

第五节 藏族法律文化中婚姻形态的考察结果

通过对藏族婚姻形态的考察,可以看出藏族婚姻法律文化的形态具有两个明显的特征:表现形态的多样和婚姻形态的多元。

一、藏族婚姻法律文化的表现形态多样

藏族婚姻法律文化的表现形态多样,神话传说、故事谜歌、卜卦巫辞、图腾禁忌、伦理道德、宗教规范及盟文誓词中涉及到婚姻的内容均起着维持婚姻秩序、规范婚姻行为的法律功能。这就启示研究者在研究民族婚姻法律文化时,不仅仅应当研究民族婚姻法律文化的有形载体,还要广泛地从神话传说、故事谜歌、卜卦巫辞、图腾禁忌、伦理道德、宗教规范及盟文誓词等内容中寻找藏族婚姻法律文化的踪迹和历史密码,以期从源头上破译包括藏族婚姻法律文化在内的少数民族婚姻法律文化的起源及生长遗传密码,从而为其与国家法的互动奠定详实的学理基础。

二、藏族婚姻法律文化的婚姻形态多元

通过对藏族婚姻法律文化婚姻形态的现状调查及统计数据分析，笔者发现，婚姻形态多元始终是各个历史时期藏族婚姻法律文化在婚姻形态上的共有特征。这就启发研究者进一步思考，一夫一妻制的双单式婚是否是人类的唯一婚姻形态？人类婚姻形态的演进规律到底是什么？笔者认为，人类婚姻形态是多元的，一夫一妻制绝非唯一圭臬，在不同的地理环境和文化背景中，会产生不同的婚姻形态。藏族婚姻法律文化中的一妻多夫、一夫多妻等单复式婚就是典型代表。

许韶明通过对青藏高原东部三江并流地区施行兄弟型一妻多夫制的三个社区的研究，指出"一定社会的婚姻形式，结合特定的生态条件和文化复合体内的诸多要素，就会产生迥然不同的画面"。[①] 换言之，不同的地理环境和文化背景可能产生不同的婚姻形式，人类的婚姻形式不是唯一的。法国结构主义大师列维－斯特劳斯（Claude Levi-Strauss）说："既然世界上所发现的家庭无处不在，因此，没有自然法则促使他们必须成为完全一致的东西"。[②] 家庭形式的多样和多元必然与婚姻形式的多元和多样密不可分。

实际上，历史地考察人类婚姻的演变，我们发现人类婚姻形态经历了从"多元"到"单一"的演变。但人类婚姻形态从来就不是单一的，而是多元的。诸如一夫多妻本身就是人类婚姻演变史上的常态。"在中国这个多民族和人口众多的社会中，几十个少数民族的家庭各有其历

[①] 许韶明：《差异与动因：青藏高原东部三江并流地区兄弟型一妻多夫制研究》，中山大学 2009 年博士学位论文，第 253 页。

[②] C. Levi-Strauss, *The Family*. in: *Man, Culture, and Society*. Levi-Strauss, C., ed by Harry L. Shapiro, New York: Oxford University Press, 1971, p. 34.

史地形成的丰富的文化内涵和独特形态"。① 最新的考古学证据证明，早在公元前 2000—前 1900 年的齐家文化时代，婚姻形态就是多元的，单复式婚和双单式婚并存。②

新近的婚姻形态演进则表明，人类婚姻形态有可能会是螺旋式的反复。在此，笔者通过对藏族婚姻法律文化中婚姻形态的个案研究，大胆推测，人类婚姻形态的基本演进规律是从"多元"到"单一"再到"多元"的螺旋式反复。即从前传统社会的多种婚姻形态并存，到现当代的双单式婚为唯一圭臬，到未来的多种婚姻形态并存的螺旋式反复。详言之，就是从传统社会的一夫一妻、一妻多夫、一夫多妻并存合法，到基督教文明后一夫一妻的合法，再到未来的一夫一妻、同性结合、非婚同居及特殊文化形态下的一妻多夫、一夫多妻的合法。

---

① 王玉波：《中国家庭史研究刍议》，载《历史研究》2000 年第 3 期，第 169 页。
② 钱耀鹏等：《甘肃临潭磨沟齐家文化墓地发掘的收获与意义》，载《西北大学学报（哲学社会科学版）》2009 年第 5 期，第 10 页。

第二章　藏族婚姻法律文化的内容

曾虑多情损梵行，
入山又恐别倾城。
世间安得双全法，
不负如来不负卿。

——《六世达赖情歌六十六首》曾缄译本[①]

[①] 本诗原载《康导月报》1939年第1卷第8期。参见曾缄译：《六世达赖情歌六十六首》，载中国藏学出版社编：《六世达赖仓央嘉措诗意三百年》，中国藏学出版社2010年版，第53—71页。

本章系统梳理了藏族婚姻法律文化的内容,指出藏族婚姻法律文化在内容上是一个自洽的体系,包括但不限于自由婚龄、通婚规则、婚姻仪式、女娶男嫁婚、离婚规则等内容。

第一节　藏族婚姻法律文化中的自由婚龄

婚龄是指一个自然人在其所在的地域拟形成夫妻关系的年龄。婚龄与人自身的生理条件,所在社会的经济发展水平、地理环境、历史传统、风俗习惯、教育水平及人口政策等多种因素相关。婚龄问题是藏族婚姻法律文化中的重要内容。现有文献的研究将藏族婚姻法律文化上的婚龄称之为"早婚",这不符合当地生存环境和文化模式,是一种典型"摩尔根模式"的先验思维——企图以汉族先验的"早婚"思维模式来理解藏族婚姻的思维方式。结合藏族社会的语境,笔者将藏族婚姻法律文化上的婚龄,称之为"自由婚龄"。[①]

一、藏族婚姻法律文化中自由婚龄的内涵

藏族婚姻法律文化中的自由婚龄,是指在藏族社会中,藏族男女双方在生理条件许可、经过一定仪式后拟形成夫妻关系的年龄。其构成要件有二:

(一) 生理条件许可

婚姻是自然属性和社会属性的结合。随着人的性生理成熟,伴随而来的性欲要求是婚姻最基本的自然属性和先决条件。藏族男性的青春期一般在 13—16 岁,女性的平均初潮年龄一般在 12—14 岁。[②] 只

[①] 现有文献也指出,藏族并不以汉族意义的"早婚早育"为习惯,切确的归纳应是"自由婚龄"。参见乐岚:《目标或路径:统一婚姻法与民族习惯法的交互发展——兼论四川藏区婚姻法变通补充规定之完善》,载《西南民族大学学报》2009 年第 8 期,第 50 页。

[②] 席焕久主编:《西藏藏族人类学研究》,北京科学技术出版社 2009 年版,第 84 页。

要生理条件许可,再加上通过一定仪式的社会习俗的认可,就可缔结婚姻关系。

(二)经过一定的仪式

在藏族社会的传统习惯中,成年仪式或成人礼的举行就意味着可以结婚了。已故著名藏学家李安宅先生在其名著《藏族宗教史之实地研究》中也提到:未结婚的妇女(一般17岁左右)着盛装,改梳发式,去各家拜访并接受礼物,等于成年典礼。这样对于社会作了正式表示之后,这些女孩子即被认为已到结婚年龄。她们可以正式结婚,也可以接受爱人而无婚姻关系。① 另外,流行于安多藏区的"戴天头"②其实就是成人礼。习惯上认为,过了这个年龄就可以挑选自己的意中人了。

二、藏族婚姻法律文化中自由婚龄的嬗变

(一)民主改革前:自由婚龄从未纳入法律的视野

在藏区民主改革前,藏族传统社会从未将婚龄纳入地方法视野之内。无论是藏族社会著名的《十善法典》,还是后来著名的《十五法典》、《十六法典》、《十三法典》等藏族传统法律均未将婚龄纳入视野,认为这些问题是"民间细故",不值得也不需要关注。

现有文献对于民主改革前藏族婚姻法律文化中的自由婚龄并无统一认知。如民国时期的调查文献指出,藏族农牧区成人可以通过服制表现出来。如稻城、得荣一带,小孩自出生到13岁,女孩只在腰间挥毛线一束,叫"TsaNgu",到14岁时,男子才可披衣,女子方在头上加一"Jandai",是银丝或铜丝扭成的圆圈,形如制钱以示成人。甘孜,处女头发分梳小辫或盘成一髻,妇人的头发则分披肩上并戴"Kalikashu"为

---

① 李安宅:《藏族宗教史之实地研究》,上海人民出版社2005年版,第11页。
② 藏语音译为"嘉普巴"(skra phab pa),意为"落发",汉译为"戴天头"。关于"戴天头"全程记载的田野考察,参见刘军君:《成人礼与婚姻规制的建构——青海贵德藏族"戴天头"的田野考察》,载《北方民族大学学报》,第27—31页。

饰,处女不戴。① 换言之,该调查认为,藏族男性的自由婚龄为 14 岁,而女性为 13 岁。另有文献指出,旧西藏的婚龄,男女一般十七八岁,也有十四五岁的女孩就出嫁的。人们普遍认为早婚好,早生子女早得福,可增加劳力和财富。② 还有的研究则指出,旧时,藏族地区盛行男女青年的情侣习俗,一般是男子长到十七八岁,女子长到十六七岁就开始结交异性情侣。③ "男女应该到多大年龄方能结婚,部落法中并无明确规定,根据各部落的一贯做法,一般男的 20 岁左右,女的十四五岁上下。"④马鹤天先生对甘青藏区的考察中提到:"(藏民)结婚甚早,有八九岁即结婚者。谓家中无人,早娶主家政也"。⑤ 安多藏族婚姻生活一直有"早婚"传统,当姑娘长到 15—17 岁时,要举行女子成年礼的戴'敦'仪式。"⑥新近的研究认为,"少女的适婚年龄集中在 11—17 岁,少男的婚龄则是 13 岁。"⑦

在 20 世纪五六十年代的"西藏少数民族社会历史调查组"调查的拉孜县柳谿卡的调查材料中指出,该地的婚姻习俗有"早婚、小丈夫"的

---

① 赵心愚、秦和平编:《清季民国康区藏族文献辑要》,四川出版集团巴蜀书社 2006 年版,第 599 页。
② 孙镇平:《清代西藏法制研究》,知识产权出版社 2004 年版,第 101 页。
③ 雷明光:《中国少数民族婚姻家庭法律制度研究》,中央民族大学出版社 2009 年版,第 87 页。
④ 华热·多杰:《藏族古代法新论》,中国政法大学出版社 2010 年版,第 58 页。
⑤ 马鹤天:《甘青藏边区考察记》,甘肃人民出版社 2003 年版,第 201 页。
⑥ 马旦智:《情趣盎然的藏族婚姻习俗》,载《西北第二民族学院学报(哲学社会科学版)》1993 年第 3 期,第 84 页。
⑦ 有学者认为,之所以将此年龄认定为成人年龄与初婚年龄,首先是受到佛教的影响。佛经声称当今是"末法时代",人因罪行一代比一代短寿,直到有一天,5 岁结婚,10 岁便老。据此"末劫"理论,"戴天头"的年龄才普遍偏小,为早婚埋下伏笔。其次是对传统文化的沿袭,赞普登基多为 13 岁,格萨尔赛马称王也是 13 岁,少年在此年龄成人成家再合理不过。再次是得到习惯法的支撑。民主改革前藏族部落习惯法规定:"女子通常 15—16 岁,男子一般在 20 岁左右结婚"。最后是依民间文学的传颂,"男子到 15 岁,不依父亲指点,自我主张;女子到 15 岁,不靠母亲帮助,自己做事"。参见刘军君:《成人礼与婚姻规制的建构——青海贵德藏族"戴天头"的田野考察》,载《北方民族大学学报》,第 30 页。

特征,并如此表述:差巴们的儿子尚小时就要给他们娶亲(最小的十三四岁结婚),因为怕娶晚了,儿子会自己去和门户不相当的姑娘相爱。此外,早娶儿媳,家里可以多一个劳动力。故大部分妻子年岁大,比那些小兄弟丈夫的年岁更是相差很多。有的妻子是眼看着她的小丈夫长大的。① 而在1960年同样是"西藏少数民族社会历史调查组"调查的日喀则宗牛豀卡的调查资料则显示,一般男性17、18岁,女性19、20岁左右就开始恋爱。结婚年龄,男的18岁,女的20岁左右。② 尽管20世纪五六十年代的调查材料具有很浓烈的政治气息,但其所提供的西藏传统社会自由婚龄这一情况大致还是可信的。

总之,在藏族社会民主改革前,自由婚龄从未纳入法律的视野,当地习惯也不认为这是社会问题,更不认为这是法律"问题"。

(二)民主改革后:从自由婚龄到变通婚龄

基于"民族婚姻家庭具体情况"和"执行难"的考虑,1980年9月2日《关于中华人民共和国婚姻法(修改草案)的说明》指出,"有些少数民族地区和经济文化比较落后的农村感到婚龄定得高了,执行有困难。为了照顾少数民族地区的特殊情况,草案规定:民族自治地方可结合当地民族婚姻家庭的具体情况和多数群众意见,制定变通或者补充的规定"。③ 自此之后,自由婚龄成为一个法律"问题",并以"变通婚龄"的方式被学界广泛关注。

新近的调查表明,现阶段西藏社会农牧区的自由婚龄约为男女均20岁左右,这基本上是以变通婚龄为标准的。2007年,在"当代中国边疆·民族地区典型百村调查"项目点——西藏日喀则地区日喀则市东

---

① 《中国少数民族社会历史调查资料丛刊》修订编辑委员会编:《藏族社会历史调查5》(修订本),民族出版社2009年版,第294页。
② 同上书,第367页。
③ 张希坡:《中国婚姻立法史》,人民出版社2004年版,第300页。

嘎乡通列村和帕热村的调查报告中,调查人员指出,由于时代的进步,人们观念的进一步改变,以及妇女地位的切实提高,初婚年龄也有了比较大的改变。现在,通列和帕热两村的年轻村民一般过了18岁左右,父母才开始物色要娶的人。① 而在另一个调查点——西藏拉萨市曲水县达嘎乡其奴村的调研结果也证实,现在其奴村的年轻人一般在20岁左右结婚。全村基本没有未满18岁就结婚的情况。② 在西藏拉萨市堆龙德庆县柳梧乡柳梧村的调查显示,柳梧村村民结婚年龄大多数在20岁以后。通常是男22岁左右娶亲的多,姑娘20岁以前嫁人的比较多。结婚年龄通常还与家庭经济条件有关系,穷人家孩子结婚的年龄相对就晚一点。③

笔者于2012年7月进行的500份有效问卷调查的结果也显示,当下藏族社会人们对于自由婚龄的考量大约在22—30岁之间。这同样是受国家婚姻法影响的结果。在调查问卷中,有36.8%的藏族大学生认为22—25周岁是最佳结婚年龄,48.4%认为25—30周岁是最佳结婚年龄,14.8%认为30周岁以上是最佳结婚年龄。

而笔者在2010年7—8月间在西藏日喀则地区Z村的调研则证实,18—26岁是西藏农牧区社会的最佳自由婚龄。我们发现,地方立法视野内的"变通年龄"调整着农牧区的自由婚龄。

Z村是以农为主,农牧兼营,商业为副业的传统社区。Z村男性初婚年龄抽样调查统计见表4。

---

① 边巴:《乡村变迁:西藏日喀则市东嘎乡通列和帕热两村调查报告》,社会科学文献出版社2011年版,第156页。
② 徐君:《狼牙刺地上的村落:西藏拉萨市曲水县达嘎乡其奴九组调查报告》,社会科学文献出版社2011年版,第100页。
③ 陈朴:《青藏铁路带来的新农村:西藏拉萨市柳梧乡柳梧村调查报告》,社会科学文献出版社2010年版,第78页。

表 4　西藏日喀则地区 Z 村男性初婚年龄抽样调查统计表

初婚年龄	初婚年龄人数	已婚人数	占被调查已婚人数比例
30 岁以上	9	115	7.8%
26—30	10	115	8.7%
21—26	38	115	33.0%
18—20	30	115	26.1%
16—17	17	115	14.8%
15 岁及以下	11	115	9.6%
小计	115	115	100%

资料来源:西藏日喀则地区 Z 村抽样调查　　　　　时间:2010 年 8 月

通过表 4,我们可以看出,在藏族的一个传统农牧社区中,"变通婚龄"是当下指导自由婚龄的指标。小于变通婚龄初婚的男性所占比例为 24.4%,在变通婚龄以上结婚的为 75.6%。其中 26 岁以上结婚的为 16.5%。地方立法视野内的"变通年龄"调整着农牧区的自由婚龄。

当"变通婚龄"成为协调国家主权和地方自治[①]的一种法律工具时,这意味着在革命主义和科学主义的旗帜之下,以割除早婚弊端、增进种族健康为目的的国家整体利益的实现,同时也意味着个人的行为能力和婚姻自主权达到了高度统一,从而真正使得个人成为自己婚姻的主人,这在中国历史上是一个质的飞跃。

第二节　藏族婚姻法律文化中的通婚规则

通婚规则是藏族婚姻法律文化中的重要内容。等级身份内婚和骨系血缘外婚是藏族婚姻法律文化的两大基本通婚规则,容分述之。

[①]　关于国家主权和地方自治关系的论述,参见张千帆:《国家主权与地方自治——中央和地方关系的法治化》,中国民主法制出版社 2012 年版。

一、等级身份内婚

藏族传统社会是一个等级制度极其鲜明的社会。在旧西藏,全社会每个人都有明确的等级归属。根据藏族神话传说,早在"天神之子"聂赤赞普自天而降开始,藏族就有了"六牦牛部"的"王",象征这一高贵地位和神圣权力的部落首领被神化后,雅隆部落的"神圣家族"就此诞生了。为了保持高贵血统的纯洁性,赞普的通婚限制在"神龙之女"的范围之内。① 吐蕃奴隶制政权建立后,在阶级分化基础上产生的等级制度,进一步得到政治上、法律上的确定,形成稳定系统的制度。这种制度就是封建农奴制度。

封建农奴制度的基本特点是等级制度。即人分三六九等、地位极其不平等。如在西藏古代法典《十六法典》第九律"杀人命价律"中明确规定:人分为上中下三等,其中上等又分为上上、上中、上下三等;中等又分为中上、中中和中下三等;下等又分为下上、下中和下下三等。上上如旧法典中所述的"英雄猛虎律"相同;上中是有三百以上仆从的头领、政府宗本、寺院堪布②等,彼等命价值金三百至四百两;上下是扎仓③之活佛、比丘④、政府仲科⑤、及有一百名仆从的官员等,彼等命价

---

① 多杰才旦主编:《西藏封建农奴制社会形态》,中国藏学出版社2005年版,第261页。
② 原为藏传佛教中主持受戒者的称号。后指藏传佛教大寺院中的扎仓主持人及小寺院的主持人。原西藏地方政府的僧官系统中也有堪布的称号,如基巧堪布为管理布达拉宫宫廷事务的僧官。相当于"僧统"、"僧正"之类。参见周润年、喜饶尼玛译注:《西藏古代法典选编》,中央民族大学出版社1994年版,第75页,注释104。
③ 藏语音译,意为僧院,及藏传佛教僧众学习经典的学校。各寺院拥有的扎仓书目并不相同,如色拉寺有三个,哲蚌寺有四个,拉卜楞寺有六个。按学经性质不同,分为居巴扎仓(密宗)、参尼扎仓(宗教哲学)、丁科扎仓(天文历算)、曼巴扎仓(医学)。扎仓由堪布主持,下设翁则、格贵、强佐等执事僧,组织扎仓会议,管理本扎仓的学经、财产和经济事务。参见周润年、喜饶尼玛译注:《西藏古代法典选编》,中央民族大学出版社1994年版,第75页,注释105。
④ 佛教用语,意指出家后受过具足戒的僧人。
⑤ 藏语音译,旧时西藏地方政府俗官。参见周润年、喜饶尼玛译注:《西藏古代法典选编》,中央民族大学出版社1994年版,第75页,注释107。

值金二百两;中上是仲科官员之骑士、寺院扎仓之执事、掌堂师等,彼等命价值金一百四十至一百五十两,侍卫兵、各扎仓之老僧、小官吏、骑士等,彼等命价值金八十两;中中是运送粮草、弓箭武器者及小寺院之僧人,彼等命价值金五十、六十、七十两多种;中下是世俗贵族之类,彼等命价值金三十至四十两;下上是无主独生者、政府的勤杂人员、屠夫,彼等命价值金三十两;下中是占有差地的铁匠、屠夫、乞丐等,彼等命价值金二十两。下下如旧法典所述的"流浪汉、铁匠、屠夫等三种人,彼等命价值草绳一根",流浪未有固定居所的铁匠、屠夫和乞丐,彼等命价值金十两至十五两,也有慈悲者赔偿二十余两之习俗。①

除此之外,传统社会藏人还将下文中提到的"骨系"做等级划分,施行所谓的"骨系等级婚制":处于高等级的阶层为维护他们的身份优势而实行阶层内婚制,以免因与其他等级发生婚姻关系而造成血缘的混杂;而处于低等级的阶层因缺少选择余地,也只好在本阶层内寻找配偶。②

在这种严格的等级制度的长期束缚下,逐渐使藏族世代形成一种牢固的"等级不可逾越"的观念,表现在婚姻观念上便是"等级身份内婚",并成为藏族婚姻法律文化的重要组成部分。

"等级身份内婚"在民主改革前是藏族婚姻法律文化中的基本通婚规则。"贱人"等级的人,他们只在内部结亲,一般人根本不和他(她)们成亲,怕"玷污"自己的血统,变成受人歧视的"贱人"。③ 铁匠、屠夫和

---

① 周润年、喜饶尼玛译注:《西藏古代法典选编》,中央民族大学出版社1994年版,第39页。
② 扎洛:《卓仓藏人的骨系等级婚制及其渊源初探》,载《民族研究》2002年第4期,第65页。
③ 《中国少数民族社会历史调查资料丛刊》修订编辑委员会编:《藏族社会历史调查2》(修订本),民族出版社2009年版,第83页。

乞丐就是所谓的"贱人"。根据笔者 2010 年 7 月在西藏日喀则地区 Z 村对达瓦村长的访谈,人们认为这些人之所以是"低贱"的,是因为由于藏传佛教中的居士戒即五戒中的第一戒就是"不杀生",而铁匠生产的铁器如刀具等,就是杀生的工具,因此这些人是被人们看不起的。而屠夫,是直接从事杀生的,因此也是被人们鄙视的。①

历史文献也证实,"这里的人认为铁匠、屠夫的出生是污秽的,不与之同碗共食、平起平坐,更不能互相通婚"。② 据 1961 年《那曲县桑雄阿巴部落调查报告》记载,铁匠的地位很低,一般人看不起他们,嫌他们吃雪猪肉,认为他们的骨头脏,不与他们共用一碗,不让他们进自己的帐篷,甚至他们讨饭时,人家也不愿意把他们的碗带到帐篷里去。他们还常常被人污蔑为小偷。③ 因此,这些人之所以受人歧视,主要原因在于违背了藏传佛教的基本戒律。

在 1958 年《扎朗县囊色林谿卡调查报告》中指出,这里是严格执行阶级内婚和亲族外婚的,贵族和贵族通婚,一般等级和一般等级的人通

---

① 有研究指出,在卫藏地区,狐臭体味被认为是与铁匠等五金匠人的世袭职业相联系的,他们因从事的职业而具有狐臭体味,并因此而属于不洁骨系。这种把职业与社会身份联系起来,认为铁匠家族低贱污秽的观念,并非藏族古来之传统,也不符合佛教教义。参见念雪·钦饶沃塞:《略论铁匠的身份》,载《西藏研究(藏文版)》1990 年第 3 期。其渊源可追溯到古代印度社会。在印度教社会的"贾吉曼尼制度"(Jajmani System)下,特定区域内的众多家族都具有世袭的职业。那些不占有土地的家户多从事被认为是污秽的职业,而扫地、运尸、洗衣、打铁、鞣革等职业则是其中最污秽者。印度教视牛为圣物,因此宰牛和加工牛皮都是违背宗教教义的。但在卫藏地区,人们也将鞣革者视为卑贱,这就有些不合逻辑,因为藏族在传统上本是一个游牧民族。一个可能的解释就是,卫藏地区的这一观念是受到古代印度的影响。参见扎洛:《卓仓藏人的骨系等级婚制及其渊源初探》,载《民族研究》2002 年第 4 期,第 71 页。

② 《中国少数民族社会历史调查资料丛刊》修订编辑委员会编:《藏族社会历史调查 2》(修订本),民族出版社 2009 年版,第 153 页。

③ 《中国少数民族社会历史调查资料丛刊》修订编辑委员会编:《藏族社会历史调查 3》(修订本),民族出版社 2009 年版,第 72 页。

婚,"不干净"的人和"不干净"的人通婚,是很严格的。一般等级的人和"不干净"的人通了婚,所生育的子女也被认为是"不干净"的。贵族囊色为了控制农奴外流,严禁他的庶民外嫁和外赘。但外地领主属民愿意嫁来本豁卡的,领主不仅不拒绝,而且是欢迎的。由于这个原因,很多相爱的农奴,由于领主不同,而不能把囊色林属民娶走。相爱一场,终归不能成为眷属。如囊色林差巴嘎马俄朱(男)和曲顶拉让属民帕卓(女)相爱,过去就一直受着领主这种"侵婚权"的阻挠,没有正式结婚成家,而在民主改革之后,才成立了幸福的家庭。① 因此,一般人家是很少与这些"低贱"的人通婚的。流传在民间的故事如"拉萨河上的爱情鸟"②等,则是对这种等级婚姻的控诉。

等级,作为旧西藏封建农奴制阶级压迫的产物,随着社会主义制度的建立而消灭了,但传统的社会观念还较为强烈地存在于人们的意识中。在总体上,等级内婚的限制,正在土崩瓦解。2000年前后的实地研究指出,在后藏地区的班伦村,一户领主和一户铁匠,还是按等级内婚的原则在各自等级内联姻,但他们的子女在新的社会环境下,显然不大可能再继续等级内婚的传统了。孩子们在同一个学校念书,在一起玩耍,其未来是可以预想的。当等级制的阶级根源消灭之后,滞后的等级观念或迟或早总会消失。现在,班伦村差巴和朗生③间的界限已经打破,基本实现了自由择偶。因而,班伦村的人除遵循血缘外婚的原则

---

① 《中国少数民族社会历史调查资料丛刊》修订编辑委员会编:《藏族社会历史调查2》(修订本),民族出版社2009年版,第133页。
② 廖东凡:《雪域众神》,中国藏学出版社2008年版,第189—191页。该故事之具体内容,详见本文"附录"之"民间故事"部分。
③ "朗生",藏语音译,意为"家里养的",是奴隶,是农奴制社会生活在社会最底层的藏族阶层。

外,有着广泛的择偶余地,其婚姻也表现出极大的多样性。① 笔者的研究也证实了该情况。根据笔者 2010 年 7 月至 8 月在西藏日喀则地区 Z 村的田野调查,依传统观念,铁匠、乞讨者、屠户是受人歧视的,但现在的情况好多了,逐渐趋向平等了。比如说,该村"党囊家"②就是一户乞讨者,但是现在五个子女中,四个都是公务员,现在家境较好。他们和别的村民也可以一起吃饭。现在平等的观念较强,受内地的影响较深。③

二、骨系血缘外婚

骨系血缘外婚,在藏区也称之为"同如(Rus-Pa)不婚",就是指同一"骨系"的人不得缔结婚姻。骨系血缘外婚,是藏族婚姻法律文化中通婚的基本规则之一。"骨系"观念是藏族传统社会对血缘遗传的一种认识。"骨系"(Rus pa)与"血肉"(Sha Khrag,)代表藏族普遍认同的两套亲属关系,是藏族亲属关系中的两个核心概念。"骨系"来自父亲而"血肉"来自母亲。根据藏传佛教密宗的人体理论:④男性的"精液"被认为是来自骨头的血,这种"白色的血"用以形成胎儿的骨架;女性的"经血"则起到为胎儿添血送肉,令其发育成人的作用。所以,每个降生的婴孩实质上是遗传了父亲的"骨"和母亲的"肉",从而建构起个人的"身体再现"系统。藏族人认为,人的骨骼是遗传的媒介物,后代通过继承父母和先祖的"骨"而继承他们在身体和精神方面的品质。具有血缘系的家族成员则因具有同质的"骨"而具有共同的遗传特征。由于"骨"

---

① 平措占堆:《西藏农民:后藏班觉伦布村的调查报告》,五洲传播出版社 1998 年版,第 51 页。
② "党囊家",藏语音译,意为"党给的家庭"。
③ 笔者于 2010 年 7 月 25 日对西藏日喀则地区 Z 村村长达瓦的访谈记录。
④ 南怀瑾:《道家、密宗与东方神秘学》,复旦大学出版社 2016 年版,第 179—208 页。

在遗传上的纵向继承性和群体性,因此藏文"Rus-Pa"(意为"骨")一词在汉译时便加上了一个"系"字,以示其义。

违反骨系血缘外婚原则要受到习惯法的严厉处罚。"或处死,或驱逐出家园,或永远不许在邻近地域出现","要处以装入牛皮口袋沉江的死刑"。① 倘若同一骨系的人发生婚姻关系或两性关系,都被认为是天下最大的丑恶。认为这种人踏过的草会干枯;跨过的水脏,不能喝;生出的孩子会长尾巴,发生这种事就会遭雪灾,天就会降下灾难。社会上最低贱的人是打猎的人、吃雪猪的人,而与同一骨系的人发生两性关系的人,比那些吃雪猪的人还脏、还贱,他们吃过的碗别人不端,别人吃饭的碗禁止他们去动。这些主要是舆论惩罚,一些强硬的部落对发生这种事的人会活活打死,或者在额头上盖一狗字火印,赶出部落。② 即便不受习惯法的处罚,当地人认为神山圣水也会对他们进行惩罚。在藏学家格勒先生对藏北牧民的调查中,发现卓格地区的一对同"骨"相婚者生下的男孩是瞎子,生下的女孩有尾巴。当地人称:"这是神山对他们的惩罚。"③

但该规则在藏区实际的运行中有变化。有学者通过详实的田野调查认为,"骨系血缘外婚制"仅仅禁止父系"骨亲"间通婚和子女单系继承父亲"骨头",但对母系"血肉"间的近亲通婚则予以认可。④ 如青海海东地区的卓仓藏族,在 2008 年登记结婚的夫妻中,中坝乡交头村的 14 对夫妻有 4 对是姑舅亲,2 对是两姨亲。峰堆乡亚萨贡玛村的 9 对

---

① 《中国少数民族社会历史调查资料丛刊》修订编辑委员会编:《藏族社会历史调查2》(修订本),民族出版社 2009 年版,第 82 页。
② 丹珠昂奔:《藏族文化发展史》,甘肃教育出版社 2002 年版,第 170—171 页。
③ 格勒:《藏北牧民》,中国藏学出版社 2004 年版,第 270 页。
④ 刘军君:《藏族骨系血缘外婚制的"非正式制度"解析——基于文献稽考与安多农区的田野实证》,载《西南民族大学学报》2015 年第 11 期,第 63—65 页。

夫妻中,有4对是姑舅亲。① 而在甘肃甘南藏族自治州卓尼县木耳镇ME村的180户人家中,"姑舅婚"有7例、"两姨婚"有6户。② 显然,这与我国现行《婚姻法》"禁止三代以内旁系血亲结婚"的规定主旨大异其趣。

第三节 藏族婚姻法律文化中的婚姻仪式

婚姻仪式是藏族传统婚姻缔结的事实必经程序,具有典型的习惯法效力,是藏族婚姻法律文化中的重要内容。在藏区,一般情况而言,只领取结婚登记证而不举办传统的结婚仪式的婚姻,在"地方性知识"的"小传统"范畴和系统中是很难得到认同的。

藏族婚姻法律文化中的婚姻仪式程序大致归纳起来主要包括提亲前的相熟、正式提亲和定亲、送(娶)亲和迎亲及举行婚姻仪式等内容。基于地域差异,程序的繁简程度亦有不同。有的地方程序繁琐一些,有的地方程序相对简略一些。婚姻仪式是藏族传统部落社会婚姻家庭制度规范的重要组成部分,它是表征藏族传统部落社会的政治、经济、文化等基本社会信息的重要载体。

一、提亲前的相熟

在藏族传统社会,多种宗教、世俗节日如"赛马节"、"雪顿节"等为男女青年的相识提供了绝佳的场所。当然,牧区男女更多地结识于放

---

① 祁文寿:《卓仓藏族社会历史文化研究》,兰州大学2011年博士学位论文,第106页。
② 研究者2013年8月在甘肃省卓尼县拉力沟田野访谈资料。参见刘军君:《藏族骨系血缘外婚制的"非正式制度"解析——基于文献稽考与安多农区的田野实证》,载《西南民族大学学报》2015年第11期,第64页。

牧过程中。如在藏北牧区,自由恋爱的婚姻,男女双方通过"打狗"交往,互许终身,取得父母同意后,两家即正式开始来往。男女常到对方家去玩耍,帮着干点活,有时也带点礼物、吃食等东西。双方父母也带上礼物互相串门。这种串门即带有订婚性质。[①] 当然,民主改革前,包办婚姻还是占有相当的比例的。"差巴的婚姻,多系包办婚。""托吉豁卡有44户,其中18户差巴皆为包办婚"。[②] 男女双方在接触过程中,如果双方均有意结为夫妻。他(她)们一般就会将此消息告知父母,父母若同意,则两家开始正式互动。等双方交往一段时间均有意结为夫妻时,双方家长就会去寺庙询问喇嘛,并看属相,如双方属相相合,[③]则男方家长请媒人向女方家长献哈达等礼品并提出求婚。女方若同意,便择吉日写婚约,向女方父母献"奶钱"(意为"哺育费"以及其他礼物)。这种看属相、献"奶钱"的风俗,直到2016年笔者向原单位藏族同事请教时仍不分阶层广泛存在。

二、提亲和订亲

男方相中某家女子,需要先由男方家长请善于辞令、通达礼仪、办事利索的媒人向女方家长献哈达等礼品并提出求婚。若女方同意,便请占卜之人卜定一个吉日,在选定的吉日举行婚礼,并向女方父母献

---

① 格勒等编著:《藏北牧民——西藏那曲地区社会历史调查》,中国藏学出版社1993年版,第203页。

② 《中国少数民族社会历史调查资料丛刊》修订编辑委员会编:《藏族社会历史调查3》(修订本),民族出版社2009年版,第112页。

③ 卜卦结果不"吉利",需念经镶解之后,经过一个月或半年之后举行订婚仪式,主要由媒人将未婚夫身上经常佩戴的一件东西送到女家,向未婚妻交换她身上常佩戴的自己认为珍贵的一件物品。交换了信物完成了订婚手续,不另收彩礼,也有许多男女双方在自由交往过程中,自行交换恋爱信物,就算订婚,不另请媒人。参见陈庆英主编:《藏族部落制度研究》,中国藏学出版社2002年版,第424页。

"奶钱"以及其他礼物,举行酒宴,双方互致问候辞,并由男女双方亲戚如叔叔、舅舅等协商彩礼和婚期等事。①

传统藏族社会男方提亲的礼物因为地区差异会有不同。如在牧区,常见的礼物(彩礼)是:马1匹,缎子7—8方,酒10斤和现金100银元等。一般女方要的东西有:银盾24个、银盒1个、耳环1对、缎子罩袍1件、羔皮袄1件、褐衫1件、狐皮帽1顶、靴子1双、马具1套。但在农牧区或农区,礼物(彩礼)则相对比较简单。如在西藏托吉豁卡,差巴子女的婚姻,"男方家长向女方家长求亲时,要送哈达、青稞酒。若女方家长同意,双方选择吉日,男方送来给新娘的服装、首饰、鞋子等,以备庆贺,作为订婚仪式。彩礼多少,要视男方家产状况决定,一般要送上150两藏银作为彩礼。据在嘉绒藏族的包座七部落初步了解,一般头饰价值可分三等,最多者价值400银元左右,次为150—200银元,大多数价值在70—100元之间。名贵的头饰品,多是母女世代相传积存下来的,一时购买不易。②但经济条件较差者,则简便从事。在后藏的班轮村,参加典礼的除双方家人和迎亲送亲者外,娶亲家的"吉度"③户都要参加。所赠送的礼品根据各家的经济条件而有所差别,但一般赠送的有青稞酒(一般不少于3坛)、酥油(2至5坨)、砖茶(2至3块)、一整个羊的羊肉(羊腔内装1至2公斤羊毛)、1袋青稞和1袋小麦

---

① 据笔者在2010年7月—8月在西藏日喀则地区仁布县、2012年8月在西藏山南地区桑日县、昌都地区昌都县的访谈笔录。
② 《中国少数民族社会历史调查资料丛刊》修订编辑委员会编:《藏族社会历史调查3》(修订本),民族出版社2009年版,第49—52页。
③ "吉度",藏语音译,也译为"吉毒",一般有三种意思,一是苦乐、甘苦,引申为疾苦、生活的好坏、光景,境遇等;二是家户、财产、生计等;三是组织、团体、职业工会、封建行会等。参见于道泉:《拉萨口语字典》,民族出版社1983年版,第63页;孙怡苏:《藏汉大辞典》,民族出版社1993年版,第146页。本文所指主要是第三种意思。

(各 40 至 50 公斤)、礼金以及给主人家每人一件衣服或者衣料,并且要给佛龛、新郎、新娘、双方家人、迎亲送亲者、房柱、酒坛子等献哈达。①

另据相关文献记载,在那曲的罗马让学部落,每年秋天都有一次赛马会,会上,男女双方都相互观察,打听对方财产、年龄、家庭以及劳动好坏等情况。男选女以制奶好坏为最主要的条件。打听了几个对象,再请喇嘛按生辰年月算卦,命相对者,就由父母或媒妁去求婚。携 1 条哈达,女方父母不愿意便不收哈达,若愿意则收下哈达算是订婚。从此双方不得违约,然后商定女儿价银和陪嫁物。至于多少没有规定数,多者 10 至 30 头牛,贫困户不送。仪式举行前两三个月,就送上女儿价,同时送女方母亲 1 头奶牛为"奶价",还送兄弟 1 头牛。女子出嫁,兄弟要送相当于 1 头牛价值的首饰衣服。

结婚的当天或者前两三天(看路程远近),男方迎亲者(新郎不去)骑着马另带 1 空马至女家,并带 1 罐酒送给岳母,1 块茶、1 块酥油和 1 把梳子送给梳头人,吃喝一番,迎新郎上马,女方派送亲者(比迎者多 1 人)和一两名伴娘,路上迎者和送者饮酒唱歌直至新郎家。此时三四个姑娘(父母都在世者)迎接,新娘下马后,向帐篷前和帐篷内各挂 1 条哈达,向念经的喇嘛献 1 条哈达,往鼓上献 1 条哈达,坐在预备好的垫子上,接受亲友送礼(衣服、首饰等)。新娘入门的 3 天内,男方杀牛宰羊,做酒煮饭,招待宾客,然后新娘回门。临走时,要和送亲者一人掷骰子,送亲者胜利便返回。这时新娘要戴面罩(布料不一),一天内不揭开。再过三五天,新郎持 1 只羊的肉、1 个奶渣糕、1 条哈达到岳父家致谢,迎回新娘。

---

① 平措占堆:《西藏农民:后藏班觉伦布村的调查报告》,五洲传播出版社 1998 年版,第 76 页。

男娶女嫁婚仪式,除了掷骰子,把送给女方兄弟的 1 头牛送给其舅父①外,其他相同。中等人家比上述规模小些,"女儿价"三四头牛。回门新娘新郎同去,当天回来。贫苦户和佣人,无"女儿价",也没什么仪式,是自由结合。② 当然,随着时代的变迁,礼物的内容也发生了明显的变化。现在因为城乡经济条件的不同,大部分礼物都通过金钱的方式予以折合。在牧区由于牦牛具有一般等价物的特征,基本上是以牦牛的多少来定礼物的轻重。

一般情况下,一旦双方订婚就不得随意反悔,对双方都有约束力。有学者对此解释道:由于藏族是一个诚实守信的民族,尤其注重任何人之间的相互信任和友好关系,所以一旦订婚,就不能单方面任意废除婚约,如果无故废约,要受到一定的处罚。并举例阿什姜部落的规定"已经起誓订婚而又悔婚违誓者,按对方的身份,分上、中、下三等向对方交纳名誉损失费"予以证明。③ 另有学者 2012 年在甘肃和青海藏区的访

---

① 舅权历来是藏族传统婚姻形态中的一种重要文化现象和制度性安排。有学者观察了青海贵德藏族"戴天头"成人礼后,提到:DJC 的大舅出了 3 万元,为娘家也为自己挣足了面子。在这一场域,DJC 自然沐浴于阿香的恩泽之下。据悉,当地贺尔家村另一户举办"戴天头"的人家,居然报出大舅送现金 10 万元,二舅送现金 5 万元的天价数目。并进一步认为,正是具有如是"表达、控制亲属关系"的社会功能,舅权才伴随着安多藏区的"文化惯性"顺延下来而反映在"戴天头"中。参见刘军君:《成人礼与婚姻规制的建构——青海贵德藏族"戴天头"的田野考察》,载《北方民族大学学报》,第 30 页。对阿舅的唱词一般如下:在赤噶藏区成人礼上的助兴词,如"在阿尼玛卿山脚下有百匹骏马,千头牦牛,万头绵羊都是舅舅送给外甥女的礼物,愿这些财富越来越多,使你永远取之不尽,用之不竭。同时在以后的生活中,舅舅叫你,你要回音、舅舅使唤,你要勤快。"参见南措姐:《藏族人生礼仪馈赠礼俗研究——以青海安多赤噶(贵德)藏区为例》,西藏大学 2010 年硕士学位论文,第 13 页。"到我家来的阿舅们,阿舅们一定要高兴;阿舅的尊贵比山高,不颂不知道阿舅的尊贵;那边山是黄金山,这边山是白银山,到处都是青铜山;像龙子一样颂阿舅,像江河一样颂阿奶,幸福长寿的是父母。"参见刘军君:《成人礼与婚姻规制的建构——青海贵德藏族"戴天头"的田野考察》,载《北方民族大学学报》,第 29 页。

② 《中国少数民族社会历史调查资料丛刊》修订编辑委员会编:《藏族社会历史调查 3》(修订本),民族出版社 2009 年版,第 47 页。

③ 华热·多杰:《藏族古代法新论》,中国政法大学出版社 2010 年版,第 57—58 页。

谈中记载:"我们藏民对订婚很看重,正式结婚前要先订婚……亲戚们到齐了,酒才能打开,酒一打开,亲戚们就知道她是我的人了,就同意这门婚(事)了,再不能把她给(别)人了,否则她们家就违背承诺了,我们俩吃哈咒的,神连(和)佛会害她呢!",并进一步解释道:在面对关乎双方当事人终身大事的"婚姻"问题时,婚约的效力更是被拔高到了类似于"盟誓"的程度。人们对"连婚约都视同如儿戏、说毁就毁者"特别痛恨,当藏人"重义轻利"的核心价值观与悔婚弃誓带来的后果(遭到熟人社会鄙视、疏远,以至于边缘化)相碰撞时,被乡土社会孤立的打击足以让一个普通人精神崩坍,这种羞辱远甚于身体上的折磨。因此,一旦悔婚,毁约方就遵从"悔婚罚则"的规定加倍补偿守约方,以求得乡土社会的圆融,为自己买一个未来。[①]

但根据笔者在2010年和2012年两次进入西藏日喀则地区、山南地区的访谈,这种情况也正在发生变化,这或许反映了不同地域对同一问题的不同认知。我的访谈人告诉笔者,现在的情况是:在订婚之后,若中途退婚,只要有一方提出退婚,另一方一般都不会死缠烂打。因为大家都知道"强扭的瓜不甜""自由结合的婚姻像嘎乌[②]一样贴身,父母强迫结合的婚姻是用胶粘石头"。现在国家政策好了,年轻人对婚姻自由一般都看得比较重,都希望是自己找的。实在自己谈不上对象才由父母帮着选。这种情况下,如果一方提出退婚的要求,一般是男女双方互退信物。退婚若由女方提出,提亲礼(类似于汉族的"彩礼")一般按原数归还。如果是男方提出,则送给女方的提亲礼一般是不能要也

[①] 刘军君:《藏族婚姻习惯法之生命力诠释——基于甘肃卓尼和青海同仁藏族的个案分析》,载《云南社会科学》2013年第4期,第109、110页。
[②] "嘎乌",藏语的音译,是一种藏族的护身符。通常为小型佛龛,制成小盒型,用以佩戴于颈上,龛中供设佛像。嘎乌质地有金、银、铜三种,盒面上多镶嵌有玛瑙、松石,并雕刻有多种吉祥花纹图案。嘎乌形状、大小不尽一样。对这种护身符佩戴,男女形式各异。

要不回来的,有时候甚至还要求男方再补贴一些礼物。这方面很自由,男女双方几乎没有争执,认为"婚结不成仁义在"。藏族其实在骨子里是个不受拘束、崇尚自由的民族。订婚以后,往往过几个月就请喇嘛择吉日举行婚礼。①

三、送(娶)亲和迎亲

在传统社会,送亲首先是请占卜之人(一般是本地区的喇嘛)卜定一个吉日,在选定的吉日举行婚礼,举行婚礼的清晨,女方派出庞大的送亲队,陪同新娘、媒人等乘马(现在很多农牧区是乘四轮拖拉机或摩托车,有的离县城近经济条件好的地方也用面包车等现代交通工具)前往男方家。

具体的仪轨是,在舅舅的陪同下,新娘一行来到男方门前准备接受下马仪式:男方的执事们出面,先在马前铺一条毡,毡上放三样吉祥物,即一撮羊毛、一把柏树枝、一些青稞粒。然后能说会道的媒人手捧哈达,口颂"歇尔巴"②:"幸福太阳,高高升起清清河水,雪山先祭。在这欢乐的神户帐篷中,众宾客团聚!哦!亲朋、舅家、侄甥三方,加上爱欢乐者四方,护救神众五方,恳请舅舅一行快快下马"。连请三次后,将哈达或毛红搭在舅父肩上,舅父随即下马。

男方的众亲友们则合捧一碗青稞酒恭立门左右,高唱"香拉毛"(迎亲歌)。此时,新娘在进门前要进行一项重要仪式"朵石"(醋炭石)。这是净化去污的一种古老办法,就是将鹅卵石烧红后,上面放上柏枝叶,倒上醋和开水,用沸腾升起的蒸汽净化和驱除新娘身上的不洁,从此在新郎家开始纯洁的新生活。进门后由新娘的舅舅领着到院中,顺时针

---

① 笔者于2010年7月28日对西藏日喀则地区Z村达瓦村长的访谈记录。
② "歇尔巴",藏语,主要是指"媒人的颂词"。

方向绕院一周。尔后举行"箍东"(成亲)仪式。在行此仪式之前新郎要隐匿在自家正房中不出来,等到女方家的主持向男方家的执事敬酒三杯后再千呼万唤将新郎请出来,这既是给女方家故意制造新郎不在的悬念,同时也是要树立新郎的威信。

男方家的一位长者口中念着颂词:"向八轮似的苍天磕头,向八瓣莲花似的大地磕头,向佛、法、僧三宝磕头,向男方家的佛堂磕头,向男方的父母和亲属磕头,让他们像树一样成长起来,像枝叶一样茁壮成长,像种子一样结下果实。愿他们生下三个男儿和两个女儿,享受苍天、大地、三宝的赏赐。"新郎、新娘共同拜佛、拜祖、拜天地、正式结为秦晋之好。接下来还要将新娘迎入伙房,举行"扬茶"仪式(该仪式意在暗示新娘将来在婆家能够成为一个好主妇)。锅里提前烧好奶茶,锅台上并排放着三只碗,由男方家的一位女性成员守卫着锅盖,新娘在献出揭盖礼品后方能揭盖,先拿勺在锅里扬三下,再把三只碗舀满,以示敬公婆和丈夫。

这时围观的妇女们齐唱赞歌,祝新人家庭和睦婚姻美满。歌中唱到:"啊!联姻茶!好啊好啊今早好,今早雄鸡叫的好,今早的天亮的好,山顶太阳升的好,山腰佛塔建的好,山下供品献得好,父辈母辈聚的好。啊!联姻茶!马圈里面栓满马,马匹发展到一千;牛圈里面拴满牛,奶牛发展到一千……你是某某家的姑娘,如今是某某家的媳妇。要尊重父母和公婆,要与邻里和睦又团结,家业兴旺又发达,生下三个儿子俩女儿,五个儿女围身边。"而后,男女双方的主持向媒人敬献哈达,唱"谢媒歌",感谢媒人成全了一对好姻缘,歌中唱到:"好啊好啊瓷碗好,手中捧的龙碗好,碗口八辐法轮好,碗腰八大瑞物好,碗底八瓣莲花好,碗中的奶茶香喷喷,献给媒公大恩人。"接着舅舅的代表也会手捧哈达唱感谢媒人的歌:"拿天空做比喻,空中飞翔的是鸟类,飞技出色的是那雄鹰……拿闹市做比喻,老到八十岁,小到七八岁,最伶牙俐齿的人是媒人,智慧如天空广阔,言语如流水涓涓,妙语如铃声声"。

媒人也要再次说"歇尔巴",赞美婚礼有排场,祝福新人吉祥如意。谢媒仪式结束后,新娘的"阿央"拿出一件黑呢长衣(藏袍),向大家展示一番,然后将婆婆请上前来行"穿衣礼"。送亲的娘家人边为婆婆穿衣边用歌声讲述这件衣服的来历以及式样、质地、颜色和穿在身上的功能等等。此时婆婆听的心花怒放,也将意味着日后的婆媳关系会更加融洽。①

事实上,直到 2010 年笔者在西藏拉萨做调研,观看被访谈人央宗和索拉次仁的结婚 DVD 影碟时,藏族婚礼歌依然是整个婚礼现场最具特色的内容。这种在藏式婚礼上必唱的祝福的歌曲叫做"歇青"。被访谈人说,只有索拉次仁的父亲会唱,从非物质文化遗产保护的角度而言,这是重要的抢救内容。因为像索次和央宗这样的年轻一代(年龄在 30 岁左右)已经不能够听懂歌词的内容,部分是因为现代社会的生活方式使他们很少接触这些东西,部分是因为"歇青"这样的歌曲有很多古典藏文,一般没有系统学过古典藏文的藏族是很难懂的。

对男方而言,根据现有文献的记载,在娶亲的那一天,新郎要留在家中等待男方家邀请一名年轻人作为新郎的傧相前往。该年轻人被称为"达子"(马童)。带上礼品及膘肥体壮的骠马一匹,衣领插一支箭,箭上系有红线或五色线、羊毛、哈达、铜钱,箭头上抹酥油,同媒人一起去女方家送马(传说令箭是松赞干布的使者禄东赞留下的习俗。禄东赞当年曾用箭引文成公主来到西藏)。此箭是招福的,属于古老的苯教文化。福祉叫"央",姑娘来时得招来其"央",故用箭引。姑娘出嫁时,其母在身后左手持奶茶碗,右手用柏枝不断地蘸洒奶子并唤着"央":"女

---

① 以上关于送(娶)亲和迎亲情况的介绍,多采用羊措论文的描述,参见羊措:《文化的延续与仪式的传承——以卓仓藏族婚俗为视点》,载《青海民族研究》2005 年第 3 期,第 94—95 页。

儿啊！不要出去，回来吧！家里吃的、喝的全都有，不要出去吧！女儿啊！家中穿的、用的全部有，不要出门吧……"意思是人去了，可是"央"不能随着走。①

四、举行婚姻仪式

在西藏那曲地区芒康县，迎娶新娘（新郎），双方都要设宴，该村的各家各户要来送礼庆祝，娶媳的亲朋好友们着盛装骑马赴对方家，时间为天亮前，有的由于两家路程较远或者为了礼仪在对方家过一夜，对方家的伴娘们和亲朋好友要热情款待，载歌载舞、敬酒、献哈达，彻夜欢庆，并准备亲友送亲。迎亲结束后，亲朋们献哈达、送贺礼，以表祝福，给送亲的对方亲友敬酒、献哈达、载歌载舞。第二天新娘和送亲的回娘家。最后，又择日把新娘还有陪嫁真正送到婆家。此后，才算婚礼结束。② 在安多藏区，新人双方向佛像和父母行跪拜礼，然后由新娘手捧一杯用哈达裹着的奶茶向公婆敬献。礼毕主客共宴相互敬酒，并互致礼词唱敬酒曲，婚礼即告结束。③ 在西藏日喀则地区的班伦村，年轻夫妻多举行婚礼，中年以上较少举行婚礼。④

第四节 藏族婚姻法律文化中的女娶男嫁婚

藏族的女娶男嫁婚独具特色，是藏族婚姻法律文化中的重要内容。

---

① 羊措：《文化的延续与仪式的传承——以卓仓藏族婚俗为视点》，载《青海民族研究》2005年第3期，第94—95页。
② 喻宗华主编，芒康县旅游局编：《漫游芒康》，2008年内部发行铅印本，第57—60页。
③ 祁选姐措：《藏族婚姻家庭习惯法研究——以青海安多区为例》，中央民族大学2011年硕士学位论文，第33页。
④ 平措占堆：《西藏农民：后藏班觉伦布村的调查报告》，五洲传播出版社1998年版，第55页。

现有研究文献将藏族社会的"女娶男嫁婚"等同于汉族的"招赘婚",这是大错特错的。藏族婚姻法律文化中的"女娶男嫁婚"男方地位迥异于"招赘婚",不可不察。

一、女娶男嫁婚的存在

在藏族婚姻法律文化中,藏族"天人合一、尊重自然"的总哲学观及在此哲学观影响下的藏族婚姻法律文化中的从妻居模式,使得藏族认为"女娶男嫁婚"是一种适应当地生态环境的婚姻法律文化现象。

这种法律文化现象,至少在吐蕃王朝时期就开始了。据藏文史料记载,赤松德赞赞普在其法典中就规定:"如果一个家庭有许多儿子,他们便根据年龄的顺序而依次占有庄园,最年幼者遁入教门。那些没有儿子的人可以为其招赘一位夫婿。"[①]法国著名藏学家石泰安先生在其名著《西藏的文明》中提到,"这种兄弟之间的连带性非常坚强,甚至有时会超过长子权的等级原则。如果长子没有留下子嗣而仅有一个姑娘,她也可以继承家产。于是她招赘一个丈夫,丈夫必须以妻子、土地或住宅的名字相称,然后落户于她家。这样一种夫婿的处境是很艰苦的,有时竟无异于农奴,他仅仅成了一个只是为确保有后嗣的陪衬品"。[②]

意大利学者毕达克(Luciano Petech)在研究西藏贵族制度时指出,研究西藏的贵族,一定不能忽略"玛巴"(mag-pa,意为"女婿")制度。贵族内部的更新相对来说是缓慢的,其积极的因素是玛巴制度。这个制度导致了大多数显耀贵族本身世系的转换。贵族阶层为了家庭的延

---

① 《莲花生遗教》德格版本,转引自石泰安:《西藏的文明》,西藏社会科学院编,1985年铅印本,第110页。
② 同上书。

续可以使用离婚、再婚、入赘、养子等等方式,而家庭的延续与家庭内有无男性有着直接的关系,并且通过这个男性的官僚晋升来提高其家庭经济地位,从而提高其家庭的社会地位。在藏族社会,"没有母亲就没有喇嘛"的观念影响深远,因此,人们对女性,尤其是母亲尊重有加,没有"重男轻女"的思想。藏族贵族阶层也不例外。贵族家庭中女子与男子享有同等的经济地位和社会地位,他们从小接受同样的教育,其家产不仅让儿子继承,也让女儿继承。如果一个贵族家庭中没有儿子(或夭亡,或出家),女儿便可继承家族财产和贵族的名号。所以,"玛巴"入赘,既能享有其妻家族的姓氏,也可保证该家族得以延续。由玛巴承袭的家族系谱与该家族繁衍不绝的男性子嗣并存不悖的现象并不鲜见,玛巴世系有时使该家族的嫡系黯然失色而成为主干系统。①

民国时期的一些回忆录作品中也提到,"藏俗恒以长女承祧、操家政,招赘其家。长男则赘他人为婿焉"。② 当下的研究指出,"在多数藏区,男人不因为到女方家生活而在社会地位上低人一等,也不因为离开原家庭就婚于女家而使个人的荣誉和权利遭受损害。对于双方家庭来说同样不因为儿子入赘或女儿招婚而降低家庭的社会地位或者家庭利益受到损害"。③ 可见,藏族的女娶男嫁婚是一种重要的婚姻法律文化现象,是藏族婚姻法律文化的重要内容。

二、女娶男嫁婚男方的地位

在大多数藏区,女娶男嫁和男娶女嫁是同样的婚姻缔结方式,不存在男女双方在地位上谁高谁低的问题。因此也就不存在所谓"男方地

---

① [意]毕达克:《西藏的贵族和政府》,沈卫荣等译,中国藏学出版社2008年版,第15—16页。
② 陈渠珍:《艽野尘梦》,任乃强校注,重庆出版社1982年版,第38页。
③ 华热·多杰:《藏族古代法新论》,中国政法大学出版社2010年版,第67页。

位高低"的评断。"在藏族人的观念中,赘婿只不过是一种同娶妻一样的婚姻形式,所不同的只是男方到女方家生活,而这部分出自家庭生活的需要,部分出自于婚姻当事人的意愿。"①

在藏族社会中,女娶男嫁婚后,男方不仅取得了女方家庭成员的资格,而且只要不离开女方家,就有享受分家析产、继承财产和参与家庭事务管理的权利,且比娶进的妻子处于更优越的位置,享有更多的权利。藏族的女娶男嫁受人为的约束少于汉族,"较多地反映了自然朴素的婚姻观念和婚姻上的个人自主意识"。② 这个结论也被一些研究者在甘肃卓尼县拉力沟村藏族社区的实证调研所证实。在拉力沟村,女娶男嫁婚虽然是以女方家庭对劳动力的需求为基础而做出的婚姻行为,但这并不影响男方在家庭中的地位,男方与家中其他男性享有同等的权力,在家中只负担较重的活,其他一概由女性完成。男方同时也完全扮演的是儿子的角色。女娶男嫁婚在当地被视为很正常的事情,当地人给予了充分的理解,而且一旦婚姻事实发生,家庭内部仍是男方的主要活动范围……男方在社区内的地位并没有影响。③

总之,在藏族婚姻法律文化中,不存在汉族所谓的"入赘"或"招赘"观念。学界在研究时,应当以"女娶男嫁婚"称之,而不能称之为"招赘婚"。在藏族人的观念中,"嫁"和"娶"是同一观念。该种婚姻法律文化现象不是所谓"母权制的残留和遗存",④而是一种适应当地生态环境

---

① 华热·多杰:《藏族古代法新论》,中国政法大学出版社2010年版,第67页。
② 同上书,第68—69页。
③ 云霞:《当代藏族招婿婚姻的实证研究——以卓尼县拉力沟村为例》,兰州大学2010年硕士学位论文,第45页。
④ 受经典作家思想的影响,20世纪90年代之前,学界普遍认为女娶男嫁婚是母系社会的产物,是母权制的残存和遗迹。参见陈克进:《从原始婚姻家庭遗俗看母权制向父权制的过渡》,载《民族研究》1980年第1期,第60—71页;王洁卿:《中国婚姻——婚俗、婚礼与婚律》,台北三民书局1988年版,第85页。即便是在当下,该观点依然具有很大的影响力。参见杨学勇:《从妻居婚仪及相关问题研究——以敦煌文献为中心》,载《重庆社会科学》2007年第8期,第69页。

的婚姻法律文化选择。如果从价值功能论的视角,女娶男嫁婚还具有整合家庭关系、融合族际关系,较好地解决可能存在的劳动力分配、老年人赡养、婆媳矛盾等诸多社会问题的功能。在某种程度上,对矫正其他民族相类似婚姻现象中对男方的歧视问题有较高的借鉴价值。

第五节 藏族婚姻法律文化中的离婚规则

离婚规则是藏族婚姻法律文化中的重要内容。离婚方式、财产分割、子女抚养规则构成了藏族婚姻法律文化中离婚规则的主要内容。

一、离婚方式

历史上,藏族的大部分部落婚姻习惯认为,因身份高低需适用不同的离婚规则。对于贫穷的"堆穷"、"差巴"阶层而言,只要夫妻双方愿意,并征得部落首领、家庭中的权威人士等的同意,就视为正式离婚,不再办理其他手续,也不需要请证人立字据。20世纪五六十年代的调查验证了该观点。在日喀则宗牛豁卡的调查材料中指出,"旧社会离婚有很大的自由,尤其是贫苦的差巴、堆穷们结婚时一切从简了,离婚更简单了,不用办任何手续,也不需豁卡出面审理。入赘的女婿和妻子的感情不和随时自行离去,嫁过来的新娘和丈夫不和也可以回娘家,或另嫁他人。"[1]日喀则托吉豁卡的调查材料则指出,"男女离婚很随便,一般是丈夫遗弃妻子。也有因农奴制社会的小农经济不稳定,逼得家庭拆散,造成离婚的。离婚不需要任何手续,也不需要请中人或立字据"。[2]

---

[1] 《中国少数民族社会历史调查资料丛刊》修订编辑委员会编:《藏族社会历史调查6》(修订本),民族出版社2009年版,第368页。

[2] 《中国少数民族社会历史调查资料丛刊》修订编辑委员会编:《藏族社会历史调查5》(修订本),民族出版社2009年版,第104页。

但对于有钱人,有身份的人,离婚规则就完全不一样了。20 世纪五六十年代日喀则宗牛豁卡的调查材料中指出,"宗牛豁卡的大差巴丘波和贵族小姐央拉离婚时,情况就比一般人复杂得多,首先要经过本人申诉,豁本审理等手续,上上下下调解,谈判多次才判正式离婚,还判给央拉六分之一的财产权,包括房屋、土地、牲畜等均按比例分给。这主要是因为央拉是个贵族小姐有后台的缘故"。①

在藏区社会民主改革后,从农奴制到社会主义的制度变化,使得该离婚规则存在的社会土壤基本消失殆尽。

二、财产分割规则

(一)聘礼返还规则

"聘礼返还"是藏族离婚法律文化中的重要规则之一。后世传统法律将该习惯直接上升为法律规定。民国时期的著作《西藏调查记》指出,"藏族离婚之法律与习惯,颇可研究,今详述如下:若男子毫无罪过,愿与其妇偕老,而妇决欲于其夫离,则妇应按其夫娶彼所需之彩礼之数,加二倍赔偿,以为毁婚之罚,名曰离婚罚金,或无罪罚金。反之,若妇实无罪过,而愿与夫偕,惟夫则决欲于其无罪之妻分离,则夫应给其妻十二金屑(屑乃藏语,十二金屑合九十卢比),以为离婚罚金,或曰事奉工价。按其妻由成婚日以至离婚日,每日夜各用麦六磅计算,其夫又当归其妇以嫁妆之值"。②

民国时期另一本较为著名的著作《西藏史地大纲》则记载:"藏人离婚,亦有其习惯法之规定:凡男子毫无过失,愿与其妇偕老,而妇决欲于

---

① 《中国少数民族社会历史调查资料丛刊》修订编辑委员会编:《藏族社会历史调查 6》(修订本),民族出版社 2009 年版,第 368 页。

② 张其勤、沈与白:《西藏调查记》,上海商务印书馆 1924 年版,第 69—71 页。

其夫离婚者,妇应按其夫娶彼所需之彩礼之数,加二倍赔偿,以为毁婚之罚,名曰离婚罚金,或称无罪罚金。反之,若妇毫无过失,而愿与夫偕老,而夫则坚与其妻离婚者,则夫应给其妻十二金屑(屑为藏语,十二金屑合九十卢比),以为离婚罚金,又当归其妻以嫁妆之值"。①

20世纪五六十年代在日喀则地区柳谿卡的调查资料指出,"离婚的事不多,但也有,手续很简单。若是女方提出,男方不予补偿。只是让她将陪嫁物带走。如是男方提出,则除了妆奁,还要给补偿"。②

实际上,该规则在后世的传统法律如《十三法典》中,就直接以法定的方式将其确定下来了。《十三法典》规定,夫妻离异时,"父亲所给的财物由女方所有。男方所带财物归男方所有,女方即是有理,丈夫也不必因理亏而送与女方"。③

(二)适当照顾女方规则

"适当照顾女方"是藏族离婚法律文化中又一规则。后世传统法律将该习惯直接上升为法律规定。民国时期《西藏调查记》记载:"若夫为富人,则裁判官可令其分其财产之一分与此离婚妻,以为其女衣食之资。反之若妻为富户,亦当有所给与于其夫,以为其子衣食之资。又两家定婚约时,苟一为贵族之男,而一为平民之女,曾有明言夫妇应患难相安,欢乐与共者,当其离婚时,则其财产可按二人之真情与罪状,并其匹配时彼此互赠礼物之数而分享之"。④

20世纪五六十年代在那曲桑雄阿巴部落的调查报告中指出,"过

---

① 洪涤尘编著:《西藏史地大纲》,上海正中书局1936年版,第52—55页。
② 《中国少数民族社会历史调查资料丛刊》修订编辑委员会编:《藏族社会历史调查5》(修订本),民族出版社2009年版,第295页。
③ 周润年、喜饶尼玛译注:《西藏古代法典选编》,中央民族大学出版社1994年版,第55、107页。
④ 张其勤、沈与白:《西藏调查记》,上海商务印书馆1924年版,第70—71页。

去有个说法,如果一方是被遗弃出走的,要给对方一匹马,若是自己不愿住下而要走的,要给对方一头牛。"①在藏区,马的价值要远远大于牛的价值。而在现实生活中,"被遗弃"者往往是女性,因此该规则也体现着对女性适当照顾的原则。日喀则地区柳黎卡的调查资料指出,"若是女方提出,男方不予补偿。只是让她将陪嫁物带走。如是男方提出,则除了妆奁,还要给补偿"。② 该资料也体现了对女方的适当照顾规则。

这在后世的《十三法典》中也做了规定。《十三法典》规定:依据理多理少,公平分割财产。"夫有理而遭妻抛弃,妻方须分三次付十八钱,并付一定欠理金,并须给予其衣、食和服侍费。要向理多者赔偿活人命价,理少者可分三次付。妻方有理,而被夫弃,男方要付十二钱,谓服侍赔偿费。日薪为(青稞)三藏升,夜薪亦为三藏升,或付日薪一厘(金)和夜薪三藏升。具体付法根据情况而定。"③

三、子女抚养规则

(一)"子由父养,女由母养"规则

"子由父养,女由母养"是藏族离婚法律文化中子女抚养的基本规则,并在后世直接将该习惯上升为法律的规定。民国时期的著作《西藏调查记》、《西藏史地大纲》均指出,"藏族离婚之法律与习惯,颇可研究,……若离婚时而有子女,则男归父,而女归母"。④ "若离婚时而有

---

① 《中国少数民族社会历史调查资料丛刊》修订编辑委员会编:《藏族社会历史调查3》(修订本),民族出版社2009年版,第208页。

② 《中国少数民族社会历史调查资料丛刊》修订编辑委员会编:《藏族社会历史调查5》(修订本),民族出版社2009年版,第295页。

③ 周润年、喜饶尼玛译注:《西藏古代法典选编》,中央民族大学出版社1994年版,第55、107页。

④ 张其勤、沈与白:《西藏调查记》,上海商务印书馆1924年版,第71页。

儿女,则男归父,而女归母"。① 20世纪五六十年代的调查研究也验证了上述子女抚养规则。如日喀则地区托吉谿卡的调查材料指出,在子女的抚养问题上,"若生有男孩由父亲抚养,女孩由母亲抚养"。② 日喀则地区柳谿卡的调查资料也指出,"所生孩子,男归父,女归母"。③ 日喀则宗牛谿卡的调查材料则进一步表明,"双方如生有子女,一般男孩归父亲,女孩归母亲。"④笔者三次进藏的田野调查及访谈也证实,即便是在当下的农牧区,"子由父养,女由母养"依然是藏族离婚法律文化中子女抚养归属的基本规则。

实际上,该习惯直接在后世较为出名的传统法律《十六法典》、《十三法典》等中予以了明确的规定:"子女的归属则须遵循'子由父养,女由母养'的原则"。"子女的归属,则遵循子归父,女随母的原则"。⑤

(二)"乳金归母"规则

在离婚时,"乳金归母"是藏族离婚法律文化中较有特色的规则之一。在后世的传统法律中,将该习惯直接上升为法律的规定。"乳金",即母亲的奶水钱。换言之,是指母亲为了抚养小孩所付出的辛劳所得。从现代婚姻法的视角考虑,该规则可视为"离婚经济补偿制度"。本文认为,这是藏族离婚法律文化中承认、尊重女性劳动并给予经济补偿的重要规则之一,有一定的合理性。

20世纪五六十年代的调查研究也验证了上述子女抚养规则。如

---

① 洪涤尘编著:《西藏史地大纲》,上海正中书局1936年版,第55页。
② 《中国少数民族社会历史调查资料丛刊》修订编辑委员会编:《藏族社会历史调查5》(修订本),民族出版社2009年版,第104页。
③ 同上书,第295页。
④ 《中国少数民族社会历史调查资料丛刊》修订编辑委员会编:《藏族社会历史调查6》(修订本),民族出版社2009年版,第369页。
⑤ 周润年、喜绕尼玛译注:《西藏古代法典选编》,中央民族大学出版社1994年版,第55、107页。

日喀则地区托吉豁卡的调查材料指出,"若男孩年幼,暂随母亲养育,男方需供给小孩的膳食费用,直至长大为止。"①日喀则宗牛豁卡的调查材料则进一步表明,"没断奶的男婴由母亲抚养,长大了再交给父亲。"②

笔者在 2012 年也就该规则访谈了西藏民族学院的一名藏族女老师,证实该规则确实存在于西藏,而且现在有了新的变化。该规则不仅体现在离婚时,在结婚时也有体现。在结婚的聘礼中,"无论是娶还是嫁,给阿妈的奶水钱是必须的,这个钱或物或服装不在乎多少,而是一个重要礼节"。③

实际上,该习惯直接在后世较为出名的传统法律《十六法典》中予以规定:"儿子的乳金依其年龄的大小酌情判定"。在《十三法典》中则予以更为明确地规定:"儿子的乳金,根据年龄判付女方"。④

---

① 《中国少数民族社会历史调查资料丛刊》修订编辑委员会编:《藏族社会历史调查 5》(修订本),民族出版社 2009 年版,第 104 页。
② 《中国少数民族社会历史调查资料丛刊》修订编辑委员会编:《藏族社会历史调查 6》(修订本),民族出版社 2009 年版,第 369 页。
③ 笔者于 2012 年 11 月 8 日在西藏民族学院教工宿舍对卓嘎(化名)老师的访谈记录。
④ 周润年、喜绕尼玛译注:《西藏古代法典选编》,中央民族大学出版社 1994 年版,第 55、107 页。

第三章　藏族婚姻法律文化的婚姻纠纷解决机制

> 第一最好不相见,
> 如此便可不相恋。
> 第二最好不相识,
> 如此便可不相思。
>
> ——《第六世达赖喇嘛仓央嘉措情歌》①

---

① 于道泉译:《第六世达赖喇嘛仓央嘉措情歌》,1930年国立中央研究院历史语言研究所单刊甲种之五,共62首。参见中国藏学出版社编:《六世达赖仓央嘉措诗意三百年》,中国藏学出版社2010年版,第8—26页。

藏族是一个非常注重秩序圆满及和谐的民族。藏族著名英雄史诗《格萨尔》中有句谚语说道："牦牛尾巴长了春季伤膘，纠纷尾巴长了殃及子孙"。① 该谚语说的就是要及时解决纠纷，追求秩序圆满。而在藏族著名的格言典范《萨迦格言》中更是说道："强求一律是纠纷的根源，清规戒律是绑人的绳索"。② 该格言强调的正是不要人为制造纠纷和冲突，要给社会主体各种自由。

当然，受佛教因果报应、生死轮回观念的影响，藏族社会所称的和谐是一种动态和谐。社会的秩序可以打破，但必须恢复，只要通过赔偿，并用金钱或物质的赔偿超度亡魂，使亡魂尽快转世，那么受害者和加害者之间的平衡就可以恢复。"纠纷不是社会反常的标志，相反，它是达至平衡和和谐的路径，藏民这种生发于宗教的和谐观缓解了当事人之间的世俗紧张关系"。③ 藏族婚姻法律文化中的婚姻纠纷及其解决机制在总体上适用上述藏族社会对于纠纷认知的基本理念。

第一节 藏族传统社会婚姻纠纷调处人

在传统藏族社会中，婚姻纠纷主要通过调解和审理解决，或者称之为调处。现有的研究中，将其一概称之为调解或民间调解，欠妥。调解是一个专门的法律术语，不可混淆适用。传统藏族婚姻纠纷解决机制的方式称之为"调处"或许更为合理。

"调处"，分为调解和处理（包括审理）两种方式。调解一般是非对

---

① 尕藏才旦编著：《史前社会与格萨尔时代》，甘肃民族出版社2001年版，第105页。
② 萨班·贡嘎坚赞：《萨迦格言》，次旦多吉等译，西藏人民出版社1980年版，第48页。
③ 周欣宇：《文化与制度：藏区命价纠纷的法律分析》，西南政法大学2009年博士学位论文，第38页。

抗性的,并且可能是非正式进行的。处理(包括审理)则集中表达了藏族社会的整体利益要求。"审理的目的反映在公共权威采取的各种救济或补救措施之中(如恢复原状、损害赔偿等);或者试图要求某人作出某种行为或停止一定的行为(如要求停止违反习惯法的行为),或者要求界定或明确习惯法权利"。①

藏族婚姻纠纷调处机制在藏族传统社会冲突的解决中具有重要作用,对于藏族社会纠纷的处理、社会秩序的维持、民族认同的形成,甚至在某种程度上对社会公正的实现均具有积极意义。由于在民主改革前,藏族社会是"政教合一"②的体制。因此,在传统藏族社会婚姻纠纷的解决中活佛、喇嘛及有名望的僧侣,部落首领及其直系后裔、部落头人、部落长老、部落"卓博"等起着非常重要的作用。

一、活佛、喇嘛及有名望的僧侣

"活佛",最早是指宗教修行中获得成就的僧人,在藏语里叫"朱古"(sprul-sku),有幻化的意思,"朱"是变幻之意,"古"是藏语敬语,意思是"身体","朱古"连起来就是指"化身"之意。所有藏传佛教转世修行者都能拥有这个称号,通常也会被称为"仁波切"(藏语,意思为"上师",直译为汉语,是"宝"的意思。但是这个称谓并

---

① [美]彼得·G. 伦斯特洛姆:《美国法律辞典》,贺卫方等译,中国政法大学出版社1998年版,第27页。

② 在政教合一制度产生以前,世俗和宗教两方面的领导是分离的,这一制度逐步发生变化,最后形成世俗与宗教两方面的领导由一个人同时担任的政教合一的制度。因此,我们说西藏的政教合一制度并非突然出现的现象,而是在一定的历史条件下出现的有非常深刻的社会基础和阶级根源的历史现象。参见东嘎·洛桑赤烈:《论西藏政教合一制度 藏族文献目录学》,陈庆英译,中国藏学出版社2001年版,第72页。

不专属于转世者,只要修行有所成就的人,都可能被冠上这个称谓)。到元代活佛转世①制度创立后,活佛成为寺庙领袖的特称。在"政教合一"的体制之下,"活佛"就是藏族人的无上至尊精神领袖和导师。

"喇嘛",也是藏传佛教中对"上师"的一种称呼。"喇嘛"的意思是"上师",是梵语中"Guru"一词的翻译对应词。"Guru"本意为"重",引申为"受尊重的"、"受敬重的"(形容词),又引申为"所尊重的、敬重的人",即"上师"、"本师"或"师长"。在藏传佛教中,喇嘛有着特殊地位,是整个藏传佛教组织系统的核心。藏传佛教信徒对喇嘛往往敬若神灵。通常说,佛教包含佛、法、僧"三宝",但在藏传佛教中确有佛、法、僧、喇嘛"四宝"之说,将喇嘛置于与"三宝"相等的崇高地位。而实际上,尊敬上师也是印度佛教的传统,在印度密教组织中更是如此。这种传统随着密教一同传入西藏,在西藏愈演愈烈。由于喇嘛在藏传佛教中占据极其重要的地位,人们也有把藏传佛教称作"喇嘛教"的。② 当

---

① 所谓"活佛转世",即是活佛圆寂后为了继续完成普渡众生的善缘,不昧本性,寄胎转生,进而通过一定的宗教程式承袭其前身之名号、地位等的一种宗教行为。作为转世的活佛,一般必须具备以下几个基本条件:第一,具有活佛名号及其身份,或达到佛的境界,而其他人(包括普通僧侣)都不能进行转世;第二,必须通过一定的宗教程式,方能承袭前世名号、地位等,从而成为转世活佛。否则,即为非法,同时也很难得到广大信徒的认同;第三,作为转世活佛,必须拥有一定的信徒。倘若没有信徒,活佛也就名存实亡。参见星全成:《藏传佛教活佛转世制度研究》,载《青海民族学院学报》1998年第1期,第43页。在1252年,藏传佛教噶玛噶举派高僧噶玛拔希,被蒙古大汗蒙哥封为国师,噶玛拔希临终前为保住本教派利益,以佛教意识不灭、生死轮回、化身再现、乘愿而来为依据,要求弟子寻找灵童继承黑帽,黑帽系活佛转世制度就此建立起来。后来藏传佛教各派纷纷仿效,其中最大的两个世系转世是达赖活佛和班禅活佛。其次是用于确认蒙藏大活佛、呼图克图的转世灵童。参见东嘎·晋美:《从活佛到教授——追忆我的父亲东嘎·洛桑赤列》,载《西藏教育》2012年第6期,第62页。

② 王尧、陈庆英主编:《西藏历史文化辞典》,西藏人民出版社、浙江人民出版社1998年版,第144页。

代美国著名藏学家戈尔斯坦的巨著《喇嘛王国的覆灭》,①则将西藏民主改革前的传统社会简称为"喇嘛王国",可见"喇嘛"在西藏的地位了。

活佛、喇嘛都生活在寺院中。在"政教合一"的农奴制度下,寺院"不仅是宗教活动中心,同时具有辖区行政管理权;不仅有执法权,同时也有立法权;寺主或活佛在自己的势力范围内具有至高无上的政治权力,主宰本地区广大农牧民的命运"。②"舍寺院无教育",寺院即是活佛肉体上的栖息地,也是精神知识传播的殿堂。事实上,就传统藏族社会而言,一般情况下,只有僧侣及贵族子弟才有资格接受教育。另外,传统上,佛教也视大智大慧的活佛所从事的教育事业为最高尚的职业,这在藏语文本中的《萨迦格言》③《水树格言》等格言典籍中多有记载。而有名望的僧侣虽然没有达到"佛"的成就,但其修行也达到了一定的境界,受到特定区域内广大信众的认同,④因而也具有极

---

① 该书全称应该为《西藏现代史(1913—1951)——喇嘛王国的覆灭》,其英文全称为"A History of Modern Tibet,1913—1951:The Demise of the Lamaist State",该书获亚洲研究协会颁发的"20世纪中国最佳图书奖——约瑟夫·列文森奖"荣誉奖(提名)。参见[美]梅·戈尔斯坦:《喇嘛王国的覆灭》,杜永彬译,中国藏学出版社2005年版。

② 洪源:《关于寺院、僧侣、活佛的法律地位与财产所有权刍议》,载《西藏研究》1999年第1期,第78页。

③ 如《萨迦格言》中称学者为智者、贤者、聪明人、高明人、上流人、圣者、好人、高僧大德等,作者大声疾呼要国王和全社会依靠学者,向学者请教:"依赖高尚之士,请教饱学之才,友结忠厚之辈,就会经常安泰。"参见佟德富、班班多杰:《〈萨迦格言〉政治思想和哲学思想探讨》,载《内蒙古社会科学》1989年第1期,第21页。

④ 有研究者通过考察青海海南藏族自治州的相关史料后指出,从藏族部落习惯法一项重要特点就是通过社会知名人士进行调解,这些人士大多为藏区有一定知识文化的"能人",其中很多为佛教僧侣。参见张鹏飞:《藏族部落习惯法对司法实践消极影响的考察——以青海省海南藏族自治州为例》,兰州大学2011年硕士学位论文,第33页。另有研究者指出,在甘肃甘南藏区,由于权威调解人士可能兼有几种身份,像寺院活佛作为知名人士在人大、政协担任职务、部落头人跻身政协在藏族社会较为普遍,如拉卜楞寺嘉木样活佛现任甘肃省人大常委会副主任,碌曲县西仓十二部落总头人才巴朗杰原是土官郭哇,现为碌曲县政协副主席就是佐证。参见蒙小莺、蒙小燕:《解析当代甘南牧区民间纠纷调解中的藏族部落习惯法》,载《中国藏学》2010年第1期,第92页。可见,僧侣及最高修行者活佛不仅在西藏藏区,在青海及甘肃等的藏区同样具有至尊的威望。

高的威望。在西藏,不尊重寺庙、不尊重喇嘛、不尊重经典是要受到指责的。[1]

一般来讲,寺院僧人出面调停是常见的,这主要是因为僧人作为宗教上的信仰对象,被人们视为公正、善良的化身,甚至是佛菩萨的化身,他们的裁决被视为神佛的意志。一般的僧侣尚且如此,那么活佛、喇嘛及有名望的僧侣的调停裁判可想而知了。这些客观的背景使得活佛、喇嘛及有名望的僧侣成为重大婚姻纠纷事件——一般情况下表现为部落或头人之间因为婚姻纠纷而引起的大规模的械斗等[2]的重要担当。

二、部落首领及其直系后裔

部落首领及其直系后裔是传统藏族社会婚姻纠纷解决机制中的另一个重要民间权威。一般而言,部落首领及其直系后裔依据习惯法享有一定范围内的特权。在部落中,最基层的头人是由部落民众推选产

---

[1] 王尧、陈庆英主编:《西藏历史文化辞典》,西藏人民出版社、浙江人民出版社1998年版,第333页。
[2] 有研究者指出,时至今日,在部分藏区,受民主改革之前藏族社会政教合一的社会管理模式影响,婚姻纠纷的解决仍主要是运用传统的方法和力量,如发生在2009年5月青海省果洛藏族自治州牧区社会的一起婚姻纠纷,由于处理不当后发生缠杀,就是运用传统纠纷解决方式解决的。其处理的一般情形是:当任何一方对家庭财产分割有争议时,都需要进行再一轮的谈判。有些部落规定,因男方有外遇引起纠纷时,只要证据确凿,男方需要给女方赔偿一个人的命价。谈判一般由当事人双方亲属出面。协商不成后,双方会纠集各自的势力、带领更多的人来示威。如果双方彼此不甘示弱,纠纷会进一步升级,这时极有可能发生械斗事件。如果杀死了人,就要赔偿死者的命价。这时候,就会有活佛及有名望的僧侣等组成调解组织进行调解。参见冯海英:《传统与现代:论安多藏族牧区社会冲突治理——基于两类常见纠纷的思考》,载《西藏研究》2010年第4期,第86页。

生的,称为"老民",专职负责调解。① 以西藏当雄宗②为例,早在 20 世纪以前就已分成 8 个部落。每个部落都设有甲本、藏革、坤都、久本、马本、休令等头人。其中甲本是由 8 个部落中年长而任职最长的藏革提升,经色拉喇吉批准任命的,是终身的职务。他也是部落的最高头人,管理本部落百姓,执行宗本的一切指示与命令,帮助宗本登记人口,并"调处本部落的一般日常纠纷,维护部落治安"。③ 再以西藏那曲地区的那曲宗之罗马让学部落为例,"如果属于一般性的偷盗、打架、离婚、分家、债务纠纷等案件可由甲本处理"。④ "甲本"就是当地的部落头领,像婚姻纠纷就是典型的"一般日常纠纷",这种纠纷一般会由部落头人进行调解。

实际上,这种情况不仅仅存在于西藏,在青海等藏区也是普遍存在的。例如,位于现在青海省海北藏族自治州范围内刚察部落的习惯法《刚察

---

① 陈庆英主编:《藏族部落制度研究》,中国藏学出版社 1995 年版,第 176—178 页。

② "宗"(rdzong),意为"寨落"或"城堡",旧籍也作"营"。清代西藏地方政府基层行政机构,相当于内地的县,隶属于"基巧"(spri-khyab,相当现专区一级的行政区域)管辖。以其区域的大小、人口的多寡和地理位置的重要,分为边宗、大宗、中宗和小宗(即四个等级)。边宗、大宗人口二三百户不等,小宗仅百余户。通常边宗、大宗多设僧俗宗本(边缺营官)为五品。清代乾隆年间,全藏共计 122 宗(营),大小宗本 162 人。参见王尧、陈庆英主编:《西藏历史文化辞典》,西藏人民出版社、浙江人民出版社 1998 年版,第 353 页。

③ 参见索南才让整理:《当雄宗政治制度》,载张济民主编:《渊源流近:藏族部落习惯法法规及案例辑录》,青海人民出版社 2002 年版,第 106 页。实际上,在其他藏区,上述情况同样存在。如在青海省的果洛藏族自治州范围内的莫坝部落,依据《莫坝部落旧制与法规》,部落首领是至高无上的,有许多特权,主要有:(1)掌握部落的政教大权,保持部落的稳固;(2)制定法令、税则;(3)任免官职;(4)处罚牧民,没收财产;(5)审理案件,裁判纠纷;(6)决定迁移游牧的时间和草山划分;(7)摊派无偿差役;(8)收取婚嫁礼款;(9)享有丧葬生育中的礼遇;(10)处理绝户财产;(11)租赁或割让草山;(12)组织和指挥部落武装;(13)处理对外部落的交涉;(14)决定部分宗教活动;(15)摊派对僧侣的供奉和寺院的修缮费;(16)摊派无偿劳役等。参见张济民主编:《渊源流近:藏族部落习惯法法规及案例辑录》,青海人民出版社 2002 年版,第 14—15 页。

④ 《中国少数民族社会历史调查资料丛刊》修订编辑委员会编:《藏族社会历史调查3》(修订本),民族出版社 2009 年版,第 45 页。

部落制度及法规》中记载:"家庭失和,夫妻离异,须征得头人允许"。①

在藏族的英雄史诗《格萨尔王传》中对头人的调解和处断也做了描述:"恳请贵国主持公道伸张正义,让死者得到安息,让凶犯受到惩罚,唯有贵国能担此重任。希望遵照法王麦吾的遗命,本着人道中十六条法律,和天道中因果的微细报应,及诉讼处断的十二条法规,作出合理的定谳,虽然负担起这个职责的人很多,但是我们还是想烦请二王作决断"。② 这里的二王即《丹玛青稞宗》③中的总管王戎查叉银和副总管王达让阿奴司盼,这说明部落头人就是典型的纠纷解决人。

事实上,正是因为这种特殊的身份,使得部落头人及其后裔享有很高的威望,而这种威望又使得属民对其极其信任,这种信任使调解作为藏族婚姻纠纷解决机制进一步正当化。

三、部落长老

"部落长老",藏语中叫"措本"(Tsho-dpon),其在藏族的婚姻纠纷解决机制中也扮演着非常重要的角色。在藏族传统社会,老人因其年龄、资历等所积累的经验,往往会成为部落内部的智者,而这正是民间调解人所应具备的最为重要的素养。祷词"苯拉休果马东,乘拉度果马东",意思就是"但愿不要去告官,但愿不要到法场",就是讲用告状打官司来解决是没有办法的办法。④ 相较而言,他们更愿意选择同一社会共同体内的其他人如长者、长老,来解决他们的纠纷。

---

① 张济民主编:《渊源流近:藏族部落习惯法法规及案例辑录》,青海人民出版社 2002 年版,第 87 页。
② 角巴东主主编:《丹玛青稞宗》,高等教育出版社 2011 年版,第 29 页。
③ "丹玛青稞宗"是《格萨尔王传》中的其中一部史诗。参见角巴东主主编:《丹玛青稞宗》,高等教育出版社 2011 年版,"前言"第 9 页。
④ 潘志成:《藏族社会传统纠纷调解制度初探》,载《贵州民族学院学报》2009 年第 1 期,第 16 页。

藏族社会历来有尊老的习俗。① 早在吐蕃松赞干布时期,在佛法"十善"基础上制定的《法律二十条》中就规定,要"孝顺父母,报父母恩",并要"尊敬高德,以德报德"。② 有着藏族《论语》之称的《礼仪问答写卷》中记载了"孝"的作用和意义,认为"孝"、"尊老"会有无上的"福报","若能如此行事,自己所做一切,必将平安、顺利"。反之,如果"不能控制、约束自己,听信他人之言,心生误念,杀害、分裂主子、官人、父母乃至亲友、奴仆当中诸人,此等恶人,所有见之者,可视之为鬼魅"。"父母养育儿子,儿子敬爱父母之情应如珍爱自己的眼睛。父母年老,定要保护、报恩。养育之恩,应尽力报答为是。例如,禽兽中之豺狗、大雕亦报父母之恩,何况人之予乎。虽不致如愚劣之辈不能利他,也应听父母之言,不违其心愿,善为服侍为是"。"不孝敬父母、上师,即如同畜生,徒有'人'名而已"。③ "父母、上师"等年龄较大的长者一般会成为人们尊敬的对象。而在牧区藏族部落中,"尊老"更加成为一种基本礼俗,因为父母是养育自己的最大恩人,一切老人又都是有经验的生产能手或是一切知识的传人,所以对老人都十分尊敬。一般情况下,"有了纠纷和争端也要请老人调停"。④

这在其他藏区也有体现。如清代光绪二十五年十月初一,云南藏民制定的《三行老人、头目公议重订详细章程》⑤中,在涉及处理婚姻方面的纠纷时,"老人"就是最重要的纠纷裁判人之一。在甘肃甘南的卓

---

① 这种"尊老习俗"直到当下西藏社会依然如故,参见本文"附录"部分之"调研照片"。
② 李鸣:《中国民族法制史论》,中央民族大学出版社2008年版,第138—139页。
③ 王尧、陈践:《敦煌古藏文〈礼仪问答写卷〉译解》,载王尧、陈践:《敦煌吐蕃文书论文集》,四川民族出版社1988年版,第134页。
④ 陈庆英主编:《藏族部落制度研究》,中国藏学出版社1995年版,第411页。
⑤ 其中有关婚姻纠纷解决的内容有:"七、婚姻有儿女活夺生妻者,男女裁开充出,永不准入境;八、婚姻未许、未娶、两下私逃者,治家教不严,男女治罚,罚银五两;九、婚姻有聚众抢夺者,禀报兜获,以盗贼首罪,首罚银十五两,助夺者,每人罚银五两,责五百"。参见王恒杰:《迪庆藏族社会史》,中国藏学出版社1995年版,第253页。

尼藏区,在接到原告的诉讼请求一两日之内,大总承即交由该村老民三四人负责调解,调解时,老民中的一人代表原告发言,一人代表被告发言,其他人处于仲裁地位。①"老民"即部落长老也是一般民间纠纷当然包括婚姻纠纷的调解主体。另外,在四川的西康(即现甘孜藏族自治州)理塘一带,群众之间发生口角、打架等纠纷,一般也是由威信较高的老人出面调处,事后向头人报告。②

四、部落"卓博"

"卓博",藏语为"Grogpo",意为"亲朋好友"。中国人总是生活在一种由血缘关系所组成的"差序格局"③中。推而广之,这种人际网络的"缘"是一种命定的或前定的持久性社会角色的关系,④其中所涉及的一种重要的社会关系即亲朋好友关系。因此,在发生婚姻纠纷时,人们基于信任首先想到的便是通过自己的"卓博"来解决问题。

通过"卓博"解决纠纷是藏族婚姻纠纷解决机制中最常用的方式之一。如西藏那曲县桑雄阿巴部落在离婚时,一般是"双方协商,亲友知道后劝解无效而分居"。"至于很贫困的家庭(离婚)头人是不管的。双方家长只能做些劝解工作"。⑤ 部落"卓博"解决婚姻纠纷,总体上而言

---

① 陈庆英主编:《藏族部落制度研究》,中国藏学出版社1995年版,第239页。
② 徐晓光:《藏族法制史研究》,法律出版社2000年版,第351页。
③ "差序格局"一词是费孝通先生提出的,旨在描述亲疏远近的人际格局,如同水面上泛开的涟漪一般,由自己延伸开去,一圈一圈,按离自己距离的远近来划分亲疏。费先生说:"中国社会的格局不是一捆一捆扎清楚的柴,而是好像把一块石头丢在水面上所发生的一圈圈推出去的波纹。每个人都是他社会影响所推出去的圈子的中心,被圈子的波纹所推及的就发生联系,每个人在某一时间某一地点所动用的圈子是不一定相同的。"参见费孝通:《乡土中国 生育制度》,北京大学出版社1998年版,第26页。
④ 杨国枢:《中国人之缘的观念与功能》,载杨国枢主编:《中国人的心理》,台北桂冠图书股份有限公司1988年版,第124页。
⑤ 《中国少数民族社会历史调查资料丛刊》修订编辑委员会编:《藏族社会历史调查3》(修订本),民族出版社2009年版,第207—208页。

属于"私力救济"①的范畴。通过部落"卓博"解决纠纷,是基于对自己亲朋好友的信任,因此往往能收到较好的效果。

第二节 藏族传统社会婚姻纠纷调处原则

基于藏族的区域差别,农区、牧区及农牧区,②藏南和藏北之间,处理婚姻纠纷时的原则是不同的。牧区基于其生活方式流动性大的习性和特点,一般来说调处具有强制性,活佛、喇嘛及有名望的僧侣,部落头人、部落"卓博"起主要的作用,普通的牧民无法做主。但在农区及以农为主的农牧区,基于其相对稳定的生活习性,一般来说同意原则占据主导地位,除非严重的婚姻纠纷,譬如身份高贵者或者因为婚姻纠纷而引起的命案,才从同意原则转为强制,上述主体才会介入。因此,以同意为基础的强制原则便成为藏族传统社会婚姻纠纷调处的基本原则。但无论是在农区、牧区或农牧区,均需要在调处时遵循"以财代刑"的原则。以同意为基础的强制原则和"以财代刑"原则是藏族传统社会婚姻

---

① 所谓私力救济,简言之,就是通过私人的力量解决纠纷的方式。私力救济可以分成不同的几种情形:一是纠纷当事人一方直接以暴力方式,强制或者要挟对方当事人服从,这种私力救济,所凭借和依赖的就是暴力,所以,有力的人必然对乏力的人带来不公;二是纠纷当事人一方委托第三人,通过一定方式处理纠纷,"摆平矛盾"。三是双方当事人以武力的方式解决,即当事人相互施之以武力,直到一方取胜。四是纠纷双方当事人之间通过协商解决纠纷。五是纠纷双方当事人在可信任的第三人主持下,所进行的协商。参见谢晖:《大、小传统的沟通理性》,中国政法大学出版社 2011 年版,第 306—307 页。有关私力救济,徐昕、桑本谦、范愉、左卫民等学者进行过详细的考察。参见徐昕:《论私力救济》,中国政法大学出版社 2005 年版;桑本谦:《私人间的监控与惩罚》,山东大学出版社 2005 年版;范愉:《私力救济考》,载《江苏社会科学》2007 年第 6 期,第 85—90 页;左卫民等:《变革时代的纠纷解决:法学和社会学的初步考察》,北京大学出版社 2007 年版,第 12—34 页。

② 以西藏为例,牧区在西藏总面积中占有相当大的比例。藏东北与藏西北地区(主要是那曲地区、阿里地区)是西藏的纯牧业区,这两个地区占有整个西藏一大半以上的土地和三分之二的草场资源。藏西(日喀则地区)与藏南(山南地区)为农牧区,藏东(主要是林芝及昌都地区)则为传统的农林牧区。

纠纷调处的两项基本原则。

一、以同意为基础的处理原则

现代调解的过程和结果都是以当事人的合意为基本的判断标准的，即建立在当事人自愿和意思自治的基础之上。但藏族传统社会的婚姻纠纷解决机制的调解是建立在"同意"①的基础之上的，因为这里不仅包含着属民自愿接受，还包含着属民基于民间权威强势的被动接受。因此，以同意为基础的强制原则成为藏族传统社会婚姻纠纷解决机制的首要原则。

在传统藏族社会，"政教合一"的体制以及在此体制之下人与人之间的等级关系使得纠纷解决机制带有很多"君意法"②的特质。活佛、喇嘛及有名望的僧侣、部落头人、部落"卓博"等在调处时虽然可能带有说理及基于自愿的"同意"的成分，但表现更多的可能是以其强大威信力为基础的强制原则。"民间权威实际上是神异威权和道德威权的化身"。③ 譬如在西藏牧区那曲宗孔马部落，一般的婚姻纠纷就必须报部落头人甲本，"由甲本强制处理"。④ 可见，在传统藏族社会，牧区在处

---

① 有研究者进一步指出，"同意"在此不仅表示"愿意"达成协议，还表示接受并配合履行调解协议。参见后宏伟：《藏族习惯法中的调解纠纷解决机制探析》，载《北方民族大学学报》2011年第3期，第60页。

② 潜势法之第三种为君意法，法之元质为君意；此思想在三种潜势法中为最后表现者也。人类之原始的国家，社会之统制力，集中元首，居住为总揽祭事及军事之主权者，即为大祭司，占人民崇敬之最高位，为大元帅，为人民畏服之集中点，受人民之绝对服从因之其意思于人民之法律关系，可为最高之基准……君主者，神之裔胄也；统治信徒，享天命而君临万方，或直接受神讬，或依卜筮神签而得知神意，示人民以法规。参见［日］穗积陈重：《法律进化论》，黄尊三等译，中国政法大学出版社1998年版，第48—49页。

③ 李可：《习惯法——一个正在发生的制度性事实》，中南大学出版社2005年版，第87页。

④ 《中国少数民族社会历史调查资料丛刊》修订编辑委员会编：《藏族社会历史调查3》（修订本），民族出版社2009年版，第9—10页。

理婚姻方面的纠纷时带有很大的强制性,强制是其基本原则。

在农区,生存方式迥异于牧区。事实上,整个藏区的纯农区很少,农牧结合区居多。农业要求静止和定居,而牧业要求流动及逐水草而居。因此,大部分农牧区的社会主体必须要调和这两种生存方式,一方面能兼顾农业,但另一方面还要能兼顾牧业,"鱼和熊掌"二者兼得。因此,婚姻纠纷的处理方式更多的是对这两种生存方式的反映。正因为如此,农区尤其是农牧结合区在婚姻纠纷解决机制中更多地表现为以同意为基础的原则。这在 20 世纪五六十年代的"中国少数民族社会历史调查"中多有反映。譬如,在半农半牧的西藏日喀则专区拉孜托吉谿卡,离婚不需要任何手续,也不需要请中人或立字据。分离以后男婚女嫁互不干涉,但亦可重归于好。① 这是典型的基于同意的当事人之间的意思自治。同样,在日喀则拉孜柳谿卡的调查则指出,"离婚的事不多但也有,手续很简单。若是女方提出,男方不予补偿,只是让她将陪嫁的物带走。如是男方提出,则除退妆奁外,还要补偿。"②,这说明,该种婚姻纠纷的调处,遵循的其实就是同意原则。可见,农牧区基于不同的生存方式,在婚姻纠纷的调处原则上虽有不同的倾向和侧重,但总体而言仍然遵循以同意为基础的处理原则。

二、"以财代刑"原则

无论是农区、牧区还是农牧结合区,在婚姻出现纠纷需要处理时,"以财代刑"的财产赔付是另外一个基本的调处原则。财产责任制度是藏族部落习惯法的核心,几乎贯穿于部落习惯法的一切案件当中,"其

---

① 《中国少数民族社会历史调查资料丛刊》修订编辑委员会编:《藏族社会历史调查6》(修订本),民族出版社 2009 年版,第 104 页。
② 同上书,第 295 页。

他责任形态都是以财产责任为中心或者作为其的补充"。① 新近的研究指出,不管有无命案发生,"赔命价"习惯法现在已涉及到普通的离婚案件中。② 在财产赔付中,承担的赔偿费用主要有调解费、退兵费、丧葬费、抚养费、死者家属的眼泪费、拭泪费等费用。③

即便是因为婚姻纠纷引发"命案"的刑事案件,也只需"赔命价"即可,毋需对加害人剥夺生命。这是因为,就禁忌规范而言,藏族社会最大的禁忌是杀生。根据佛教的基本伦理,一切"有情众生"皆有生命,不可杀生,否则要遭报应,堕入阿鼻地狱④。因此,在婚姻纠纷案件中,由"刑"转"民",遵循财产赔付的"以财代刑"规则就成为一个基本的调处原则。

第三节 藏族传统社会婚姻纠纷调处方式

调解、亲告、讲事、神判及诉讼是藏族传统社会婚姻纠纷的五种基本调处方式,容分述之。

一、调解

民主改革以前,调解是藏族社会中解决纠纷的一种最为主要的方式,甚至调解以外的纠纷解决制度也多以调解的方式运作。⑤ 在浩如

---

① 张鹏飞:《藏族部落习惯法对司法实践消极影响的考察——以青海省海南藏族自治州为例》,兰州大学 2011 年硕士学位论文,第 17 页。
② 陈艳、林宁:《青海藏区侵权事件处理中法律与宗教习惯法矛盾探析》,载《青海师范大学学报(哲学社会科学版)》2011 年第 4 期,第 33—36 页。
③ 田成有:《乡土社会中的民间法》,法律出版社 2005 年版,第 138—139 页。
④ "阿鼻地狱",佛教用语,出自《法华经·法师功德品》。"阿鼻",梵语"Avicinaraka"的译音,意译为"无",即痛苦没有间断的意思。佛教认为,人在生前做了坏事,死后要堕入地狱,其中造"十不善业"重罪者,要在阿鼻地狱永受苦难。
⑤ 潘志成:《藏族社会传统纠纷调解制度初探》,载《贵州民族学院学报(哲学社会科学版)》2009 年第 1 期,第 15 页。

烟海的藏族文史类作品中,通过格言、寓言体的故事等方式传播通过调解的方式解决纠纷的意蕴是其传统。英雄史诗《格萨尔》中的格言说:"身穿山羊皮袄者,调处纠纷断的案,穿着锦缎的权贵,也无权利去推翻。头戴羊绒毡帽者,调解是非判的案,头戴金冠的法王,也无办法去改变"。① 在藏族中流传很广的 19 世纪后期出现的一部寓言体小说《猴鸟的故事》②及后来的《驴马与石之裁判》③的故事等也是这方面的典型例证。在这些格言或故事中,所要传播的思想主要是:纠纷的解决一般要经过"调解",最后才能做出处断;纠纷的解决需要调解主体,即调解人;纠纷解决的原则要公平合理,各得所需,等等。20 世纪五六十年代的调查资料也指出,在婚姻等纠纷发生时,所采取的方法"多半是调解",④最后由甲本再作处理。

二、亲告

亲告,即在婚姻纠纷发生时,当事人自己亲自告诉。这是藏族传统社会婚姻纠纷的基本调处方式。一般而言,提起调处者为与婚姻纠纷直接相关的当事人或者受害人,实行当事人亲告,基本不存在其他人代为提起的情形。在游牧部落中,一般程序是"由原告直接向洪波、翁波和老民告发,如果洪波答复受理,就算完成了起诉手续,然后由洪波找双方进行审理,并在当场予以判决"。⑤

---

① 《格萨尔王传·门岭大战之部》,王沂暖、余希贤译,甘肃人民出版社 1986 年版。
② 王尧、陈庆英主编:《西藏历史文化辞典》,西藏人民出版社、浙江人民出版社 1998 年版,第 113 页。该故事之具体描述,详见本文"附录"之"民间故事"部分。
③ 远生编译:《西藏民间故事》,上海世界书局 1931 年版,第 47—52 页。该故事之具体描述,详见本文"附录"之"民间故事"部分。
④ 《中国少数民族社会历史调查资料丛刊》修订编辑委员会编:《藏族社会历史调查 3》(修订本),民族出版社 2009 年版,第 10 页。
⑤ 杨明编著:《藏族游牧部落及社会主义现代化》,成都电讯工程学院出版社 1988 年版,第 175 页。

三、讲事

在游牧部落,还有一种婚姻纠纷调处方法也较为常见,这就是"讲事"。"讲事",也就是"说理"的意思。在游牧部落中,这种"讲事"的判决方式仍有所保留。

具体做法是,原被告都请能说会道、善辩的人参加调解会(类似审判会),双方都陈诉自己的理由,直到理由多的一方辩倒另一方,不管是否有罪,理由少的一方为败,受到处罚。"讲事"不成时,再采取诸如神判等方式。在审理案件的整个过程中,习惯法规定,说"官司"的双方必须先向主持审理的人献哈达,交相当数量的抵押,如一匹马或几头牛等,等审理判决后,输方将抵押的牲畜,赔给胜诉者,洪波、翁波还收"开口费"、"冒烟费"等,甚至索取抵押的一头牛。"若尔盖"(一个部落名称)的牧民发生口咀(纠纷)由洪波调解时,双方都要缴"开口银子";如果口咀涉及到洪波自己的部落,就认为伤了他的脸面,收"面皮银子",为他遮羞;调解结束,还向洪波交"闭口银子"。"求吉"部落洪波审理案件时,每户给他缴纳酥油 30 斤,还要供给审理人员伙食费,一般情况下是 10 斤酥油、30 斤糌粑、5 斤茶叶、1 只羊。①

四、神判

神判,即通过神灵判决的方式来解决纠纷的机制。夏之乾在《神意裁判》中指出,神判同个人财产和个体婚姻关系密切。②"国家初期,法规未立,神意有为人民公的行为之基准之潜势力,故于争讼事件有疑难

---

① 杨明编著:《藏族游牧部落及社会主义现代化》,成都电讯工程学院出版社 1988 年版,第 175—177、180 页。

② 夏之乾:《神意裁判》,团结出版社 1996 年版,第 125 页。

时,多依神签卜巫而窥神意,以决曲直,或直接请神裁判"。① 实际上,之所以有神判产生,"关键是神灵信仰根深蒂固地产生与存在着"。②

"沸油取石"、"沸泥取石"是较为重要的藏族传统社会婚姻纠纷的神判调处方式。这些内容后世直接上升为法律。《十三法典》第九条"狡诳洗心律"规定了"沸油取石"、"沸泥取石"的神判方式。"沸油取石",即在铜或铁锅中倾入干净之菜油,油量以淹没拳头为宜,然后把拇指大小,重量相等的黑白各一的石子放入锅内。"沸泥取石",则是在锅内倒入稠如乳酪的泥浆浊水,以淹没拳头为宜,随后放入拇指大小,重量相等,黑白各一的石子。人们看不见石子,(用火烧沸后)方可用手去抓。这种仪式要与盟誓相互结合而行。③

五、诉讼

诉讼既为习惯法所规定,亦为传统法所吸纳。藏族社会传统法律《十三法典》中对诉讼行为就有明确的规定,并将其称之为"听讼是非律"。其文曰:"法律公文如海洋,听讼是非律似明月,光照正义之甘露,驱除虚假之黑暗"。"诉讼时,双方均须到场,一方缺席,则不能当堂对质。要通过明察暗访,明辨是非。世间常有一些胡作非为之徒,凡事以私利为重,于法庭上相互告发,自讨苦吃。对此类人虽要处罚,但不宜过重.经诉讼后,辨别是非,即依法判决。诬告者必须严惩"。"如对诉讼双方情况不甚清楚,可暂缓审理,先使其修性后发誓。如双方均不能详陈事实,则各负一半责任,依情节轻重予以判决。当事人已向法庭提起诉讼,又思协调解决者,双方须将情况如实上报法庭,请求允准"。④

---

① [日]穗积陈重:《法律进化论》,黄尊三等译,中国政法大学出版社1997年版,第17页。
② 牛绿花:《藏族盟誓研究:以甘南藏区为例》,中国社会科学出版社2011年版,第201页。
③ 周润年、喜绕尼玛译注:《西藏古代法典选编》,中央民族大学出版社1994年版,第103页。
④ 同上书,第90页。

第四节　藏族社会婚姻纠纷解决机制的现代变迁

以西藏为例，1959年西藏"民主改革"后，随着西藏传统社会最基本的制度——政教合一的封建农奴制的彻底废除，西藏地区实现了百万农奴梦寐以求的当家做主的权利。西藏的社会制度也实现了历史性跨越，由"政教合一"的封建农奴制社会进入人民当家做主的社会主义社会。实际上，这场波澜壮阔的改革不仅废除了西藏传统社会的等级制度和部落制度，而且从国家法的角度对其旧制度的一切予以全盘否定。把一切包括西藏藏族婚姻习惯法在内的各种民族地域性法律文化及法律制度等旧文化、旧制度均归结为"封建""落后"，口诛笔伐。该种思维模式表现在实践中就是对代表国家力量的国家法的极度推崇和对旧法（包括习惯法）的全面"不继承"[①]及严厉禁止。

[①] 20世纪50年代，杨兆龙先生在《华东政法学报》上发表了一篇题为"法律的阶级性和继承性"的文章（参见杨兆龙：《法律的阶级性和继承性》，载《华东政法学报》1957年第3期），提出"法律的继承性和任何法律体系的形成发展以及任何阶级的统治，有着永远不可分割的关系"，一石激起千层浪，上海市法学学会、中国政治法律研究学会、复旦大学、北京大学、北京政法学院等著名学会和学府对于"法律到底有无继承性"进行了激烈的讨论（参见梅耐寒：《关于"法的阶级性和继承性"的讨论——介绍上海法学会第二次学术座谈会》，载《法学》1957年第3期，第28—30页）。但实际上，更多的是对上述观点的批判，"我们必须根据唯物主义的阶级观，划清新法和旧法的原则界限。认定一切旧法的反动性，它是剥削阶级用以压迫劳动人民的工具，全部否定它，毫无惋惜"。参见方今：《也谈法的阶级性和继承性》，载《法学》1957年第3期，第22页。自此之后，"法的继承性"是一个不能讨论的话题，或者说是一个被强大的意识形态所遮蔽的话题。直到20世纪80年代初期，这个话题才被重新讨论，并在中国最权威级的刊物《中国社会科学》上撰文明确论证并提出法具有继承性的观点。"法的继承性是指依次更迭的法的发展的连续性，即新法在否定旧法的阶级本质的前提下，有选择、有批判地吸收旧法中合理的、科学的、积极的因素，使之成为新法体系的一个有机组成部分"（参见张贵成：《论法的继承性》，载《中国社会科学》1983年第4期，第137—161页）。至此，中国法学界关于"法的继承性"的认识才步入正常轨道。回顾这段历史，有利于我们认清意识形态和法学研究之间的关系。

但改革开放后国家工作重心转移,"以经济建设为中心",国家对整个社会的控制力也随之减弱。在此背景下,从 20 世纪 90 年代初开始,整个藏区的习惯法出现了"回潮"①的趋势,并与国家法形成明显的矛盾和冲突。经过较长时间的调查和讨论,学界对此现象也基本上形成了三种态度或意见,即无害论(保留论)、废除论(否定论)、改革论(改造论)。② 其中,以"改革论"为多数学者所赞同。而如何改革,涉及很多具体的问题,要做大量的调查工作。学界目前的研究主要集中在藏族习惯法中最具特色的刑事习惯"赔命价"规范上,对于民事习惯尤其是婚姻方面的习惯,除对单复式婚有所探讨外,对"婚姻纠纷解决机制的现代变迁"这一话题很少涉猎。本章将对该主题进行深入探究。

一、考察样本 S 县和 H 县的基本情况

S 县位于西藏自治区南部、K 地区东部,距 K 市 130 千米。总面积 2122.82 平方千米,人口 3.1 万人。地处冈底斯山与喜马拉雅山之间的主要河流有雅鲁藏布江及其支流茶曲、扎曲等。属温带半干旱高原季风气候。年降水量 451.5 毫米,日照充足,年均气温 6.8℃,无霜期 115 天。中尼公路横贯县境。以农业为主,农牧结合。境内旅游资源

---

① 近 10 年来,藏区部落习惯法大有回潮复辟之势,与现行法形成了明显的对抗。参见张济民:《浅析藏区部落习惯法的存废改立》,载《青海民族研究》2003 年第 4 期,第 99 页;改革开放以来,尤其是近年来,青海藏区的赔命价有复兴的趋势。参见杨方泉:《民族习惯法回潮的困境及其出路——以青海藏区"赔命价"为例》,载《中山大学学报》2004 年第 4 期,第 55 页。在社会矛盾凸显的新时期,要做好民族工作和司法工作,维护藏区安定团结的政治局面和经济社会的发展繁荣,就不得不重视习惯法"回潮"这一社会现实。参见穆赤·云登嘉措:《藏区习惯法"回潮"问题研究》,载《法律科学》2011 年第 3 期,第 160 页。

② 张济民:《浅析藏区部落习惯法的存废改立》,载《青海民族研究》2003 年第 4 期,第 99—111 页;张济民主编:《诸说求真:藏族部落习惯法专论》,青海人民出版社 2002 年版,"前言"第 2 页。

丰富，所产玉石远销海内外。

　　H县地处冈底斯山南麓，喜马拉雅山北麓，雅鲁藏布江中游河谷地带。距省府所在地L市178公里，距X藏区重要的农业行政区N市所在地仅28公里，地理位置优越，交通十分便利。总面积2638平方公里，总人口1.7万，辖三乡一镇，其中藏族人口占98.5%。耕地2.3万亩，林地20万亩，可利用草场30万亩，地势南低北高，平均海拔4000多米。年平均降雨量420毫米左右，平均气温8℃，有"一日有四季，一山有四季，十里不同天"之说。特定的自然地理环境决定了H县是一个传统的"以农为主，农牧结合"的县，主要农作物有小麦、青稞、油菜、豌豆、蚕豆、土豆、萝卜等。牲畜有牦牛、犏牛、黄牛、山羊、绵羊、驴、马等。从古至今，H县都是中国西南藏区重要的粮食基地和牧业基地。

　　笔者三次进藏分别考察了S县和H县。之所以综合选择S县和H县婚姻纠纷解决机制作为考察的样本，主要是基于以下几点考虑：

　　第一，西藏地域广袤，各个地区之间的区域差别性很大，"十里不同风，百里不同俗"。因此，泛泛而论西藏的婚姻纠纷解决机制，不准确，也没有说服力。选择具有代表性的地区进行多样本比较性考察，具有一定的说服力。

　　第二，S县和H县在西藏具有一定的代表性。由于西藏地区经济发展极不平衡，拉萨市、日喀则市（日喀则地区首府）、八一镇（林芝地区首府）、泽当镇（山南地区首府）等地经济发展势头强劲，与内地西部省份的地区发展几乎相差无几。但作为西藏最基础的县级政权，其发展与上述首善之区有着天壤之别。因此，这些地区更有代表性，能够反映西藏县级政权在婚姻纠纷解决机制上的实际运行状况。

　　第三，尽管调查S县和H县存在着一定的风险，比如可能看到的现象并不具备普遍性,①得出的结论也可能不能得到推广论证等,但只要这种调研做得扎实有效,再结合西藏其他地区的访谈资料,比如委托作者在西藏工作的学生调查访谈,他们一般都在西藏基层一线工作,对一线的情况非常熟悉,那么这种研究也至少有着为他人提供比较、参考资料的价值。在某种程度上,所得结论也可以作为其他人进一步进行研究的基础或者靶子,从而推动少数民族婚姻理论在实证研究上的进步。

第四,S县和H县都有笔者的学生在基层工作,从而能够在收集资料、实证考察方面带来便利,这也是一个非常实际的考虑。实际上,由于西藏地区收集文献资料的高度敏感性,基层乡村及法院系统的调研常常会遇到一些意想不到的障碍,有自己的学生在基层一线和法院实务部门工作能够较好解决上述难题。另外,有几位笔者较为熟识的在校藏族同学在S县和H县居住,从而能够为笔者提供高质量的藏语翻译,②能够协助申请人更好地在西藏地区开展实地调研,从而为取得较有效的调研内容提供保证。

鉴于以上认知和现实境遇,笔者选择前藏③S县和后藏H县进行考察。

---

① 费孝通先生在研究江村农民的社会及其变迁时提及的一段话颇为中肯。他说:"对这样一个小的社会单位进行深入研究而得出的结论并不一定适用于其他单位。但是,这样的结论却可以用作假设,也可以作为其他地方进行调查的比较材料。这就是获得真正科学结论的最好方法。"参见费孝通:《江村农民生活及其变迁》,敦煌文艺出版社1997年版,第15页。
② 由于不同区域方言差距很大,拉萨地区的卫藏方言康巴地区(如昌都地区)不一定能听懂。西藏方言,分为卫藏、康巴、安多三大类方言。常说的康巴藏族、安多藏族、卫藏藏族,就是根据三大方言的范围来划分的。
③ 西藏旧分康(喀木)、卫、藏、阿里四部。清雍正年间划康部宁静山以东地区归四川省,以西与卫部合并称前藏,藏部称后藏。前藏包括拉萨、山南等地区,以拉萨为中心。后藏以日喀则为中心。清政府分别册封达赖喇嘛和班禅额尔德尼,形成达赖掌管前藏、班禅掌管后藏的格局。前藏逐渐发展为西藏的经济和政治中心。拉萨成为西藏的首府和第一大城市。

二、婚姻纠纷调处人的变更

前文述及,在藏族传统社会中,活佛、喇嘛及有名望的僧侣、部落首领及其直系后裔、部落头人、部落长老、部落"卓博"等是婚姻纠纷的主要调处人。但在民主改革后,尤其是召开第一次"西藏工作座谈会"(1980年)①以来,传统西藏社会婚姻纠纷的调处人结构已经发生了巨大变化。亲朋好友、基层干部、村庄精英、寺庙的僧侣喇嘛、信访组织及法院等成为解决婚姻纠纷的新调处人。

（一）亲朋好友

因血缘、地缘、业缘或教缘关系而形成的差序格局构成了一个人的基本人际关系网络。其中因血缘关系而构成的网络是每个自然人最基础的人际关系,在此基础上才形成了其他人际关系。在笔者的田野调查及访谈中,我们发现,亲朋好友是当下藏族社会婚姻纠纷调处人的第一选择对象,当事人一般会将夫妻之间的纠纷通过当事人双方的亲属或朋友来解决。"家丑不可外扬"的观念不仅适用于汉族地区,藏族地区的普通民众对此也深以为然。只有当亲朋好友不能解决婚姻纠纷时,当事人才将其纠纷诉诸其他主体。

（二）基层干部

基层干部,包括村干部、驻村干部或基层官员等群体,这些人在藏族民众看来就是国家权力的外化和代表,虽然事实上不完全是。权力代表着对资源的占有和支配能力。官员或者干部的级别越高,对资源的占有和支配权力和能力就越强。村干部在国家权力运作中已经与国

---

① 鉴于西藏经济发展水平低于全国乃至低于其他少数民族地区的实际情况,中央决定对西藏经济社会发展加大扶持力度,专题研究西藏及其他藏区经济社会发展的大政方针问题。从1980年开始截至目前,共召开六次西藏工作座谈会,分别是1980年、1984年、1990年、2001年、2010年及2015年。

家权力建立了稳定的长效联系机制,国家各项优惠政策在藏族群众中的落实都离不开村干部的介入就是明证。① 干部在第三方纠纷的解决中,扮演着重要的角色,乡村主任书记、治安委员会、调解委员会等,他们是基层社会的最基本的组织,国家依靠这些基层干部完成对社会的管理。这些组织就是所谓的"国家权力的末梢"。②

有研究者指出,"在藏区的不少村寨牧场内,一旦发生纠纷,一个宗教人士的影响力往往大于司法工作者。当事双方首先都愿意求助于当地德高望重的宗教人士"。③ 这些研究与笔者的访谈及观察是不相符合的。笔者的观察及访谈所得认为,当下西藏社会,只要基层政权有足够的力量和权威,在当事人婚姻发生纠纷,无法通过私力救济方式解决时,一般就会找村长解决纠纷。"纠纷一般会找村长,但前提是村长在当地要有足够的威望,处事比较公正合理,在群众中有威信"。④ "一般会找村调解委员会、村干部解决婚姻纠纷。调解领导小组的成员,主要是村干部。当然,并不是说所有的(村干部)都有威信"。⑤

(三) 村庄精英

村庄精英可分为传统型精英和现代型精英。前者是以名望、地位、特定文化中的位置乃至明确的自我意识为前提而形成的村庄精英,后者是指在市场经济中脱颖而出的经济能人。⑥ 他们在农牧区具有广泛

---

① 后宏伟:《藏族习惯法中的调解纠纷解决机制探析》,载《北方民族大学学报(哲学社会科学版)》2011年第3期,第61页。
② 苏力:《送法下乡——中国基层司法制度研究》,中国政法大学出版2000年版。
③ 王玉琴、德吉卓嘎、袁野:《藏族民间调解的脉动》,载《西藏大学学报》2011年第4期,第137页。该论者潜意识中把当下的西藏社会仍然视为一个典型的"乡土社会",但现实情况是当下的西藏社会也在发生巨大的变迁,正在从"乡土社会"向"商土社会"迈进,从传统向现代化变迁。
④ 2012年9月22日笔者对在西藏昌都地区和拉萨市基层工作的Z、Y的访谈记录。
⑤ 2012年9月22日笔者对在西藏山南地区桑日县基层工作的D的访谈记录。
⑥ 贺雪峰:《村庄精英与社区记忆:理解村庄性质的二维框架》,载《社会科学辑刊》2000年第4期,第37—38页。

的影响力和号召力。村庄精英凭借其财富、知识、能力、道德品格等个人魅力或其他原因形成一种非强制性的影响力。该影响力促成了当事人对他的信任,而信任是建立社会秩序的主要工具之一。

笔者的访谈资料证实当下村庄精英在婚姻纠纷中所起的重要作用。"在我所驻的村上有一个医生,当地人称之为'神医',能治各种疑难杂症,在当地百姓中威望相当高。如果发生较大的婚姻纠纷,当事人无法解决,他们一般会请这个'神医'来出面帮忙"。[1] 在亲朋好友及基层干部调处婚姻纠纷失效时,村庄精英就充当了解纷主体的角色。

(四)寺庙的僧侣喇嘛

由于历史上藏区"政教合一的传统"以及当下藏传佛教在藏区普通民众中的影响力,寺庙的僧侣、喇嘛仍然是相当重要的婚姻纠纷解决主体,这在诸多研究中已经做了说明,一如前述,在此不赘。但需要说明的是,该解纷主体,只有在较大的婚姻纠纷处理时(如可能引起械斗或者命案发生)才会参与。"大的纠纷比如因为婚姻而引起的流血冲突或者当地人自己认为比较大的婚姻纠纷会找喇嘛。但如果死人的话,就会上报,按照刑事诉讼的一般程序提起公诉"。[2]

(五)信访组织

"信访"作为中国特色的公民权利表达机制,在 20 世纪 80 年代中期以前在了解民情、化解矛盾、解除民忧、公民监督和提供决策参考信息等方面曾发挥了重要作用。但 20 世纪 80 年代中期以后,信访活动所涉及的内容及其所造成的影响,却有违信访制度设计者的初衷。以较大规模群体访和表达形式激烈的个体访为主要标志的信访高潮至今仍然没有明显的落潮迹象,成为影响社会秩序稳定的重要因素。[3] 尽

---

[1] 2012 年 9 月 23 日笔者对在西藏山南地区桑日县基层工作的 D 的访谈记录。
[2] 2012 年 9 月 22 日笔者对在西藏昌都地区和拉萨市基层工作的 Z、Y 的访谈记录。
[3] 张炜:《公民的权利表达及其机制建构——陕西省西安市临潼区信访状况研究报告》,西南政法大学 2008 年博士学位论文,"摘要"。

管如此,信访组织在藏族社会中依然有着相当的威信力。笔者的访谈资料证实,在上述主体均不能解决婚姻纠纷时,当事人一般也会找信访组织来解决纠纷。"我们这儿婚姻纠纷来信访的一般很少,当然也有。婚姻纠纷来信访的一般当事人都是有点文化水平的(高中以上),我们都会详细了解情况、备案,能沟通的尽量沟通。不能沟通的,我们一般建议他们去找村委会,或者实在不行的话,告诉他(她)们找法院。我们这儿主要是个中转站"。①

(六) 法院

在学理上,法院是社会婚姻纠纷解决的最后一道保障线和屏障,也是维护婚姻秩序的安全阀。笔者的实证调查证实,西藏各个基层法院当下均花了相当大的气力来建设"温馨调解室",力图将婚姻纠纷通过"调解"方式结案。

三、婚姻纠纷调处原则及方式的变化

(一) 婚姻纠纷调处原则的变化

传统藏族社会由于政教合一体制决定的"封建农奴制"社会性质,决定了调处婚姻纠纷时遵循以等级身份制为基础的"以强制为基础的同意"原则和"以财代刑"原则。随着"民主改革"后藏族社会性质的改变,这两项原则自然发生了根本改变。中国是一个单一制的国家,西藏是中国的一个地方政权,婚姻法的基本调处原则如自愿原则、公平原则等自然适用于西藏自治区。由于该原则在一般教科书中均有涉及,在此不赘。

---

① 2012年7月16日笔者对在西藏山南地区桑日县政府信访办公室工作人员A的访谈记录。

(二)婚姻纠纷调处方式的变化

前文述及,传统藏族社会婚姻纠纷调处方式主要有调解、亲告、讲事、神判及诉讼等。在"民主改革"后,尤其是召开第一次西藏工作座谈会后,传统西藏社会婚姻纠纷的调处方式发生了巨大的变迁。为了更准确地研究本主题,笔者调取了西藏 S 县和 H 县最近三年来①涉及婚姻纠纷的所有案件卷宗,以期对藏族社会当下婚姻解纷机制的运行进行观察。

以下是 S 县和 H 县婚姻家庭类案件调处方式的简表,通过该表我们可以直观地看出,当下西藏社会婚姻家庭纠纷类案件的处理方式主要以调解为主,诉讼占有的比例相当小,传统社会的其他调处方式基本上消失。

表5 S 县婚姻家庭类案件调处方式简表

年份	受理案件总数	婚姻家庭类案件数	处理方式	调解率
2010 年	19 件	9 件	调解、诉讼	97.9%
2011 年	39 件	6 件	调解、诉讼	100.0%
2012 年	39 件	10 件	调解、诉讼	98.8%

(资料来源:S 县人民法院 调查时间:2012 年 8 月 16 日)

表6 H 县婚姻家庭类案件调处方式简表

年份	受理案件总数	婚姻家庭类案件数	处理方式	调解率
2010 年	23 件	20 件	调解、诉讼	95.6%
2011 年	24 件	23 件	调解、诉讼	87.5%
2012 年	25 件	25 件	调解、诉讼	81.0%

(资料来源:H 县人民法院 调查时间:2012 年 8 月 25 日)

---

① 之所以只对近三年来的卷宗进行分析,主要原因是 2010 年前的很多卷宗并未归档,或遗漏或错讹,最终导致无法使用。

通过上表,我们发现,在当下通过调解方式结案是西藏基层法院婚姻纠纷案件最为常见的处理方式。另外,笔者的访谈资料显示,有的基层法院根据自己的实际情况规定了硬性的"调解率"。如我的访谈人提到,"日喀则地区中院出台了年底综合考评,规定调解率不低于65%。综合考评高的话可以得先进个人或者先进集体,对仕途发展有利。但拉萨没有硬性的关于调解率的规定"。①

四、婚姻纠纷解决机制现代变迁的考察结果

通过对藏族传统社会婚姻纠纷解决机制及其现代变迁的梳理和考察,我们发现有两个结果值得关注:一是传统的婚姻纠纷调处主体在现代化的语境下基本上已经式微,但历史上藏区"政教合一的传统"以及当下藏传佛教在藏区普通民众中的影响力的现实情况,决定了活佛、喇嘛及有名望的僧侣发挥的作用依然不可小视;二是婚姻纠纷调解机制在当下藏族社会一枝独秀,其他调处方式有消失之虞。

(一)传统婚姻纠纷调处主体式微

在当下的藏族社会,国家主导地位的确立已经是既成事实。这里所指的国家主导,既不同于1949年以后的国家权威模式,也并非主张国家司法权力在纠纷解决体系中的中心地位,而应当是一种以向民众提供服务为基点,各种国家权力(包括行政权、司法权,甚至立法权)良性互动、优势互补的综合机制。② 代表国家公权力的村长、人民调解员、信访组织、法院等部门发挥着最终裁判功能,代表私力救济的亲朋好友、寺院喇嘛、村庄精英只起着辅助性的作用。在实际案件的解决过

---

① 笔者于2012年9月26日对在H县检察院工作的Q的电话访谈。
② 左卫民等:《变革时代的纠纷解决:法学与社会学的初步考察》,北京大学出版社2007年版,第10页。

程中,我们发现,作为魅力型权威①代表的喇嘛并没有出现在调解过程中,取而代之的是代表国家—权力"在场"的"村长"、"法官"、"信访组织"等权力符号体系,具有明显的国家中心主义色彩。

藏族婚姻法律文化中传统婚姻纠纷解决主体的逐渐式微,主要原因是在社会变迁背景下作为纠纷解决主体的生存环境已经发生改变,传统的纠纷解决方式难以为继。在藏族习惯法调解纠纷解决机制中,担任中间调解人的民间权威主要有部落头人和长老、活佛僧侣等。尽管存在藏区习惯法的"回潮"问题,但部落头人、活佛僧侣等一般情况下只对草场纠纷或者部落间的械斗等大型的纠纷进行调处。虽然当下的藏族社会尊老习俗依然存在,甚至老人依然发挥着重要的作用。但不可否认的是,随着近30多年来中央对西藏及其他藏区的大力支持和西藏及其他藏区本身的发展,在市场经济的大潮下,新型村庄精英已经成为在婚姻纠纷解决机制中另外一个重要的角色。

(二)婚姻纠纷调解机制一枝独秀

婚姻纠纷调解机制一枝独秀、传统调处方式有消失之虞,是藏族传统社会婚姻纠纷解决机制及其现代变迁考察的第二个结果。实际上,藏族习惯法中的调解制度,与当下国家司法机关倡导的人民调解制度相一致,也是藏族民众喜闻乐见的解决纠纷的形式。②

现有的规范性文件指出了这种"善良民俗习惯"在裁判中的作用及

---

① 马克斯·韦伯提出了被人们广泛应用的权威分类,即把权威系统分为魅力型权威、传统权威、法律权威,并以此作为"统治系统"的分类。魅力性权威指的是一种个人魅力,即被认为是超自然的或者超人的,或者是特别非凡的,任何其他人不可企及的力量或者素质,因此也被视为领袖。建立在非凡的、献身于一个人以及由他所默示和创立的制度上的神圣性,或者英雄气概,或者楷模样板之上的,称之为魅力型统治。参见[德]马克斯·韦伯:《经济与社会》(上册),林荣远译,商务印书馆1997年版,第269—283页。

② 穆赤·云登嘉措:《藏区习惯法"回潮"问题研究》,载《法律科学(西北政法大学学报)》2011年第3期,第168页。

意义。"法发[2008]36号"《最高人民法院印发关于为推进农村改革发展提供司法保障和法律服务的若干意见的通知》中指出,要"注重对风俗习惯中的积极因素进行广泛深入的收集整理与研究,使其转化为有效的司法裁判资源。要重视善良民俗习惯在有效化解社会矛盾纠纷、促进新农村和谐稳定中的积极作用。坚持合法性、合理性、正当性、普遍性原则,认真考虑农民一般道德评价标准、法律认知程度和是非判断的基本准则,将农村善良风俗习惯作为法律规范的有益补充,积极稳妥地审理、执行好相关案件,确保涉农审判、执行工作法律效果与社会效果有机统一"。

有学者撰文指出,"在司法过程中,将善良的民俗习惯有条件地引入审判领域,在不与现行法律冲突的前提下,运用善良风俗解决社会矛盾纠纷,将民俗习惯的合理运用作为对法律适用的一定补充"[1]是转变司法观念、创新工作方式的具体体现,也是人民法院有效化解社会矛盾、促进社会和谐的重要举措。在实务界,江苏省率先在全国通过了《江苏省高级人民法院关于在审判工作中运用善良民俗习惯有效化解社会矛盾纠纷的指导意见》(苏高法审委[2009]1号),并在泰州市、姜堰市等地展开试点工作。[2] 在此背景下,可以说,当下藏族婚姻纠纷调解机制一枝独秀的现象是国家司法政策导向的直接结果。

---

[1] 曹建明:《和谐司法视野下民俗习惯的运用》,载《人民法院报》2007年8月30日第5版。

[2] 公丕祥主编:《民俗习惯司法适用的理论与实践》,法律出版社2010年版。

第四章 藏族婚姻法律文化的动因

> 不要责怪仓央嘉措,
> 说他曾经寻欢作乐,
> 如同自己需要一样,
> 别人也会需要那个。
>
> ——藏族民歌[1]

---

[1] 葛桑喇:《一个宗教叛逆者的心声——略论六世达赖喇嘛仓央嘉措及其情歌》,载中国藏学出版社编:《六世达赖仓央嘉措诗意三百年》,中国藏学出版社2010年版,第355页。有研究认为,该民歌首先从拉萨的囊玛厅传唱开来。"喇嘛仓央嘉措,别怪他风流浪荡,他所追寻的,和我们没有两样。"参见马丽华:《六世达赖喇嘛仓央嘉措的诗化人生》,载中国藏学出版社编:《六世达赖仓央嘉措诗意三百年》,中国藏学出版社2010年版,第437页。

藏族婚姻法律文化的形成是诸多因素综合作用的结果,任何一种对其存在动因的单一解释都存有缺陷。以往的研究或聚焦于宏观经济因素的解读,[①]或汇集于特定亲属结构的分析,[②]或注目于社会观念的诠释,[③]很少从法律与地理、法律与伦理、法律与经济等的关系几个重要视角对藏族婚姻法律文化的动因进行解释。本文认为,藏族婚姻法律文化的产生有着深刻的地理、伦理、经济等原因,有其特殊性与合理性。

第一节　法律——地理:藏族婚姻法律文化的空间向度

法无往而不在一定的空间地域范围之内。法不可能脱离时代,更不可能完全超越地理的局限。具有浓厚伦理色彩的身份法更是如此。法和地理之间存在着不可隔断的勾连,正是青藏高原独特的地理环境造就了藏族婚姻法律文化的遗世独存。[④] 藏族婚姻法律文化是适应青藏高原特殊的地理环境的产物,是藏族同胞生存策略和智慧的反映。

---

① 典型的如美国藏学家戈尔斯坦的研究。参见[美]戈尔斯坦(M. Goldstein):《利米半农半牧的藏语族群对喜马拉雅山区的适应策略》,坚赞才旦译,载《西藏研究》2002年第3期;《巴哈里与西藏的一妻多夫制度新探》,何国强译,载《西藏研究》2003年第2期。

② 典型的如美国女藏学家南希·莱文在考察了尼泊尔境内的宁巴人时认为,要用"当事人亲属关系的远近来解释婚姻家庭关系的成败"。Nancy E. Levine, *The Dynamics of Polyandry: Kinship, Domesticity, and Population on the Tibetan Border*. London: The University of Chicago Press, 1988, p. 8.

③ 典型的如美国人类学家阿吉兹认为:"西藏的婚姻形态可能比任何其他社会更具有多样性,这种复杂的婚姻形态反映了人们的社会观念,表现了他们在思想和行为方面的适应性,它也是持续不断的社会流动过于剧烈的结果——这一切都促使人们在尽可能广阔的范围内选择合适的婚姻形态。"参见[美]巴伯若·尼姆里·阿吉兹(Aziz):《藏边人家——关于三代定日人的真实记述》,翟胜德译,西藏人民出版社1987年版,第155页。

④ 李春斌:《法律地理:藏族婚姻习惯法的空间向度》,载《原生态民族文化学刊》2012年第2期,第56—61页。

一、对独特地理环境的适应

地域是民族文化赖以生长的环境,也是藏族婚姻法律文化赖以生存的环境和土壤。婚姻作为一种社会关系和社会制度,必须与本土的地理环境相适应。换言之,婚姻关系必须深深地植根于本民族的土壤和地理环境中,否则便是无本之木、无源之水。以西藏为例,有学者指出:"西藏尤其独特的地理环境和自然资源条件,由于生存条件恶劣并与外界相对隔绝,形成了西藏独特的社会制度和与之密切相关的婚姻制度",①这是不刊之论。

美国现代著名的藏学家戈尔斯坦通过对位于尼泊尔西北部与西藏交界的利米峡谷的描述,勾勒出了在此总体生存环境结构之中藏族族群适应体系的简单轮廓,并通过对该适应体系的透视,暗示环境与文化系统之间存在着一种动力学上的相互作用。② 无疑,藏族独特的婚姻法律文化正是适应这种环境的选择。"所谓的权利、自由与正义,仍然会因文化的不同而有实质上的差异。"③"不同范畴的人群对自身所处的文化氛围有着特殊的体验感受,对这套文化蕴含的价值取向有着天然的认同感"。④ 因此,"一种法律体系看上去无论如何稳定和具有支配地位,都必须适应既定法域内外涌现出来的各种法律意义、价值、逻辑、认同以及文化情境,并在某些情况下,顺应他们"。⑤ 藏族婚姻法律

---

① 马戎:《西藏的人口与社会》,同心出版社1996年版,第331页。
② [美]戈尔斯坦:《利米半农半牧的藏语族群对喜马拉雅山区的适应策略》,坚赞才旦译,载《西藏研究》2002年第3期,第119页。
③ 兰·麦克劳德(Lan Mcleod):《法理论的基础》(修正版),杨智杰译,台北韦伯文化国际出版有限公司2010年版,第7页。
④ 龙大轩:《乡土秩序与民间法律:羌族少数民族习惯法探析》,中国政法大学出版社2009年版,第318页。
⑤ [美]伊夫·达里安-斯密斯:《法律民族学》,高鸿钧译,载[美]奥斯汀·萨拉特编:《布莱克维尔法律与社会指南》,高鸿钧等译,北京大学出版社2011年版,第592页。

文化正是对藏区独特的地理环境的适应。

二、生存策略和智慧

在藏族乡土社会,藏族同胞的婚姻法律文化代代传承,这既是适应独特地理环境的产物,又是一种重要的生存策略和智慧。以单复式婚为例,据笔者实证考察,在藏族同胞(大概年龄在 50 岁以上的[①])的生存观念中,理想的婚姻家庭应当是兄弟共妻型的单复式婚,而非双单式婚。而且一般的家庭分工模式应当是:老大(第一丈夫,哥哥)在家里从事农业,老二(第二丈夫,二弟)在外放牧,如果有老三(第三丈夫,三弟)的话,老三[②]在外打工(木匠、漆匠或县城附近甚至首府拉萨或区外的短期或长期劳务工作,如建筑、餐饮、出租车或商业等)。其主要原因在于藏区地理环境的限制,使得藏族同胞很早就认识到要在这块"地球第三极"的土地上生存,必须选择合适恰当的生存策略。经过他(她)们不断的试错、对比、比较和经验的累积,最终发现人口多、兄弟不分家、家庭财产积聚、不外流,是在藏区生存的最好策略或方式。即便是在 21世纪的当下,其中家境较为殷实、住房结构为木石二层且较为华丽者,基本上是施行传统婚姻法律文化中单复式婚尤其是兄弟型共妻的家庭,人皆称美。

笔者在调研中深深体会到,在藏族农牧区社会中,一切社会关系都是以婚姻家庭为核心建立起来的。倘若离开了婚姻家庭的纽带和社会

[①] 据笔者 2010 年 8 月 3 日对西藏日喀则地区 Z 村村长达瓦(化名)的访谈,现在实行藏族传统婚姻习惯的家庭,其年龄在 50 岁以上的老一辈中更为广泛,年轻一代也有施行的,但数量不太多。

[②] 据笔者 2010 年 8 月 3 日对西藏日喀则地区 Z 村村长达瓦(化名)的访谈,老三长期待在外地,受现代婚姻观念的影响,自身的婚姻观念或许会发生改变。有的在外地定居,一夫一妻,结婚生子,不回老家,这种情况时有发生。

联系,生存是异常艰难的。以"户"①为单位的家庭在客观上起到了聚合劳动力的作用,使得藏族人民能够在"世界第三级"繁衍生息。"活在任何社会里的任何人,都是从那个社会得到知觉,得到思考的方法,得到特殊的见地"。②事实上,藏族正是在对特有地理环境的适应中形成了自己独特的社会生存方式。

第二节　法律——伦理:藏族婚姻法律文化的伦理之维

法律的伦理属性得自娘胎,系出天然,藏族婚姻法律文化有着天然的伦理属性。除了其他因素的考量,兄弟和睦的伦理诉求、永不分家的朴素愿景、社会舆论的普遍好评等社会伦理因素无不深深地影响着藏族婚姻法律文化的产生。而维系兄弟团结、永不分家及获得当地社区高度评价的最简单方式即是施行单复式婚。

一、兄弟和睦的伦理诉求

笔者三次田野调查所到农牧区,在木石结构的房屋内,几乎均能见到几幅"和睦四兄弟"、③"猴子和大象"④等宗教隐喻图,农牧区的藏

---

① 这里的户,主要是指"户籍"、"户口"。它是国家主管户政的行政机关制作的,用以记载和留存住户人口基本信息的法律文书,也是每个公民的身份证明。当然,历史上,藏族的传统社会组织是"措哇",即"部落"(由于藏区各个地方的差异性及各个"措哇"的性质,能不能将"措哇"一律译为"部落",以及这种翻译是否恰当还需进一步讨论)。
② [英]马林诺夫斯基:《两性社会学:母系社会与父系社会之比较》,李安宅译,上海人民出版社2003年版,第301页。
③ 《和睦四兄弟》,多吉次仁译,载《西藏民俗》2000年第3期,第53页。关于该故事的具体情节,详见本文"附录"之"民间故事"部分。
④ 中央民族学院汉语文系民族文学编选组编:《中国少数民族寓言故事选》,甘肃人民出版社1982年版,第50页。关于该故事的具体情节,详见本文"附录"之"民间故事"部分。

族同胞都非常喜爱它们,说它们是吉祥如意的象征。实际上,其寓意正是说明了兄弟团结的重要性。藏族流传较广的小说《尸语故事》中有一个"金翅鸟"①的故事告诉我们的主要讯息也是兄弟之间不能分开,精诚团结胜过一切。

民间或宗教隐喻故事,不仅出现在一般的文学作品中,而且在西藏16世纪初噶玛政权时代的《十六法典》中也对此加以引用,并说明"自法"②即道德戒律的重要性及其作用。传说古印度有大象、兔子和鹧鸪三种动物生活在一起。大象力气大具有在水中驮运物品之本领,兔子聪明伶俐经常出主意想办法,鹧鸪具有飞翔之本领,能飞到树上采集野果。这三种动物为求得生存,遂共同生活在一山沟中。此山沟年年适时降雨,五谷丰登,故这三种动物过着幸福而又愉快的生活。婆罗门的术士占卜曰:"此三种动物亦懂得自觉遵守法规,和睦相处"。③

基于这样的传统,以单复式婚为例,藏族同胞自己对该婚姻的判断明显有别于目前国家法"封建婚姻"④的定性。无论是20世纪五六十年代大规模的调查,还是新近的研究都证明,单复式婚之所以存在,是藏族同胞自身对于"兄弟和睦"价值的社会心理需求的反映。不分家、世俗的经济因素仅仅是在"兄弟和睦"伦理价值上的表征或影像。

如1958年扎朗宗囊色林溪卡的调查认为,"兄弟共妻、姐妹共夫,

---

① 王尧、陈庆英主编:《西藏历史文化辞典》,西藏人民出版社,浙江人民出版社1998年版,第234页。关于该故事的具体情节,详见本文"附录"之"民间故事"部分。
② 西藏传统社会的法律分为教法、王法和自法三种。"教法"即宗教教规,"象绫罗结一样柔和,即温柔和顺";"王法"即世俗的法律,"象金牛轭一样沉重,即以武力压制";"自法"即道德戒律,"具有很高的德行,自觉遵守守法"。参见周润年、喜饶尼玛译注:《西藏古代法典选编》,中央民族大学出版社1994年版,第14页。
③ 周润年、喜饶尼玛译注:《西藏古代法典选编》,中央民族大学出版社1994年版,第15页。
④ 1981年通过、2004年修正的《西藏施行〈婚姻法〉变通条例》第2条规定,"废除一夫多妻、一妻多夫等封建婚姻。"可见,当下国家法对单复式婚的法律定性是"封建婚姻"。

人们没有非议,认为是正常的合乎道德的事情。"①随后的一系列研究和调查均认为,兄弟不分家、兄弟和睦的家庭令人羡慕。如"兄弟和睦共妻的家庭,人们认为是好事,都加以赞誉。兄弟团结,劳力强盛,容易上升发家"。②"兄弟、姐妹在一起即可免除离别思念之苦,又能相互照顾,父母也放心"。③"兄弟一母所生,生一起长一起,是好事"。④

这种强有力的社会观念,"它既是人们所向往的也是为当地社区所承认的"。⑤ 对此,美国人类学家阿吉兹认为,多配偶观念是由一种与居住形态有关的潜在意识孕育出来的,即:兄弟们应当在一起,父子不应分开;住在一起的人应当为这个单位的共同繁荣贡献力量并分享这种繁荣。⑥ 阿吉兹从人类学家和社会学家的视角出发,敏锐地观察到了"居住形态"与这种特殊婚姻的关系,但其缺陷恰恰在于,"居住形态"与这种特殊婚姻的关联仅仅是该种特殊婚姻形式存在原因的表象,隐藏在其中的乃是传统藏族社会对"兄弟和睦"这一几千年以来形成的藏族传统伦理的强烈需求。

二、永不分家的朴素愿景

实际上,藏族社会不仅在立法中强调孝敬父母的价值,而且在道德戒律中也不断宣扬"永不分家"、尽"孝道"的价值。如在松赞干布时期,"首先在遮止十不善的前提下,真心实意地对待母亲,真心实意地对待

---

① 《中国少数民族社会历史调查资料丛刊》修订编辑委员会编:《藏族社会历史调查2》(修订本),民族出版社2009年版,第133页。
② 同上书,第81页。
③ 格勒等编著:《藏北牧民——西藏那曲地区社会历史调查》,中国藏学出版社1993版,第201页。
④ 丹珠昂奔:《藏族文化发展史》,甘肃教育出版社2002年版,第176页。
⑤ 杨恩洪:《藏族妇女口述史》,中国藏学出版社2006年版,第42页。
⑥ [美]巴伯若·尼姆里·阿吉兹:《藏边人家》,翟胜德译,西藏人民出版社1987年版,第162页。

父亲,真心实意地对待沙门,真心实意地对待婆罗门(所谓婆罗门是印度的四个种姓之一,这里指智者。原注),尊敬老人,知恩报德,断除害人的诡计等十六条。其次皈依三宝,求修正法,报父母恩,尊尚有德,敬重老人,义深亲友,利济乡人,心胸坦率,向上流看齐,正当享用食物,报答旧恩,秤斗无欺,均衡心大而无嫉妒,不听不检点妇女的言语,温和寡言,担当重任,度量宽宏等十六条"。① 而要做到"真心实意地对待母亲,真心实意地对待父亲"及"尊敬老人"、"报父母恩"的最朴素的方法就是"兄弟(姊妹)不分家"。如何才能做到"兄弟(姊妹)不分家",最简单也最朴素的方法莫过于实施单复式婚。

亲属、亲戚关系同时看重,是藏族社会结构的一个重要特征。② 婚姻和家庭是一对孪生兄妹,须臾不可分离。在"世界第三极"的青藏高原上,就藏族同胞自身而言,他(她)们首要所关注者乃是家庭的兴旺发达及团结和睦与否,而非采取何种婚姻形态。只要有利于家庭的兴旺发达及团结和睦者,即为美满幸福的婚姻,反之则否。

因此,"永不分家"并依靠"家"和亲属的力量来抵御自然灾害,就成为藏族同胞的生存法则。藏族的婚姻法律文化只能适应这种生存法则,而不能违背。

三、社会舆论的普遍评价

人们选择遵守一定的社会规范,无外乎几种情况:或者是怕受到某种压力强制,如法律制裁、舆论(伦理)压力或"神"的惩罚;或者是对规范合理性的认知,自动去遵守,如"红灯停、绿灯行"。藏族婚姻法律文

---

① 毛尔盖·桑木旦:《藏族文化发展情形简述》,洛桑旦增译注,载中央民族学院藏学研究所编:《藏学研究》,中央民族学院出版社1993年版,第201—202页。
② 平措占堆:《西藏农民:后藏班觉伦布村的调查报告》,五洲传播出版社1998年版,第60页。

化中适应当地生存环境的规则如单复式婚、女娶男嫁婚、婚姻仪式及离婚规则中的合理成分等,非但没有受到藏族同胞的非议,恰恰相反,对其评价一直以来都是正面的,而且也为生活在农牧区的普通藏族同胞所向往。

无论是早期的史书记载,还是近代的田野调查,乃至于现代的各种调查无不证明,对上述规则尤其是单复式婚婚姻形态,农牧区普通藏族同胞的态度是心驰神往和恋恋不舍的,而舆论的评价也是普遍良善的,人皆称美。

《藏族妇女口述史》的著者杨恩洪指出,"这种多配偶婚姻形式是一种强有力的社会观念,它既是人们所向往的也是为当地社区所承认的"。① 美国学者阿吉兹指出:"一妻多夫或一夫多妻制乃是一种强有力的社会观念。它既是人们向往的也是为社会所承认的"。② "多配偶婚是西藏人所追求的许多美德的象征。人们总是从积极方面来看待这类婚姻。比如,共妻或共夫意味着分享,这本身就是一种具有高度价值的品质。共妻或共夫制中包含着几个人对一个共同喜爱的美好事物的亲切调和与互相谦让,它暗示着家庭成员之间天生的妒忌心理和正常的分裂趋势已被克服"。所以,"当西藏人谈到这类婚姻时都承认这是一种成功。他们赞扬共妻者或共夫者没有妒忌,对'纳玛'的调和本领给予高度评价,他们称赞父母对成熟的下一代人的服从和谦让"。③ 这些研究与笔者在田野调查期间我的藏语翻译所说的话何其相似:"看,那些房子修得最好的都是这样的家庭",其言谈之中流露出的是对这种婚姻的称慕。要知道,在农牧区谁的房子修得好、修得有档次、修得豪

---

① 杨恩洪:《藏族妇女口述史》,中国藏学出版社 2006 年版,第 42 页。
② [美]巴伯若·尼姆里·阿吉兹:《藏边人家》,翟胜德译,西藏人民出版社 1987 年版,第 164 页。
③ 同上书,第 164—165 页。

华,谁就是一般农牧民羡慕和效仿的对象,甚至是榜样。在社会学的语境下,我们甚至可将选择这些婚姻的人称之为民间的"精英"。

综上,藏族同胞所处的社会背景,自然有其天然的公共和理想的美德、标准、图景、意象等价值体系。父母的言传身教、乡亲的口耳相传,以及其所见所感,都会影响藏族同胞对于婚姻习惯的认知。尊重藏族同胞自己的选择,并在保持距离的前提下对其忠实观察和记录,也许是更为客观的研究路径。藏族婚姻法律文化的动因是综合因素作用的结果。除了其他因素的考量外,"兄弟和睦"的伦理诉求、"永不分家"的朴素愿景、社会舆论的普遍好评等社会伦理因素无不深深地影响着他(她)们的抉择。

第三节 法律—经济:藏族婚姻法律文化的经济考量

目前对藏族婚姻法律文化的动因影响最大的学理研究当属对其经济原因的解释。几乎所有对这一课题感兴趣的研究者都敏锐地注意到了这一现象背后深刻的经济原因。本文认为,自给自足的自然经济基础,农牧结合的生产方式以及在此基础上形成的社会分工是藏族婚姻法律文化形成的主要经济因素。

一、自给自足的自然经济基础依然占据主导地位

社会经济学认为,人的实际行为受以"经济的实际情况"为取向的必要性制约。[①] 藏族社会由于受制于特殊的地理环境,目前"经济的实

---

① [德]马克斯·韦伯:《经济与社会》(上册),林荣远译,商务印书馆1997年版,第346页。

际状况"依然是自给自足的自然经济占据主导地位。要将这种历史上几千年来形成的典型的自然经济状态下的农牧业生产方式转变为现代生产方式,不可能一蹴而就。"西藏封建农奴制产生九百年来,发展十分缓慢,基本上还停留在封建初期的劳役地租发展阶段上。全区产业仅有农业和牧业的分工,手工业还没有从农业或牧业中完全单独分离出来,农牧业生产工具原始,耕作粗放,生产力水平较低"。① 在这种自然经济状态下,作为上层建筑的婚姻法律文化,只能适应这种经济基础,而不能违背。

以单复式婚为例,其存在的重要原因之一即是自给自足的自然经济状态这种"经济的实际状况"。农区土地贫瘠,需要劳动力。牧区幅员辽阔,亦需要劳动力。为了使劳动力不分散,最好也是最经济的方式便是施行单复式婚。较早对这一问题作出解释的贝尔认为:"多夫制所以盛行于西藏全部者,盖因其地土壤之贫瘠较西康西部(卫)为更甚。西藏牧地广大,而需要多数男子为之管理,于是一妻多夫制度,特流行于西藏"。② 可以看出,贝尔(Bale)认为因为农区"土壤之贫瘠"以及牧区的"广大",导致了"多夫制的流行"。20世纪30年代,德西德里(Desideri)说:"一妻多夫制这一流行甚广、为人厌恶的风俗之所以存在,原因之一是土地贫瘠,耕地面积有限,农业缺乏水源。如果一个家庭的全部兄弟在一起生活,他们生产的粮食就可以维持生命之需,反之,如果他们分门立业,他们将穷困潦倒,沦为乞丐"。③ 德西德里(Desideri)的研究也证实,由于农业土地的贫瘠以及水源的缺乏,在当地生存是异常艰难的。换言之,他从本土性适应以及生存艰难的视角论证了分家的

---

① 多杰才旦、江村罗布主编:《西藏经济简史》,中国藏学出版社1995年版,第38页。
② 徐益棠:《康藏一妻多夫制之又一解释》,载《边政公论》1948年第1卷第2期。
③ 转引自[美]C. 戈尔斯坦:《巴哈里与西藏的一妻多夫制度新探》,何国强译,载《西藏研究》2003年第2期,第109页。

极大风险,而单复式婚克服了上述风险。

王文长在对藏东藏族家庭婚姻结构进行的经济分析中指出:"藏东社会经济迄今还是处于以农为主、农牧结合的自给自足的自然经济状态,其社区封闭性、自给性特征十分突出……社会分工不是表现为社区间、家庭间的分工,而是被局限在家庭内部,在家庭成员之间组织劳动分工,努力构造一种小而全的经济结构,'全'的程度成为自给能力的重要标志,而且一般而言,小而全程度较高的家庭经济恰恰是相对富裕的家庭……在藏东地区,一妻多夫家庭之所以经济状况较好,原因在于这类家庭所发生的经济活动形成了一定的分工协作规模。尽管这种分工是家庭内的分工,协作规模是家庭内的协作规模,但分工协作深度和规模效应毕竟强于劳动力不足、分工不足、规模不足的家庭"。因此,对一妻多夫家庭的选择"表现了在特定社会环境条件下的一种小农理性"。[1] 而这种"小农理性"恰恰是建立在自给自足的自然经济状态基础之上的。

这与戈尔斯坦的研究不谋而合。戈尔斯坦指出,兄弟型一妻多夫制的经济优势最大限度地产生出一种可能,它所产生的收益能够多于或者高于这种家庭的生存所必需消耗的能量、搬迁费用,以及礼仪性花费和用于交租纳税的费用等。西藏的一妻多夫制把提高个人生活质量的潜力增至最大极限,同时也推动了个人获得社会利益和社会威信。[2] 可见,正是基于这种自然经济状态下的"经济理性"才使得他们选择单复式婚成为一种可能。

戈尔斯坦认为,藏区农牧业的现实条件使得当地农户不得不选

---

[1] 王文长:《对藏东藏族家庭婚姻结构的经济分析》,载《西藏研究》2000 年第 2 期,第 59 页。

[2] [美]M. 戈尔斯坦:《巴哈里与西藏的一妻多夫制度新探》,何国强译,载《西藏研究》2003 年第 2 期,第 112 页。

择"大户"而非"小户"。要形成大户,最好的方法就是施行一妻多夫制度。他分析,谁都知道,农业离不开充分可靠的水利灌溉。青藏高原气候干燥,绝大部分地区没有可以利用的水利资源,人们普遍奉行靠天吃饭的自然主义态度。即使在农业切实可行,例如尼泊尔北部的利米峡谷,人们对垦荒扩展农业用地的做法依然表示怀疑。利米与西藏的土地上布满岩石,土壤里夹带着大量卵石,为了建成零碎疏散的永久性台地,每一小块土地的清理颇费力气。新开垦的生荒地的肥力比熟地低得多,新地的位置常常偏离村庄的核心耕作区,下地劳动很不方便。从事畜牧业同样面临诸多困难。为了从放牧中获得一点收益,整个夏季和冬季,不同的个人或者新婚夫妻不得不把他们的全部时间投入进去。这一期间,他们完全不能通过务农、打散工、从事手工制作和经商等活动获取收入。干畜牧这一行风险最大,有时牲畜的死亡率会高出"平均水平",甚至连夫妻的原始牲畜(他们继承来的家产)死光也是常有的事,再不然就是在第一个冬季牧民的大部分牲畜就被毁掉了。据说这类事情在利米一再发生,以致形成"耕田不是死路,放牧是死路"的谚语。严酷的气候和奇怪的疾病,使牧民每年遭受一次灭顶之灾,每年有大批牲畜死亡,牲畜的发展曲线呈剧烈上下波动形态。小户牧民特别难以抵御这种灾害。[1] 可见,在此情形下,对婚姻形态的选择是对自给自足、农牧分工的自然经济基础的一种适应。

阿吉兹则认为,"这种复婚形态可能还有其他方面的意义,但西藏人自认为这首先是一种经济方面的安排。所有的人都相信一妻多夫具有增加家庭有效劳动力的功能,家庭又是支差纳税和从事生产活动的

---

[1] [美]M.戈尔斯坦:《巴哈里与西藏的一妻多夫制度新探》,何国强译,载《西藏研究》2003年第2期,第112页。

单位。每一户人家的几个儿子都留在家中时,家庭便有能力经营多种经济,而多种经营比扩大耕作可能给家庭带来更多的财富"。因为领种土地和支差税是以家庭为单位进行的,所以家庭一旦发生分裂,那么"两个家庭单位的差税比原来要多,这也是人们反对分裂的主要原因之一"。① 可见,单复式婚存在的决定基础就是这种自然经济状态。在《〈政治经济学批判〉序言》中,马克思强调,"随着经济基础的变革,全部庞大的上层建筑也或快或慢地发生变革"。"生产关系的总和构成社会的经济结构,即有法律的和政治的上层建筑竖立其上并有一定的社会意识与之相适应的现实基础"。② 后来,人们把马克思的这个命题概括为"经济基础决定上层建筑"。藏族婚姻法律文化的存在完全符合经典作家的论断。总之,是自给自足的自然经济基础决定了藏族婚姻法律文化的存在,而不是相反。自给自足的自然经济基础是藏族婚姻法律文化存在的最基础原因。

二、农牧结合的生产方式及在此基础上形成的社会分工

藏区农牧区,在经济上依然表现为小农自然经济,自给自足的现象比较明显。在这种半农半牧的生产经营方式中,农业的发展需要劳动力,牧业的运转也需要劳动力,而在自然条件极其恶劣的大部分藏区,男性占有天然的生理优势,于是要使得这样的生产经营方式有效运转,一个家庭就需要较多的男性劳动力。而在此基础上也就形成了自然的社会分工,男性负责农业、牧业,女性负责家务内勤。

以单复式婚为例,我们发现,在实行双单式婚的家庭中,男性既要

---

① [美]巴伯若·尼姆里·阿吉兹:《藏边人家——关于三代定日人的真实记述》,翟胜德译,西藏人民出版社1987年版,第123—124页。
② 马克思、恩格斯:《马克思恩格斯选集》(第2卷),中共中央马克思恩格斯列宁斯大林著作编译局译,人民出版社1995年版,第32—33页。

负责农业生产,又要兼顾牧业生产,这对男性而言实际上是提出了超出其能力范畴的要求。但在施行单复式婚的家庭尤其是兄弟共妻的家庭中,这个矛盾得到了解决,共妻者分工完成各种作业,以共同抵御生存风险。再譬如女娶男嫁婚,其存在动因也是因为男性劳动力对女方家庭来说至关重要,通过女娶男嫁,来弥补劳动力的不足,增加家里的额外收入,抵御严酷的自然环境。

就农业而言,藏区的农业由于地理环境的限制,基本上还停留在"靠天吃饭"的自然经济状态。农业可耕地面积极其有限、耕作方法较为落后、抵御自然灾害的能力较差,依靠传统农业养家糊口较为艰难。而这种传统农业最大的特点就是需要劳动力,尤其是男性劳动力,"田间管理和照料"成为农牧民每天生活的重要内容。

表7是笔者在2010年7—8月深入西藏日喀则地区Z村进行田野调查时就重要农事、牧业和商事等活动所列的简表,从简表中可以看出按照藏历[①]月份进行的重要农事活动。从一月的"田间浇水、施农家肥(将牲畜粪便煨热、发酵)"到二月的"种小麦、种油菜花、种青稞、种马铃薯、施农家肥、田间照料",三月的"田间照料、犁地、拔草、播种、种小麦、种油菜花、种青稞、种马铃薯",四月的"拔草、浇水、田间照料",五月的"收马铃薯、种蔬菜、犁地、拔草、施肥、播种",到六月的"收蔬菜、修水渠"、七月的"收青稞、田间管理、种青菜、修水渠",八月的"修水渠"、九月的"田间照料"、十月的"田间照料"、十一月的"田间照料"及十二月的"田间照料",几乎每个月都需要田间照料,在此情形下,对劳动力尤其是男性劳动力的需求就可见一斑了。

---

① 饶迥(rab-vbyung),汉译为"胜生周",是使用时间较长、现在仍然运用的普及性藏历。按其性质,汉译中也多见"时轮历"或"藏传时轮历"。参见王尧编著:《藏学概论》,山西教育出版社2009年版,第326页。如无特殊说明,本文所采月份均为藏历月份。

表 7　西藏日喀则地区 Z 村一年内重要经济活动简表

月份	重要农事、牧业、商事等活动一览
一	田间浇水、施农家肥(将牲畜粪便煨热、发酵)、放牧、背水、割草、牛粪饼收集、过藏历年
二	种小麦、种油菜花、种青稞、种马铃薯、施农家肥、田间照料
三	田间照料、犁地、拔草、播种、种小麦、种油菜花、种青稞、种马铃薯
四	拔草、浇水、田间照料、准备挖虫草
五	挖虫草、收马铃薯、种蔬菜、犁地、拔草、施肥、播种
六	卖虫草、采集各种菌类、上山放牧、收蔬菜、修水渠
七	采集松茸、收青稞、田间管理、种青菜、上山放牧、修水渠
八	修水渠、酿造青稞酒
九	田间照料
十	田间照料、杀牦牛、月底开始割草
十一	砍柴、施肥、田间管理、割草、准备过冬
十二	割草、背水、上山放牧、田间照料、施肥、砍柴、准备过藏历年

资料来源:西藏日喀则地区 Z 村　调查时间:2010 年 7—8 月

表 8　西藏昌都地区 T 村一年内重要牧业活动情况简表

月份	重要牧业活动	说明
三	上山放牧、接生羊羔	
四	上山放牧、牲畜配种	
八	离家较近地区放牧	五、六、七月份一般为虫草采集期。此时的牲畜主要由本地专门负责牧羊、牛的羊把式放牧,农牧户按牲畜数量给予相应钱物。
九	离家较近地区放牧	
十	杀牦牛、牲畜领回家里圈养	
十一	为牲畜过冬准备草料、牲畜家内圈养	
十二	为牲畜过冬准备草料、牲畜家内圈养	
一	牲畜家内圈养	
二	牲畜家内圈养	

资料来源:西藏昌都地区 T 村　调查时间:2012 年 8 月

就牧业而言,游牧、靠天养畜,是藏区传统牧业的基本方式,这与藏区地理环境的分散、封闭状态有关。而在此基础上形成的畜牧业经济,主要是依托天然草场的一个传统产业。藏区畜牧业生产经营方式以游牧或定居游牧、半游牧为主。这是需要天天照料的工作,而且一般需要男性劳动力。

笔者在 2012 年 8 月间深入西藏昌都地区 T 村就其日常劳作进行了田野调查(参见表 8)。T 村的主要生活方式是半农半牧,饲养的牲畜主要有牦牛、犏牛、藏绵羊和马等。由于村落周围几乎没有草场,放牧要到离村落较远距离的山上,因此在家庭生产活动中牧业占了很大的比例。除了藏历五、六、七月份虫草采摘季外,其他月份几乎都与放牧活动密切关联。如在藏历年过完的三、四月份要"上山放牧"、而在虫草采摘结束时要在"离家较近地区放牧"。由于从十月份开始,大部分藏区的天气就进入了寒冷的季节,因此"为牲畜过冬准备草料"成为十一、十二月份的主要牧业活动。而在藏历年前后一般都会将牲畜圈养在家中。可见,传统的牧业活动是一个需要很多劳动力的行业。因此,在农牧结合的经营方式下,为了维持家庭经济,或者说为了生存下去,最好是两名以上的劳动力(以男性为佳)共同应付恶劣的自然环境。

第五章　藏族婚姻法律文化与国家法的关系

> 世界上最大的寺院是西藏的寺院。
> 这一辈子一定要把西藏的头磕上,
> 这一辈子磕不上西藏的头,
> 下辈子想磕也磕不上了。
>
> 世上最要紧的是孝敬父母。
> 这一辈子对父母不孝顺,
> 过去了后悔都来不及,
> 做下些好吃的也吃不上了。
>
> 活人就是活着个男人。
> 一辈子不好好地过日子,
> 平常的日子里光吵仗[①],
> 岁数大了再想过好都来不及了。
>
> ——甘南藏区民歌[②]

[①] "吵仗",西北方言,"吵架"之意。
[②] 参见杨显惠:《甘南纪事》,花城出版社 2011 年版,第 110 页。

少数民族习惯法为主的婚姻法律文化和国家法的关系,是婚姻法学基本理论研究领域中绕不开的话题。现有文献关于二者关系的研究主要集中在二者所谓的"冲突"及围绕"冲突"展开的"调适"方面,其建议或归结为应当如何立法,或归结为应当如何执法,或归结为宏观上的社会经济发展。这些建议均有一定的价值,但作为学术研究不免有"隔靴搔痒"之感。本文认为,对二者关系的研究,需要以历史考察、现实互动及具体会通方法为维度,深入表里,揭橥内核。

第一节 藏族婚姻法律文化与国家法关系的历史

以西藏为例,西藏自元朝纳入中国中央政权的直接管辖以来,历代中央政权(元、明、清、民国、中华人民共和国)在调整西藏婚姻关系时虽然采取了不同的策略和方法,但有一点是相同的,那就是都要尊重西藏历史上形成的婚姻习惯、婚姻法律文化和地方性的婚姻法律规范。

一、元朝:从蕃俗

尽管元朝是由游牧少数民族蒙古族建立的中央统一政权,但元朝的法律并未脱离元以前中原文明即汉族文明的影响,《唐律》作为中国古代最早、最完整的法典,深刻地影响着元朝的法律制定。其中,用以处理统一多民族中央政权的"化外人"[①]条款基本上为元朝承袭。"由

[①] 中国古代所称的"化外人"不能认为是外国人,而是由于民族文化的不同而形成的概念。在一国领域中,可能存在数种不同民族成分的国民,形成多民族国家。中国封建法律中出现"化外人"的规定正是反映了中国统一的多民族国家的形成过程中,对不同民族间的利益、不同民族的法律文化的冲突而作出的必要的合理的法律调整。它在各王朝法典中的发展变化反映了中国多民族国家日益巩固、各民族不断融合的过程。笔者完全赞同上述观点。参见苏钦:《唐明律"化外人"条辨析——兼论中国古代各民族法律文化的冲突和融合》,载《法学研究》1996年第5期,第151页。

于帝国下民族众多,不同民族在民事法律上常有不同的规范体系和制度,面对这种多元法源,国家只好在一定程度对各民族法律习惯给予适当的承认。"①

《唐律疏议·名例》规定:"诸化外人同类自相犯者,各依本俗法;异类相犯者,以法律论。"②该条款之"化外人"曾被解读为"化外人即外国人"③而广加传播,以至于"化外人"条款一直以来都是一个国际私法上的准据法问题,而非一个民族法学(或曰法人类学)问题。实际上,这是古代各民族法律文化的冲突与融合的问题。④

总体而言,元朝在婚姻法上的总原则是"各从本俗",即按照藏族自己的地方性法规及习惯法规范或者法律文化制度来处理婚姻问题。《大元通志条格·卷四·户令·嫁娶》中明确规定:"诸色人同类自相婚姻者,各从本俗法;递相婚姻者,以男为主,蒙古人不在此例。并其余民间议结婚姻,明立婚书,已有元行定例。"⑤通过该条可知,元朝婚姻法实际上确定了以下四个基本原则:(1)单一民族互为婚姻,以本民族习惯或法律为准的原则;(2)不同民族的人相互婚姻,以男方习惯或法律为准据法的原则;(3)蒙古族与其他民族的人婚姻,无论男女,均以蒙古族的习惯或法律为准据法的原则;(4)结婚必须以契约的方式"明立婚书"的原则。

西藏作为元朝正式的行政区划,归"总制院"掌管。"总制院者,掌

---

① 胡兴东:《元代民事法律制度研究》,中国社会科学出版社2007年版,第132页。
② (唐)长孙无忌等撰:《唐律疏议》,刘俊文点校,中华书局1983年版,第133页。
③ 张晋藩主编:《中国法制史》,群众出版社1982年版,第215页;钱大群译注:《唐律译注》,江苏古籍出版社1988年版,第63页。
④ 苏钦:《唐明律"化外人"条辨析——兼论中国古代各民族法律文化的冲突和融合》,载《法学研究》1996年第5期,第141—151页。
⑤ 《中华传世法典:大元通制条格》,郭成伟点校,法律出版社1999年版,第51页。

浮图氏之教,兼治吐蕃之事"。① 西藏历史上第一任法王八思巴,主持总制院,"掌释教僧徒及吐蕃之境而隶治之"。② "对于民政,则委托地方僧俗首领担任"。③ 换言之,发生在西藏行政区划内的婚姻事宜,是由八思巴作为西藏地方的"政教合一"的最高首领依"本俗法"即西藏藏族的婚姻习惯及法律来裁决的。

实际上,西藏婚姻领域的"本俗法"就是西藏藏族自己的婚姻习惯和地方性法律。西藏藏族自己的婚姻习惯和地方性法律则主要是吐蕃王朝时期及历代形成的婚姻习惯和法律。据目前已知的藏族史籍中的"木之本"、"水之源"《柱间史——松赞干布遗训》的记载,西藏藏族的婚姻习惯和法律最早当见之于根据佛教教义创设的《十善法典》,④其中规定"不奸淫,奸淫者科以罚金"。⑤ 即:违背妇女意愿而与其发生性行为者,要处以一定数量的财产处罚。"不淫行之法,行淫者女方赔偿,男方断肢"。⑥ 另据西藏可信史籍《贤者喜宴》的记载,吐蕃王朝时期还颁布了《王朝准则之法》(又称之为《王法十五种》),其中规定,"如果虐待妻室,则内外家务及农事势必尽行废弃"。⑦ 用现代法律话语似可解释为:不得实施家庭暴力及虐待行为,否则会使家庭经济处于不利境地。如为此行,后果自负。吐蕃时期在婚姻领域中的法律,只有在发生奸淫、虐待、离异等需要地方性公权力介入的特定事由时,地方性规范才

---

① 宋濂等:《元史》,中华书局 1976 年版,第 2195 页。
② 同上书,第 2193 页。
③ 濮蕾:《试论元朝治藏方略》,载《世界宗教文化》2012 年第 2 期,第 106 页。
④ 后世藏巴第悉噶玛丹迥旺布时期(1618 年前后)的《十六法典》及五世达赖喇嘛(1617—1682)时期的《十三法典》等重要法典均以《十善法》为基点而制定。
⑤ [古印度]阿底峡尊者发掘《柱间史——松赞干布遗训》,卢亚军译注,中国藏学出版社 2010 年版,第 65 页。
⑥ 何峰:《论吐蕃法律的渊源、形式和立法原则》,载《中国藏学》2007 年第 1 期,第 33 页。
⑦ 巴卧·祖拉陈哇:《〈贤者喜宴〉摘译(三)》,黄颢译注,载《西藏民族学院学报(哲学社会科学版)》1981 年第 2 期,第 16 页。

介入婚姻领域,否则地方政权颁布的地方性规范一直以来都处于极度谦抑的状态,不会主动干涉处于私领域的婚姻事宜。

可见,元朝在婚姻法上执行的原则是"从本俗"即"从蕃俗"。藏族的以婚姻习惯为主要内容的婚姻法律文化和地方性婚姻规范即吐蕃时期形成的法律规范是调整藏族婚姻秩序的主要载体。

二、明朝:依明律

尽管明朝总体上依然施行着自西周以来施行的"修其教,不易其俗;齐其政,不易其宜"①的"因俗而治"的治藏方略,总体上表现为"缘俗立教,加意诸羌"、②"多封众建"、③"贡市互利"、④"土司制度"⑤的治藏方略,但明朝从根本上改变了自元朝以来的"各从本俗"的婚姻法律原则,而采取"革胡俗、严婚禁、依明律"的婚姻法律原则。

(一)"革胡俗、严婚禁"

明朝初建,朱元璋便严令禁止"胡俗",并"严婚禁"。"洪武元年,诏禁胡俗,悉服中国之旧。元世祖起自沙漠,以有天下,悉以胡俗变易中国之制,……无复中国衣冠之旧,甚者易其姓氏为胡语,俗化既久,恬不

---

① 孟子等:《四书五经》,中华书局2009年版,第323页。
② (明)陈子龙等:《明经世文编》,中华书局影印本1962年版,第404页。
③ 明朝结合西藏实际,推行了独具特色的"多封众建"政策,即对于各地方势力的首领都加以封授,重点放在教派领袖的分封上,而非独尊藏传佛教中的某一个教派。
④ "贡"是指朝贡与赏赐。明朝利用朝贡和赏赐来加强中央与西藏的关系,对西藏受封首领对明朝的朝贡给予丰厚的赏赐,达到从经济上怀柔和安抚西藏各派势力的目的。"市"是指茶马互市。茶马互市是明朝为了达到以茶马驭番而实施的一项重要的治藏经济政策。明朝茶马交易政策以及与之配套的法律措施,客观上增进了汉藏间的经济联系,加强了民族间的友好交往和汉藏间的团结,具有积极意义。参见黄伟:《历代中央政府治藏方略的演变传承》,载《国家行政学院学报》2012年第4期,第30页。
⑤ 明朝承袭元制,在西南、西北地区实行土司制度,承认各族首领的统治区,但中央政府通过制定土司和土官世袭、品级、考核和缴纳贡赋的法律规范牢牢控制了土司,对不服从中央政令或犯有贪污、害民、劫夺、仇杀等罪的土司都依法予以惩治。

知安,上心厌久之,乃诏衣冠悉服唐制,……其辫发胡髻胡服胡语一切禁止,于是百有余年胡俗,悉服中国之旧"。①

（二）"依明律"

据《大明律集解附例》:"凡化外人犯罪者,并依律拟断"。其意为:"化外人"犯罪,不分同类异类相犯,概依明朝的法律处理。据《律解辩疑》:"化外人犯罪,谓胡俗之种,外番夷狄之人。若东夷、西戎之两相犯罪,两种之人习俗各异,夷狄之法各有不同,不可以其胡种之法断罪,还以中华之政决之。如蒙古人、色目人本类自相嫁娶,依中原之律科之。故云,并依律拟断"。②

明律不再承认"化外人"的"本俗法"。《大明律疏附例》明确指出,所谓"化外人"是"蒙古人、色目人及土夷散处中国者,若四方来庭远人,犯边蕃寇"等。③ 藏族人属于"色目人"的范畴,不适用"本俗法"。但由于藏区远离明朝的政治、经济、文化中心,使得藏区的地方性法律规范得到了很好的发展。

实际上,直到当代在藏区仍有重大影响的《十三法典》和《十六法典》就是在明朝制定的。其中《十六法典》系噶玛丹迥旺布执政时期的一名地方官员贝色草拟。他在起草法典的过程中,主要参考了日喀则的《法典晶印》、《法律通论如意妙善》以及奈邬谿卡的法律记录残片、蔡巴时期的法律等文献,并走访了藏区许多谙熟法律的专家,"所到之处又细心观察了当地的地方习惯法",④最后撰写而成。其中的"亲属离

---

① （明）陈建:《皇明资治通纪》（卷2）,钱茂伟点校,中华书局2008年版,第624页。
② 苏钦:《唐明律"化外人"条辨析——兼论中国古代各民族法律文化的冲突和融合》,载《法学研究》1996年第5期,第147页。
③ 巨焕武:《明代律例有关化外人的犯罪规定》,载《思与言》1976年第2期,第145页。
④ 周润年、喜绕尼玛译注:《西藏古代法典选编》,中央民族大学出版社1994年版,第63页,注释⑤。

异律"、"奸污罚锾律"正是对藏族婚姻法律文化的进一步总结和提炼,并最终上升为《十六法典》中非常重要的条目。

三、清朝:按蕃律

清政府在西藏获得统治权后,便基本上确立了对藏"从俗从宜,各按其习"①的治藏方略,这就使得清代的基本法《大清律例》中关于"户婚继承"的有关规定在藏区基本上没有效力。"清王朝的建立,意味着多民族国家的重建。在边疆少数民族地区,针对婚俗不同于内地的特点,清代法律既强调王朝婚姻法律精神的普适性,同时又注意照顾边疆少数民族婚姻的历史和特点,采取有别于内地婚姻制度的做法"。② 藏区的地方性法律规范是调整藏区婚姻关系的主要法律。据《大清会典》"刑部"载:"凡定例,有边腹之异。凡边外与腹地立法不同……西藏治以蕃律……从其俗"。③ 该条实际上表明了清中央政权承认西藏的地方性法律规范即"蕃律"。

作为藏区最基层的普通藏族百姓,所一直沿用者均为在藏区地域范围内形成的婚姻习惯以及藏区的地方性法律,而非清朝中央政府的根本大法《大清律例》。譬如,《大清律例·户律·婚姻·男女婚姻》规定:"嫁娶皆由祖父母、父母主婚;祖父母、父母俱无者,从余亲主婚。其夫亡携女适人者,其女从母主婚。若已订婚未及成亲,而男、女或有身

---

① "从俗从宜,各按其习"(《清世宗实录》卷80)的治藏方略大体经历了以下变迁:清代"因俗而治"的思想最早发端于顺治、康熙时期,到雍正时期已经明确提出了治理少数民族地区,要坚持"从俗从宜,各按其习",乾隆帝及以后几代也继承了这一思想,在行政设置上强调"因俗设官"。参见杜文忠:《边疆的法律——对清代治边法制的历史考察》,人民出版社2004年版,第96—97页。

② 金眉:《论清代婚姻家庭法律的特质》,载《法学》2007年第10期,第67—78页。

③ 《大清会典》(光绪朝)卷55,"刑部"。转引自孙镇平、王立艳:《民国时期西藏法制研究》,知识产权出版社2005年版,第279页。

故者,不追彩礼。"①该条实际上将中原地区民间"父母之命"的习惯上升为国家法的规定即父母的"主婚权"。但该规定除了对藏区上层贵族为了特殊政治目的而缔结的婚姻有所约束外,对普通藏族人民婚姻缔结并没有约束力。这在清末民初驻藏大臣的办事报告中多有明确记载。"游牧之人民,多为苟合式之自由恋爱。男女相悦,即随意结合,结合之后,始禀明父母,实行同居"。②

实际上,清代调整西藏婚姻关系的法律制度,"主要是西藏地方长期形成的习惯法"。③ 这种习惯法在西藏各个地区表现出来的效力各不相同,而且这种习惯法是根深蒂固的。据《钦定廓尔喀纪略·卷四十九》记载:"查唐古忒番民争讼及犯人命窃盗等事,多系罚赎减免,虽卫藏番俗相沿,一切案件不能按照内地律例,但罚赎多少,番俗自有定例,亦应按照其罪名轻重议罚若干,方可以服人心而平狱讼"。④ 从"一切案件不能按照内地律例……番俗自有定例"这里的表述可知,在清代西藏实际上发挥作用的是"番俗",即由西藏的地方性规范、习惯法和习惯等组成的藏族法律文化。而西藏的地方性规范主要指的就是清代前期制定的作为西藏地方根本法的"诸法合体的综合性法典"⑤《十六法典》。该法典一直沿用到新中国成立后的1959年西藏民主改革之前。而作为《十六法典》中第11条的"亲属离异律"是西藏社会处理婚姻关系的最基本法律规范。在"亲属离异律"中,就夫妻离异的原则、程序、财产分割、子女抚养及族际离异等主题作了详细的规定。⑥

---

① 田涛、郑秦点校:《大清律例》,法律出版社1999年版,第204页。
② 中国第二历史档案馆、中国藏学研究中心合编:《黄慕松、吴忠信、赵守钰、戴传贤奉使办理藏事报告书》,中国藏学出版社1993年版,第167页。
③ 孙镇平:《清代西藏法制研究》,知识产权出版社2004年版,第95页。
④ 张双智编著:《元代至民国治藏政策法规汇要》,学苑出版社2010年版,第310页。
⑤ 孙镇平:《清代西藏法制研究》,知识产权出版社2004年版,第17页。
⑥ 周润年、喜饶尼玛译注:《西藏古代法典选编》,中央民族大学出版社1994年版,第106—107页。

如同在清末修律中存在着的诸如"无夫奸"能否定罪而进行道德与法律的痛苦分立的斗争一样,在西藏也同样存在这种分立的抉择,当驻藏大臣在清末西藏新政中力图改革西藏法律,提出"妇女首重贞洁……一妇宜配州夫,违者应如何议罚"的问题时,西藏地方政府毫不客气地回答:"应遵从前贤王所定十六条事宜,即当再行出示晓谕饬遵"。① 足见对西藏地方真正发生效力的并非清朝中央政府的《大清律例》,而是其地方性的法律规范、婚姻习惯法、婚姻习惯等藏族婚姻法律文化。

可见,在清朝,调整藏区婚姻事宜的主要规范是藏区地方上自生自发形成的婚姻习惯、婚姻习惯法和地方性法律规范,作为清朝中央政权根本大法的《大清律例》在西藏除了对少数贵族的婚姻有一定意义外,在普通民众中基本上没有效力。这种状况直到清末,乃至1959年民主改革之前都没有改变,并影响到民主改革五十多年后的当下西藏社会。

四、民国:沿清制

在内忧外患的困扰下,中华民国南京临时政府、北洋军阀政府及中华民国南京政府(上述三政权,以下简称"民国政府时期")始终无暇顾及调整藏区婚姻关系的法律规范这种"民间细故"②。民国政府时期直到西藏1959年民主改革之前,在西藏调整婚姻关系的法律规范依然是西藏在清朝时期就颁布的《十六法典》中的"亲属离异律",沿旧制而行。

该法典之所以依然有效,是因为藏区在中央政权的变更过程中由于地处边远,并未受到多大的冲击和影响。加之,"西藏传统的封建庄

---

① 吴丰培编辑:《清代藏事奏牍》,中国藏学出版社1994年版,第494页。
② 戴炎辉:《中国法制史》(第3版),台北三民书局1979年版,第189页。

园制经济制度、政教合一的政治制度、三等九级的社会制度"[1]并未发生任何改变,作为上层建筑的法律也必然依托于上述经济、政治和社会制度。因此,尽管藏区地方性法律规范《十六法典》丧失了清王朝的支持,但因为其根植的社会基础依然故我,故而其持续在民国发生法律效力。其内容一如前述,在此不赘。

五、中华人民共和国:赋"变通"之权宜

1949年中华人民共和国成立,中央人民政府首先考虑的也是西藏的特殊性,在《中国人民解放军西南军区、西南军政委员会布告》中明确指出:"一切有关西藏各项改革事宜,完全根据西藏人民意志由西藏人民及西藏领导人采取协商方式解决"。[2]《中央人民政府和西藏地方政府关于和平解决西藏办法的协议》(以下简称《协议》)第11条也规定:"有关西藏的各项改革事宜,中央不加强迫。"[3]

1950年,中华人民共和国第一部《婚姻法》颁布,其中在第27条第2款中规定了少数民族地区制定"变通或补充的规定"的权利。但由于西藏此时仍然执行《协议》第11条的规定,故而该法对西藏的婚姻关系并未有任何影响,西藏此时调整婚姻关系的法律规范仍然是清朝时期制定的《十六法典》中的"亲属离异律"。直到1959年西藏民主改革后,西藏地方政府才开始适用1950年《婚姻法》。限于当时的主客观条件,西藏地方政府尚未制定"变通或补充的规定"。

1981年,中华人民共和国第二部《婚姻法》颁布,1950年的《婚姻

---

[1] 孙镇平、王立艳:《民国时期西藏法制研究》,知识产权出版社2005年版,第273页。
[2] 西藏自治区档案馆编:《〈西藏历史档案荟萃〉第99号档影印件》,文物出版社1995年版。
[3] 西藏自治区档案馆编:《〈西藏历史档案荟萃〉第100号档影印件》,文物出版社1995年版。

法》同时宣布废止。在该法的第36条中，明确地规定了民族自治地方制定"某些变通的或补充的规定"的权利，尽管在2001年的《婚姻法》修正案中对该条做了文字上的修正，但制定"变通规定"的权利依然被赋予。西藏自治区人民政府根据该条，在1981年通过了《西藏实施〈婚姻法〉的变通条例》。在该法中，就"婚龄"、"单复式婚"（即一夫多妻婚和一妻多夫婚）等两项内容作了变通，对"婚姻仪式"、"婚姻自由"、"婚姻登记"三项内容做了重申，并对"非婚生子女抚养习惯"等一项内容作了改革。2004年对《西藏实施〈婚姻法〉的变通条例》的修正，则收回了县级人大及常委会制定"变通或补充的规定"的权利，直接将1981年的《西藏实施〈婚姻法〉的变通条例》的第7条删除，并明确规定"凡本变通条例未加补充或变更的条款，均按中华人民共和国婚姻法的规定执行"。由此开启了除部分内容适用《西藏实施〈婚姻法〉的变通条例》外，其他内容均统一适用国家《婚姻法》的序幕，并延续至今。

综上，元朝在"各从本俗"的立法原则指导下，对藏区婚姻关系的调整主要依靠自吐蕃以来形成的各种地方性的法律规范，如《十善法典》《法律二十条》《王法十五种》《十三法典》《十六法典》等。明代虽然以"革胡俗、严婚禁、依明律"为调整西藏婚姻关系的总原则，但由于西藏远离明朝的政治、经济、文化中心，在西藏发挥法律效力的依然是西藏的地方性法规即藏巴第悉噶玛丹迥旺布时期颁布的《十六法典》。清朝在"从其俗"立法原则的指导下，承认西藏的地方性法律规范"蕃律"，调整西藏婚姻关系的正是西藏地方长期形成的婚姻习惯及地方性法律规范即五世达赖喇嘛时期颁布的《十三法典》。民国时期，内忧外患，继续沿用"旧制"，即明清时期之《十六法典》《十三法典》，这种状况一直持续到西藏1959年民主改革之前。

中华人民共和国中央政府在总结历代治理西藏经验的基础上，在宪法层面确立了民族区域自治制度，从而从根本上改变了西藏的政治制度；通过废除僧侣及寺庙特权，摧毁了西藏传统的封建庄园制经济制度，并成功实现了政教分离；通过废除封建农奴制，彻底打破了西藏的社会结构。可以说，对西藏的治理达到了前所未有的广度和深度。在调整西藏婚姻关系时，国家法所赋予的"变通"权利使得西藏地方政府有可能通过地方性法规的形式对地方性的婚姻习惯和历代地方性婚姻法律规范予以总结、吸收，并以地方性法律规范的形式出台适合本自治区域的地方性法规。但从现有1981年的《西藏实施〈婚姻法〉的变通条例》中，除了就"婚龄"、"单复式婚"等两项内容作了"变通"外，其他的诸如"骨系制度"、"女娶男嫁"、"婚姻仪式"、"离婚规则"、"婚姻纠纷解决机制规则"等在藏区具有相当稳定性和确定性的婚姻规则并未见诸，这不能不说是一个巨大的遗憾。

第二节 藏族婚姻法律文化与国家法的应然互动

婚姻法有"婚姻习惯法"、"婚姻国家法"之分，"有形"、"无形"[1]之别，"是法平等、无有高下"。[2] 藏族以婚姻习惯及婚姻习惯法为主要内容的婚姻法律文化绝非粗鄙，婚姻国家法亦非完美。二者互补互动、雅

---

[1] 《老子·第四十一章》："大象无形，道隐无名"。参见（魏）王弼注、楼宇烈校释：《老子道德经注校释》，中华书局2008年版，第113页。穗积陈重先生曾说："有法形之法，谓之有形法，无法形之法，谓之无形法……在国家初期，民信即法……法者，仅于潜势力状态之下而存在者也"。参见[日]穗积陈重：《法律进化论》，中国政法大学出版社1997年版，第7页。启蒙思想家卢梭在《社会契约论》中言："这种法律既不镌刻在大理石上，也不是镌刻在铜表上，而是铭刻在公民们的心里。只有它是国家的真正宪法。它每天都将获得新的力量；在其他法律行将衰亡失效的时候，它可以使它们获得新生或者取代它们。它能使一个国家的人民保持他们的创制精神，用习惯的力量不知不觉地取代权威的力量。我说的这种法律是风俗和习惯，尤其是舆论。"参见[法]卢梭：《社会契约论》，李平沤译，商务印书馆2011年版，第61页。

[2] 鸠摩罗什等：《佛教十三经》，中华书局2010年版，第14页。

俗共用，方能相得益彰、美美与共。藏族以婚姻习惯及婚姻习惯法为主要内容的婚姻法律文化与国家法的应然互动，主要体现在制度、历史、现实互动三个层面，容分述之。

一、克服国家法之局限性

国家法，即代表国家的有权机关制定的成文法，也称制定法。法社会学的国家法定义，是指"在一具有政治组织之社会中，由该社会成员所公认之统治机构，以物理之强制力①作为后盾，来加以制定或加以执行之规范"。② 国家法因其制定原则之统一性、实际国情之复杂性而不可避免地存有局限性。法哲学上，国家法的局限性③是指，"法律基于其防范人性弱点工具的特质在取得积极价值之同时不可避免地要付出的代价，是法律由于其技术上的特点不能完善地实现其目的的情况"。

国家法的局限性，主要表现为：不合目的性、不周延性、模糊性、滞后性等。国家法之目的是实现正义。而"法律的普遍性特征使得法律只注意其适用对象之一般性而忽视其特殊性"，这就使得法律在个案上可能会出现不正义，从而不合法律对正义之追求目的。这可称之为"不合目的性"；虽然从哲学诞生之日起，就有可知论和不可知论的纷争。但不可否认的是，人的认识能力是有限的。"立法者认识能力非至上性造成的法律不能涵盖一切社会关系的情况"，可称之为其"不周延性"；由于法律语言属于符号系统，一个法律名词，其实代表着由这个名词即

---

① 所谓物理之强制力，乃一旦违背，即有具体之力量，在民法有强制执行，在刑法有罚则。参见杨日然：《法理学》，台北三民书局2005年版，第61页。
② 同上。
③ 以下关于国家法局限性的论述，多采徐国栋教授之《民法基本原则解释（增删本）》第三章之解说。参见徐国栋：《民法基本原则解释（增删本）》，中国政法大学出版社2001年版，第180—185页。

符号所象征或表现的内容。因为其本身具有局限性和模糊性,加之"客体运动的连续性和它们之间类属形态的不明晰性"及"立法技术的失误"等诸种因素,从而就可能导致"法律难以成为当事人行为的明确指针",此可称其为"模糊性";滞后性是指法律本身所追求的稳定性与社会生活的变动不居所具有的矛盾性,是国家法天然的局限性。

以婚姻习惯及婚姻习惯法为主要内容的婚姻法律文化是国家法的重要组成部分,既然国家法有不可避免和天然的局限性,当然就需要习惯及习惯法的补充和矫正。事实上,作为"中国习惯法体系的主要组成部分"及"内容最丰富、影响最大"[①]的一种习惯法,其价值即在于弥补国家法之缺漏、不备之处。其原因正在于,法律条文是有限的,而社会生活是变动不居的。以藏族婚姻习惯及婚姻习惯法为主要内容的藏族婚姻法律文化至少在以下三个方面对婚姻制定法进行补充和矫正:

(一) 实现个案正义

从功能性来看,国家法相较于社会习惯,明确性自然较高,而有助于社会和平秩序的达成。但因其形式本质,"使得立法者与受法律规范者不再合一,制定法因此有了独断的可能"。[②] 事实上,无论是以藏族婚姻习惯及婚姻习惯法为主要内容的婚姻法律文化还是国家法,正义均是其终极追求和永恒守望。离开正义之神的庇护,法将不法。在国家法的疆域内,"溥(普)天之下,莫非王土;率土之滨,莫非王臣"。[③] 法制统一是国家法的首要目的和基本追求。国家法作为确定利益归属的分配规则,"一统江湖"将是其最终的归宿。更何况,华夏文明五千年来的不断传承和积淀,使中央集权、国家统一成为民心所向。

---

① 高其才主编:《当代中国少数民族习惯法》,法律出版社 2010 年版,第 35 页。
② 间资修:《习惯:游移于事实与法律之间》,载《月旦法学杂志》2004 年第 7 期,第 172 页。
③ 余冠英注译:《诗经选》,人民文学出版社 1995 年版,第 239 页。

法制统一原则自有其优点,固不待言。但就幅员辽阔、民族众多、文化类型多样、宗教生态各异的中华疆域而言,倘仅考虑法制统一原则,而忽视其特殊性(尤其是在中华疆域内尚有五十五个少数民族及未识别民族,他们的民族风情、宗教信仰、风俗习惯等与主体民族汉族相去甚远),则法制统一原则之实施,势必面临挂碍窒息。正义之实现,也必面临诸多困境。其结果,一如费老所言,"法治秩序的好处未得,而破坏礼治秩序的弊病却已先发生了"。①

缘此之故,在法制统一原则这个大圆池之内,当留下一缺口,专供"活水"进出,以不致使"水"腐烂。这股"活水"不是别的,正是作为地方性知识②的以藏族婚姻习惯(法)为主要内容的婚姻法律文化。事实上,大部分作为地方性知识的藏族婚姻法律文化中都蕴含着对神的信仰、宇宙的想象、对人生意义的思考及对生活价值的追求等非制度性③因素。这些非制度因素的存在,恰恰起到了填补婚姻制定法在民族自治地方实施过程中所出现的漏洞的作用。倘或对这些作为地方性知识的藏族婚姻法律文化置若罔闻,不加理睬,其最大的可能就是婚姻法在民族自治地方实施的虚置和束之高阁。也因此之故,现行《立法法》第66条第2款规定:"自治条例和单行条例可以依照当地民族的特点,对法律和行政法规的规定作出变通规定"。这种"变通",其考量基点正是作为非制度性因素的法律文化、习惯、风俗等地方性知识。由是观之,以藏族婚姻习惯为内容的藏族婚姻法律文化有着实现个案正义的

---

① 费孝通:《乡土中国 生育制度》,北京大学出版社1988年版,第58页。
② "法律……乃是一种地方性知识;这种地方性不仅指地方、时间、阶级与各种问题而言,并且指情调而言——事情发生经过自有地方特性并与当地人对事物之想象能力相联系"。参见[美]克里福德·格尔茨:《地方性知识——阐释人类学论文集》,王海龙、张家译,中央编译出版社2000年版,第273页。
③ 即便是在现代社会中,非制度性因素即非正式制度依然广泛存在,并发挥着重大的作用。参见唐绍欣:《非正式制度经济学》,山东大学出版社2010年版,第20页。

功能。

(二)应对现实困局

在民族自治地方,大部分地区虽然经历了民主改革。但毋庸置疑,这种改革仅仅是对当地旧有社会制度、等级制度的"革命"。豪贵成为庶人,庶人成为舵手,充其量也只是社会表层结构的重新组合。作为社会深层结构的价值观念、心理结构、行为模式等传统社会心理因素,并未被彻底"革命"。也因此之故,在常态的社会环境中,以民族习惯及习惯法为核心的地方性法律文化的"回潮"成为民族自治地方的一种社会现象,并引起学界及政界的高度关注。

对包括藏族婚姻法律文化在内的少数民族习惯法的总体态度,各界在做了深入的调查研究的基础上,对习惯法"回潮"问题形成了三种观点:①一是无害论,认为藏族部落习惯法是"藏族风俗习惯的一个重要方面,是宗教仪轨的表现形式之一,代表一个民族的特点,应予以大部分或总体上的吸收或保留";二是废除论,认为"藏区部落习惯法是落后的,不文明的",其"不仅助长了封建部落势力的抬头,而且严重亵渎了国家法律的尊严,严重干扰了司法机关严格执法,与依法治国的理念格格不入,为社会主义法制所不容",应彻底否定,坚决废除;三是改革论,认为"藏区部落习惯法有着很深的社会根源,既要承认它的历史作用,又要承认它目前和今后相当长的时期内仍将存在。""既要讲法律的统一性,也要讲藏族地区的特殊性,对统一性的变通和对特殊性的改造,才是更高意义上的统一"。

显然,"无害论"者有"地方民族论"之嫌。以"保留民族传统"为由因循守旧、墨守成规,并非维护民族文化的最好方式。"废除论"者是典

---

① 张济民主编:《诸说求真——藏族部落习惯法专论》,青海人民出版社2002年版,第2页。

型的"国家法中心主义"。此论在中国大陆地区流传甚广,几乎不容置疑,并被广泛接受。其主要观点可归结为"只有成文法所期待的,才可能被承认为习惯法"。① 该论貌似坚决捍卫国家法,实际上是对国家法的戕害。其根源在于完全无视民族地区的特殊历史及社会根源。"改革论",实事求是,既顾及国家法又兼顾"地方性知识",有接近真理之可能。至是之故,其也最能应对现实困局。

(三) 回归法之原始属性

除生产力的发展外,法产生的根本原因是人类对秩序近乎宗教般虔诚的内心渴求。法律的出现,是"适应原始社会末期所造成的原始禁忌、习惯的松弛和崩溃所带来的新的社会公共事务的需要。"②换言之,当作为法的初级表现形态的禁忌、图腾、习惯等不足以维持社会秩序时,习惯法便应运而生。当习惯法在应对社会现实捉襟见肘时,国家法便宣告诞生。

无论是习惯法还是国家法,其原始属性都是为了维持并追求社会秩序的和谐圆满。或者,换句话说,是为了实现社会控制。在初民社会,"社会控制的最初发展是自然而然的,完全出自社会自身的需要"。③ 在成文法时代,"社会控制首先是国家的职能,并通过法律来行使"。④

需要说明的是,法是社会控制的一种手段,而非唯一手段。其他的诸如道德、宗教、习惯(俗)等同样实现着社会控制的功能和目的。庞德(Roscoe Pound)说得好:"在我们生活的地上世界里,如果法律在今天

---

① [德] 魏德士:《法理学》,吴越、丁晓春译,法律出版社 2005 年版,第 104 页。
② 田成有、张向前:《原始法探析——从禁忌、习惯到法起源的运动》,载《法学研究》1994 年第 6 期,第 27 页。
③ 吕世伦、叶传星:《现代人类学对法起源的解释》,载《中国法学》1993 年第 4 期,第 54 页。
④ [美] 庞德:《通过法律的社会控制》,沈宗灵译,商务印书馆 2008 年版,第 11 页。

是社会控制的主要手段,那么它就需要宗教、道德和教育的支持;而如果它不能再得到有组织的宗教和家庭的支持的话,那么它就更加需要这些方面的支持了"。① 更何况,法律作为一种社会控制的工具和手段,并非具有最高的效力。事实上,"说服性的控制工具,如暗示、模仿、批评、报酬、赞许、反应等,往往比法律有更高的功效"。② 总之,只要能定纷止争,在公序良俗的范畴内,无论是包括以藏族婚姻习惯为内容的藏族婚姻法律文化抑或国家法,其原始属性均在于追求秩序之圆满和谐。

二、尊重和承继传统婚姻法律文化

法律有三度:时间度、空间度和事实度。③ "空间度",说的是法无往而不在一定的空间地域范围之内。法不可能脱离时代,更不可能完全超越疆域。"法律全球化"也只是把工商业社会中通用的知识予以全球化,其他内容的"法律全球化"只是西方文明的一厢情愿和单相思。事实上,在具有浓厚伦理观念的身份法领域,"撇开传统的习惯,吸收外国的法律制度,并不是件容易的工作"。④ 其原因是,我国地域广袤、民族众多、文化类型多样、宗教生态各异。代表精英文化系统的国家法是"大传统",而代表民间文化系统的少数民族习惯法是"小传统",二者虽然互有碰撞交融,但相互独立依然是其主要的表征。

法不可能离开地域而独行于世。萨维尼(Friedrich Carl von Savigny)说的好,"地域性和民族性是实在法支配人的基础"。⑤ 在一定

---

① [美]庞德:《通过法律的社会控制》,沈宗灵译,商务印书馆2008年版,第30页。
② 龙冠海主编:《云五社会科学大辞典·社会学》,台湾商务印书馆1973年版,第98页。
③ 吴经雄:《法律哲学研究》,清华大学出版社2005年版,第17页;另,可参见小林直树:《法の人間学的考察》,东京岩波书店2003年版,第199—264页。
④ 杨日然:《法理学》,台北三民书局2005年版,第136页。
⑤ [德]佛里德里希·卡尔·冯·萨维尼:《法律冲突与法律规则的地域和时间范围》,李双元等译,法律出版社1999年版,第7页。

地域认知基础上形成的地域性规范即习惯法,不仅在当下生命力顽强,而且受到当地民众的褒扬和期待。冯友兰先生在《中国哲学史》中专门分析了中国哲学产生背景的地理因素,并认为,"在思想的时候,人们常常受到生活环境的限制"。"在特定的环境,他就以特定的方式感受生活,因而他的哲学也就有特定的强调之处和省略之处,这些就构成了这个哲学的特色"。"就个人说是如此,就民族说也是如此"。① 藏族世居于人类的"第三极"青藏高原,那里高寒缺氧,平均海拔 3800 多米,生存异常艰难。这样的地理环境,决定了藏民族对人与人、人与社会、人与自然之间关系的认知是特殊的,并有别于气候相对温和湿润、土地相对肥沃的黄河流域及长江流域的汉民族。因此,法律必然是一定地域范围内社会心理的反映。如果一种法能够暗合一定地域范围内民众的社会心理,并满足了其对法律的公正期待和需求,这样的法律必然被信仰和尊奉。反之,必被束之高阁或远离背弃。

国家法的根本目的在于统一团结诸民族,形成共同的民族精神。而构成共同民族精神的一个重要因素是民族共同的心理体验。在"中华民族多元一体格局"下形成的中华民族精神,正是我国 56 个民族及未识别民族共同的心理体验。这种心理体验既有对中华民族认同的共性,也有各个民族自己的个性。

藏族婚姻法律文化是深层次的民族共同心理体验,通过"革命"是革不掉的。"第三世界新起的统治者,对于那些不符合新型民族主义权威所需的文化习俗与传统,就予以重新诠释、边缘化,或者就整个抹杀掉"。② 这种方法是对传统的人为割裂,并由此形成了中国当下整个社

---

① 冯友兰:《中国哲学简史》,涂又光译,北京大学出版社 2010 年版,第 13 页。
② [澳]斯戈齐、哈吉:《文化与发展:批判性导论》,沈台训译,台北巨流图书公司 2003 年版,第 180 页。

会文化层面的"断裂",令人扼腕。藏族婚姻法律文化暗合了一定地域范围内民众的社会心理,是对藏族传统法律文化的承继,并在某种程度上满足了藏族对法律的公正期待和需求。

三、补充法源地位之确立

"现今各国法制,在民事方面,不论其法典本身有无明文规定,几无不承认习惯为法源之一种,成文法自足以上的观念,再无存在的可能了"。① "成文法自足以上的观念"即成文法万能主义,是"18 世纪末期自然法学派认为习惯法是劣等文化而对习惯法加以排斥的结果"。② 习惯法作为补充法源,已成为大陆法系各国的通行做法。

德国通行的学说认为,法只有两种表现形式,即国家法律和习惯法。③ 瑞士 1907 年民法制订时,正是德法两国对于习惯问题讨论炽热之际,而不论就实务或理论方面而言,几乎无不取向承认习惯为法源之一种,因之而有第 1 条之订定,于成文法律无规定时,应以习惯法为裁判。④ 这种对习惯法的认可直至当代《瑞士民法典》依然适用。⑤ 而这也成为中国台湾地区"民法"第 1 条的蓝本。台湾地区"民法"第 1 条规定了"民事法源及顺位":"民事,法律所未规定者,依习惯;无习惯者,依法理"。第 2 条规定了"习惯之消极要件":"民事所适用之习惯,以不违

---

① 王伯琦:《近代法律思潮与中国固有文化》,清华大学出版社 2005 年版,第 306 页。
② 杨日然:《法理学》,台北三民书局 2005 年版,第 132 页。
③ [德]拉伦茨:《德国民法通论》,谢怀栻等译,法律出版社 2003 年版,第 10—11 页。
④ 王伯琦:《近代法律思潮与中国固有文化》,清华大学出版社 2005 年版,第 305—306 页。
⑤ 2013 年最新的《瑞士民法典》,在"序篇"第 1 条"法律适用"中明确规定:"1. 法律问题,如依本法的文字或解释有相应的规定,一律适用本法。2. 如本法没有相应的规定,法官应依习惯法进行裁判;如无习惯法,法官依自己如作为立法者应提出的规则进行裁判。3. 法官在前情形下提出的规则,应以公认的法理和判例为依据。"参见《瑞士民法典》,于海涌、赵希璇译,法律出版社 2016 年版,第 5 页。

背公共秩序或善良风俗者为限"。① 其来源则来自于第一次民律草案《大清民律草案》第 1 条之规定:"民事本律所为规定者依习惯法,无习惯法者依法理"。②

《韩国民法典》也在第一编"总则"第一章"通则"中明确规定了"法源":民事,法律无规定者,依习惯法;无习惯法者,依法理。③《意大利民法典》则在"序编""一般原则"第一章"法源"中明确规定:惯例是法源的一种。④《葡萄牙民法典》第 3 条规定了"习惯的法律价值":"一、不违背善意原则之习惯,仅在法律有所规定时,方予考虑。二、同业公会的规定优先于习惯"。⑤ 可见,在当今成文法系各国民法典中,规定习惯法为补充法源地位是通行做法。这里的"习惯法"当然包括藏族婚姻习惯法。

漏洞补充乃习惯法作为补充法源的重要功能之一。"漏洞可能出现在一切法律的组成部分中"。⑥ 大部分的法律漏洞,"并非涉及个别法条的不圆满性,毋宁是整个规整的不圆满性,易言之,依根本的规整意向,应予规整的问题欠缺适当的规则"。⑦ 对此,有学者指出,"惟在承认习惯法得为其法源之法域,论断该法是否有漏洞,应兼顾习惯法的规定,亦只有在制定法及习惯法对之皆无规定的情形,方有法律漏洞之存在"。⑧ 以藏族婚姻习惯及习惯法为核心的藏族婚姻法律文化与国家法互动的第三个方面即表现为补充法源地位之确立。

---

① 陈忠五编:《新学林分科六法:民法(第 10 版)》,台北新学林出版股份有限公司 2011 年版,第 A—1、A—9 页。
② 潘维和:《中国历次民律草案校释》,台北汉林出版社 1982 年版,第 155 页。
③ 《韩国最新民法典》,崔吉子译,北京大学出版社 2010 年版,第 135 页。
④ 《意大利民法典》,费安玲等译,中国政法大学出版社 1997 年版,第 3 页。
⑤ 《葡萄牙民法典》,唐晓晴等译,北京大学出版社 2009 年版,第 5 页。
⑥ [德]恩吉施:《法律思维导论》,郑永流译,法律出版社 2004 年版,第 168 页。
⑦ [德]拉伦茨:《法学方法论》,陈爱娥译,商务印书馆 2005 年版,第 251 页。
⑧ 黄茂荣:《法学方法与现代民法》,中国政法大学出版社 2001 年版,第 373 页。

总之,以藏族婚姻习惯及习惯法为主要内容的藏族婚姻法律文化和国家法之间是一种互动互补的关系。藏族婚姻习惯法克服了婚姻国家法理性主义的局限性,并填补了国家法的漏洞。司法实践业已表明:有些纠纷西藏藏族婚姻习惯法难以解决,婚姻国家法手到擒来;有些纠纷婚姻国家法很难调整,西藏藏族婚姻习惯法迎刃而解。

目前藏族婚姻习惯法和婚姻国家法的抵牾、尴尬,恰恰在于二者不能"冲气以为和"①。事实上,包括西藏在内的民族自治地方,法律规避现象的出现并非偶然。有学者指出,"法律规避所证明的并不是行为人对法律的无知和非理性,而恰恰证明了他们的理性"。② 当事人之所以最终选择藏族婚姻习惯法,除了其具有深入民心、便利实际及追求实质正义等因素之外,国家法高额的显性成本(如直接的诉讼费用)和隐形成本(如必要的人际关系成本),也使得当事人对国家法望而却步。从这个角度而言,选择藏族婚姻习惯法恰恰是其理性的表现。

另外,现代社会媒体及网络话语体系对包括藏区在内的民族自治地方的"特殊癖好"和"猎奇心理",使得部分司法实践人员的内心世界充满着对藏族婚姻习惯法是粗鄙的、落后的、愚昧的、无知的感性认知。婚姻国家法尚未能深入民间,向藏族婚姻习惯法探寻其深入人心的密码。文化多样性的理念也尚未深入人心,藏族习惯法的合理内核尚未被人们广泛认知,藏族婚姻习惯法及法律文化的研究也甚为边缘。虽然早有学者提出"即便社会习惯都是好的,有时制定法也要对之保持距离,容许其有自治空间,否则反足以害之"③的忠告,但主流意识形态及

---

① 《道德经·第四十二章》,参见南怀瑾:《〈老子他说〉续集》,东方出版社 2010 年版,第 105 页。
② 苏力:《法治及其本土资源》,中国政法大学出版社 1996 年版,第 47 页。
③ 杨日然:《"民法"第一条》,载《法学丛刊》1959 年第 15 期,第 38 页。

话语体系尚未给包括藏族婚姻习惯法在内的少数民族习惯法及法律文化留出足够的生存空间。

推而广之,一味以国家法的有形强力勉力推之,并非解决民族自治地区重大纠纷的最佳选择。面对"土地里长出来的文化"①和"中华民族多元一体格局"②的现状,面对文化生态多样性③的现实中国,国家法和少数民族习惯法及法律文化,应当相互尊重,互通有无,并相互补充,互相合作。"国家法与习惯规范不必然要永远地站在对立的两端"。④包括藏族婚姻习惯法及法律文化在内的少数民族习惯法及法律文化当然需要其内部自发的变革及外部国家法的合理引领,并通过顺应世界潮流、改变逆潮之举,实现少数民族法律文化的传承与创新,并实现社会秩序的良性运转和圆满和谐。

综上,包括藏族婚姻习惯法在内的少数民族习惯法及法律文化和国家法是法的两端,缺一不可。走向互动互补共和,是其不二选择。

第三节 藏族婚姻法律文化与国家法的会通

在立法技术上,应当如何整合与消解以藏族婚姻习惯法为核心的

---

① 费孝通:《文化与文化自觉》,群言出版社 2010 年版,第 12—15 页。
② 同上书,第 52—83 页。
③ 罗尔斯(Rowls)曾说,"在一个自由社会中,合理的人类活动的自然结果更具有多样性,而不是变少了。甚至在田园诗般的条件中——一个没有偏见、愚昧或利己主义倾向的社会——通情达理的人们仍然会经常对基本价值、生活哲学、政治和法律规则表示不同意见"。John Rowls, *Political Liberalism*. New York: Columbia University Press, 1993, pp. 54—58. 亨廷顿也言,"文化的共存需要寻求大多数文明的共同点,而不是促进假设中的某个文明的普遍特征。在多文明的世界里,建设性的道路是弃绝普世主义,接受多样性和寻求共同性"。参见[美]亨廷顿:《文明的冲突与世界秩序的重建》,周琪等译,新华出版社 1998 年版,第 369 页。
④ 蔡恒文:《国家法与原住民族习惯规范之冲突与解决》,台湾大学法律学院法律学研究所 2007 年硕士学位论文,第 202 页。

藏族婚姻法律文化并使其纳入现代法律体系,且与其他法律制度相衔接? 现有的法律设计是否已经备置此方面之管道? 对上述问题的回答是肯定的。那就是现有法律制度通过民族区域自治权的设计,备置"变通"这一管道,使得在统一的多民族国家内部通过行使民族区域自治权的方式来处理二者的关系。当然,从宪政的层面看,虽然西藏及其他藏区作为民族区域自治的主体,有别于一般的地方政府,但这仍然是一个中央和地方关系的宪政问题。"某些地方习俗完全可以通过地方立法表现出来",这是一个"地地道道的中央集权和地方自治的关系"的宪政问题。[1] 我国的两部[2]《婚姻法》均通过赋予民族自治地方制定"变通的补充的规定"[3]的权利来行使这种地方自治权。《婚姻法》"变通"正是整合与消解藏族婚姻法律文化的主要管道。

在此背景下,对藏族婚姻法律文化进行非此即彼、善恶甄别的价值判断就显得过于简单。具体问题具体分析当是我们对待藏族婚姻法律文化应有的态度。"认可吸纳、否定摒弃、尊重维持、改革变通"的"十六字方针"应是地方立法对待藏族婚姻法律文化的基本态度。

一、认可吸纳

凡是不与宪法和法律规定的基本权利相冲突的习惯、习惯法及地

---

[1] 张千帆:《国家主权与地方自治——中央与地方关系的法治化》,中国民主法制出版社 2012 年版,第 6 页。
[2] 第一部是 1950 年 4 月 13 日发布并生效,1981 年 1 月 1 日失效的《中华人民共和国婚姻法》;第二部是 1980 年 9 月 10 日颁布,1981 年 1 月 1 日起实施的《中华人民共和国婚姻法》。
[3] 1950 年《婚姻法》第 27 条规定:"在少数民族聚居的地区,大行政区人民政府(或军政委员会)或省人民政府得依据当地少数民族婚姻问题的具体情况,对本法制定某些变通的或补充的规定,提请政务院批准施行。"1980 年《婚姻法》第 36 条规定:"民族自治地方人民代表大会和它的常务委员会可以依据本法的原则,结合当地民族婚姻家庭的具体情况,制定某些变通的或补充的规定。自治州、自治县制定的规定,须报请省、自治区人民代表大会常务委员会批准。自治区制定的规定,须报全国人民代表大会常务委员会备案。"

方性规范均应予以认可,并在适当的条件下予以吸纳。少数民族的习惯是受宪法和法律保护的。我国《宪法》第4条第4款规定,各民族都有保持或改革自己的风俗习惯的自由。《民族区域自治法》第10条也有类似的规定。显然,《宪法》及《民族区域自治法》是承认少数民族习惯法中与国家法相一致的部分的。另外,从自治法规立法权的授权目的出发,凡是那些符合民族社会生活实际且不违背法律和行政法规基本原则,但又与法律和行政法规的具体规定有出入的习惯规则,均应当得到认可,并为自治法规所吸纳,成为国家法的有机组成部分。

要对传统婚姻习惯、习惯法及地方性规范进行调查、整理、评估,并在适当的情况下将其纳入现行法体系。现有的地方性立法如《西藏施行〈婚姻法〉变通条例》很大程度上只具有宣示的意义,不是真正意义上的对婚姻习惯的调查、整理、评估的立法表达。这方面,中国台湾地区的经验可资借鉴。中国台湾地区立法当局意识到,制定法将大多数生活关系的规范一手包办,切断了习惯规范进入国家法的管道,因此不论原住民族对于习惯规范的安排为何,完全不被国家法承认,二者产生的冲突也在所难免。因此,其先后完成了"原住民族传统惯习之调查整理及评估纳入现行法体系之研究——邹族、鲁凯族篇"[1]及"原住民族传统习惯之调查、整理及评估纳入现行法制第二期委托研究——泰雅族、太鲁阁族",[2]这些调查将提供审判实务机关使用。将藏族的婚姻习惯、习惯法及地方性规范加以调查并分析整理后,通过与国家法的会

---

[1] 《原住民族传统惯习之调查整理及评估纳入现行法体系之研究——邹族、鲁凯族篇》,台湾"行政院"原住民族委员会主办,财团法人邹族文化艺术基金会承办,2005年。

[2] 《谢世忠、郭倩婷、杨玲慧、刘瑞超、李卫诚:原住民族传统习惯之调查、整理及评估纳入现行法制第二期委托研究——泰雅族、太鲁阁族》,台湾"行政院"原住民族委员会,2007年。

通，既可以维护国家法制统一，又可以兼顾特殊区情，两美兼得，相得益彰。

　　另外，还可以通过司法判决和判例制度公示或确认藏族婚姻习惯、习惯法、地方性规范及法律文化。在这方面，中国台湾地区的司法判决依然为我们提供了可资借鉴的范本。2009年12月3日在《98年度台上字第7210号》刑事判决中指出："原住民族之传统习俗有其历史渊源与文化特色，为促进各族群间公平、永续发展，允以多元主义观点、文化相对之角度，以建立共存共荣之族群关系，尤其在原住民族传统领域土地内，依其传统习俗之行为，在合理之范围内，予以适当之尊重，以保障原住民族之基本权利"。① 中国大陆地区是否也可以通过案例指导制度②在司法层面予以保护，也是未来可以考虑的路径之一。

　　具体到藏族婚姻法律文化，以下内容应当认可吸纳到地方性立法中来：

　　（一）"血缘外婚"的通婚规则应当认可并吸纳

　　血缘外婚，即"同如（Rus-Pa）不婚"，就是指同一"骨系"的人不得缔结婚姻。这一通婚规则与现代婚姻法所追求的限制近亲结婚规则有共通之处，都是基于优生学和伦常上之考量，且是藏族文化自身的表达方式，完全可以通过立法变通的方式予以认可并吸纳。金里卡（Will Kymlicka）在《少数的权利》中提到：政府的合法的基本任务就是保护民族文化的持续活力，并且，从更普遍的意义上说，是表达人

---

　　①　蔡志伟：《从客体到主体：台湾原住民族法制与权利的发展》，载《台大法学论丛》2011年特刊，第1534页。

　　②　最高人民法院于2010年11月26日发布了《关于案例指导工作的规定》（法发［2010］51号）的规范性文件，这标志着中国案例指导制度的建立。该制度的建立将对中国的司法制度、法学研究及法学教育产生重大的影响。

民的民族认同。[①]"同如(Rus-Pa)不婚"作为藏族人民自己在婚姻通婚规则上的表达方式,是其民族认同的重要组成部分,理应得到政府的法律保障。

(二)"女娶男嫁"的婚后居住方式应当认可并吸纳

藏族婚姻法律文化中的"女娶男嫁婚",对男方地位的认同和平等对待,相较于汉族地区"入赘婚"中对"赘婿"的歧视而言,无疑具有较高的借鉴价值。即便是在当下的藏族社会中,"女娶男嫁婚"依然发挥着整合家庭关系、融合族际关系,较好地解决可能存在的劳动力分配、老年人赡养、婆媳矛盾等诸多社会问题的功能。对于这样一种优秀的婚姻法律文化,国家法没有理由对其视而不见、充耳不闻,应当在"变通规定"中予以认可吸纳。

(三)"适当照顾女方"及"乳金归母"的离婚习惯法规则应当认可并吸纳

基于藏传佛教的影响,藏族并无宗族继嗣观念,因此在家庭财产继承方面,女性和男性具有同等的继承权。这种观念体现在婚姻解除时对女方利益的照顾——离婚法律文化中的"适当照顾女方"的原则。"乳金归母"习惯是藏族离婚法律文化中较有特色的规则之一。用现代话语体系说就是"离婚经济补偿制度"。这是藏族离婚法律文化中承认、尊重女性劳动并给予经济补偿的规则。这些规则与现代婚姻法中对女性"倾斜保护原则"不谋而合。在男权社会中,女性相较于男性而言无论在体力上还是在文化建构中均处于相对弱势地位,包括婚姻法在内的整个女性权利保护体系,正是通过对女性的倾斜保护及男女两

[①] [加拿大]威尔·金里卡:《少数的权利:民族主义、多元文化和公民》,邓红风译,上海译文出版社2005年版,第236页。

性的平等对待来实现真正意义上的男女平权、两性公正、性别平等、性别正义。对于这样一种藏族自生自发的离婚秩序,"变通规定"有必要将其认可吸纳。

二、否定摒弃

凡是与宪法和法律规定的基本权利相冲突的习惯、习惯法、地方性规范及法律文化均应予以否定,并坚决摒弃。那些与法律和行政法规的基本原则和精神悖离的习惯规则、法律文化,将受到国家的否定,并坚决剔除出国家法体系之中。人权、法治等作为实现"人的尊严"的价值应得到尊重。"人的尊严"作为现代法治的基本原则应得到贯彻落实。

具体到藏族婚姻法律文化,"等级内婚"的通婚规则必须否定,并坚决摒弃。按照身份、等级、阶级适用法律是违背现代法治的基本原则的。民主改革前藏族社会实行"政教合一"的封建农奴制度,民主改革后封建农奴制度不复存在,基于身份的等级制度存在的社会基础消灭。那么,基于该种社会基础的所谓"等级内婚"制度也必将消灭。皮之不存,毛将焉附?法律面前人人平等,不仅是社会主义法治的基本原则,也是现代法治国家的基本原则,理应得到贯彻落实。该通婚规则违背我国宪法和法律规定的基本原则,故而应当予以否定,并坚决摒弃。

三、尊重维持

在世界范围内,如何在一个统一国家内部协调多民族之间的利益、建立共识,促进国家意识和民族认同,是一个相当棘手的问题。因为一般而言,统一国家内部的民族共同体都有其特殊的地理环境、宗教、习惯（法）及在此基础上形成的独特文化。相关的法律规则对此处理稍有不慎，就很可能有分崩离析之虞。因此，从少数民族深层文化视角对其婚姻规则进行考量，并对其规则予以尊重，维持现状，此乃促进族际和谐有序及良性互动的重要方法。

具体到藏族社会，地方立法部门应当重视以藏族作为权利主体的法律思考，正视藏族特殊的生存环境、文化构成与婚姻习俗，在立法中反映藏族民众的实际生活经验，[1]并克服因文化差异而造成的婚姻法律文化与国家法之间的所谓"法律冲突"现象。在未来多元社会[2]的架构下，应当处理好强调以个人权利保障及宽容原则为基础的宪政原则与强调文化本体及认同为基础的藏区的民族区域自治权之间的协调兼容关系，这是我们对待藏族婚姻法律文化应持有的理性态度。

由于历史原因形成的藏族婚姻法律文化的诸多内容，尤其需要从藏族社会的深层文化层面加以理解。特别是与宗教信仰和民族风俗习惯有关的婚姻法律文化、习惯、习惯法、地方性规范等等，不仅是一个法律问题，同时也可能是一个宗教问题、民族问题，甚至还可能是一个政治问题。对此，理应本着理解与尊重的原则，维持现状，不要轻易地进行改革或移风易俗。最好的方法是交给"时间"这个最公正的老人，让

---

[1] 李春斌：《论西藏藏族婚姻形态习惯与国家法的会通》，载《中央民族大学学报（哲学社会科学版）》2015年第4期，第59页。

[2] 塑造一个多元文化的社会，使个人及团体接受文化差异之自然事实，是现代宪政国家避免文化差异的不二法门。参见许育典：《文化宪法与文化国》，台北元照出版有限公司2006年版，第3—6页。国家需对不同文化社群形成的多样化文化，保持中立，予以宽容，尊重与平等对待，使人民不因其文化差异而影响其人格开展，人在合宪秩序下的最大自我实现才有可能。参见许育典：《多元文化作为宪法价值秩序》，载《台湾法学杂志》2011年第184期，第79页。

其自然选择。

(一) 单复式婚应予尊重并维持

"一妻多夫"、"一夫多妻"等单复式婚在藏区的存在有着非常复杂的原因,对其的态度因其违背"一夫一妻制"原则的原因,远非表面上在相关的地方性立法中,予以粗暴地禁止这么简单。如果说藏族城镇地区可以通过相对密集的文化输入和行政控制来达到对某种习惯的禁绝,那么对于天然具有单复式婚形成基础的农牧区或半农半牧区,该种婚姻形态事实上已被藏民族自然选用,并构成该区域"民族婚姻家庭的具体情况"。这样的习惯选择并没有造成婚姻法中"重婚"对家庭的危害,相反还有利于增进家庭和睦及促使家庭经济状况好转。因此,我们既不能简单地将其归入封建陋俗而予以取缔,也不能"为了营造一种统一法制的幻象而选择性地视而不见"。①

对传统的彻底否定,给立法和司法解释制造的矛盾就是:一方面,事实婚姻②中的男女具有婚意和同居生活,完全符合婚姻的理念,具有与合法婚姻相同的生活本质;③但另一方面,未履行结婚形式要件而同居生活又摆脱了国家的监督,从国家管理的角度看又具有违法性。④

---

① 乐岚:《目标或路径:统一婚姻法与民族习惯法的交互发展——兼论四川藏区婚姻法变通补充规定之完善》,载《西南民族大学学报(人文社科版)》2009 年第 8 期,第 51 页。
② 中国历次《婚姻法》和相关司法解释对于事实婚姻的态度大致来说经历了四个阶段:承认主义阶段(解放初期—1984 年 8 月 30 日),限制承认主义阶段(1984 年 8 月 30 日—1994 年 2 月 1 日),不承认主义阶段(1994 年 2 月 1 日—2001 年 12 月 24 日)及相对承认主义阶段(2001 年 12 月 24 日以后)。参见金眉:《中国亲属法的近现代转型》,法律出版社 2010 年版,第 148—150 页。也有观点认为国家对事实婚姻的认定,主要经历了绝对承认→有条件的承认→绝对不承认→相对不承认四个阶段,参见何丽新:《我国非婚同居立法规制研究》,法律出版社 2010 年版,第 74 页。
③ 金眉:《中国亲属法的近现代转型》,法律出版社 2010 年版,第 159 页。
④ 同上书,第 155 页。

这种矛盾,在藏族婚姻法律文化中单复式婚的法律定性和研究中也典型存在。

因此,本书认为,《西藏施行〈婚姻法〉变通条例》第2条对单复式婚"封建婚姻"的定性,在很大程度上"污名化"了该种婚姻形态。在实践中,造成了其他民族对藏族婚姻法律文化的重大误解,不利于族际婚姻和谐有序及良性互动,应该加以修订。在此基础上,对其予以尊重维持。

(二)婚姻仪式应予尊重维持

传统的婚嫁仪式是藏族风俗习惯及婚姻法律文化的重要组成部分。对于该种婚嫁仪式,只要不违背婚姻自由这一根本原则,就应当予以尊重并维持。婚姻仪式是藏族传统婚姻缔结的事实必经程序,具有典型的习惯法效力。婚姻仪式承载着藏族乡土社会独特的公示婚姻、婚姻神圣、伦理宣教、传统传承等价值。从保护文化多样性的视角而言,藏族的婚姻仪式既是《联合国文化多样性保护公约》的保护对象,也是我国《非物质文化遗产保护法》的重要保护对象。

当下的单纯登记婚制在一定程度上忽略了中国民众对待婚姻的态度和心理,并在某种意义上遮蔽了中国人结婚仪式中所蕴含的观念价值。而法律与传统一刀切的做法,不仅切断了与民众的联系,也切断了与自己民族历史的联系,客观上也为有心之人所利用并形成了对法律的规避和愚弄。在现代,承认国家功能的限制性,尊重市民社会业已存在的规则,特别是在婚姻家庭这样私密性的领域,在不违反国家法律基本原则的前提下,承认传统的价值,既是对中国人基本婚姻家庭生活的尊重,也反映了立法者处理现实与历史联系的智慧。明智的立法者,应当承认建立在民族历史经验和智慧基础之上的结婚仪式在法律上所具有正当性和合法性。可以想见,当这一理念为立法者接受时,无疑也就为多年以来《婚姻法》与司法解释进退局狭的矛盾和反复奠定了思想上的统一。① 因此,对藏族婚姻法律文化中的婚姻仪式智慧的立法者应当采取尊重并予以维持的思路。

四、改革变通

对民族法律文化,当采取认可吸纳、否定摒弃、尊重维持等方式不足进行甄别时,就需要对其进行适当的改造,变革其中某一部分的内容,使其适应少数民族地区的区情。需要说明的是,无论是哪种方式的改革变通,都必须遵从少数民族人民自己的意愿,并由少数民族人民自己改革。这是我国宪法和法律确立的基本原则。具体到藏族婚姻法律文化,以下内容应当改革变通:

(一)自由婚龄应当改革变通

自由婚龄属于需要改革变通的内容之一。在 1980 年《婚姻法》实施后,大部分藏区根据《婚姻法》第 50 条的规定,制定了变通条例或补充规定,将婚龄变通为男 20 周岁、女 18 周岁。前文述及,当前在藏区通行的变通婚龄,已经在结婚年龄上起到了应有的指引作用,比较符合婚龄制度的立法本意及该地区有关婚龄的具体情况,这种改革变通遵从了藏族人民自己的意愿,并由藏族人民自己实行,值得肯定。经过多年的普法宣传,加之改革开放三十多年藏区经济发展及教育水准的普遍提高,现在低于变通婚龄的结婚者除在边远农牧区之外,很少出现。

(二)"神判"的婚姻纠纷调处方式应当视情况改革变通

"神判",也叫"神断"或"神明裁判"。这种习俗认为,人们之间的是非、真假可由"神"的意志来判定。在发生偷盗、奸淫及其他财产纠纷等类事件时,原告一方怀疑某人或某些人有此种行为而又无真凭实据,并且被怀疑者拒不承认的情况下,在经过部落社会长者或权威调解无效

---

① 金眉:《中国亲属法的近现代转型》,法律出版社 2010 年版,第 167—168 页。

时,往往都采用"神判"的方式来解决。这是最高、最后的解决方式。①无论神判的结果如何,当事者双方都必须绝对服从,而不得有任何违抗。当地的社会舆论对这种判决的公正性和有效性也都深信不疑。②

藏族法律文化中存在的"神判"现象具有原始法规和宗教法规的双重特征。③ 由于当下的藏族社会仍然是一个宗教氛围较为浓厚的地区。很大程度上,"教法"在藏族民众的心理层面依然具有非常高的地位。在此基础上形成的法观念,在某种程度上,依然具有"神法"的色彩。"他们生活在神话的世界中,他们实行的法律自然是神的法律"。④在藏族社会中,金瓶掣签制度就是清朝根据藏族的社会情况及客观存在的活佛转世制度、神判文化而制定的神判仪式。⑤ 2007年施行的《藏传佛教活佛转世管理办法》第8条更是直接以行政法规的方式规定了该神判仪式。因此,"神判"在当下藏族社会依然具有一定的生命力。

对于"神判"的婚姻纠纷处理方式,在不违背我国宪法和法律规定的基本权利和原则的条件下,应当结合实际情况予以尊重。需要说明的是,"沸油取石"、"沸泥取石"等残害当事人身体健康的"沸捞神判"方

---

① 有学者记载了一起典型的案例:在L乡,一位藏胞的一对金耳环失窃,失主找不到盗窃的嫌疑人,但可以肯定是本村人实施的盗窃行为。那么他就通过召集全村人到佛堂里,点一盏酥油灯在佛像面前。村里人如果愿意承认自己没有盗窃失主的物品,那么就上前灭了酥油灯。第二天,失主发现自己的一对耳环放在家门口。作者解释道:"酥油灯,代表了藏族信徒们对神的虔诚和祈祷。藏族人相信如果撒谎灭了灯,就相当于自己背叛了自己的信仰,就等于成为了社会的'反叛者'。这样的人如果死去,将在地狱遭受割舌之刑,轮回之苦。因此,藏民不敢轻易撒谎灭灯。这使得'发灯誓'这种和解方式在藏区的适用非常广泛。在笃信藏传佛教的藏族人眼中,教义对自己的约束力甚至超过了法律的约束力,这也在极大程度上推动了宗教习惯法的适用,维护了藏区社会的安定、和谐。"参见杨继文、姜利标:《藏区治理的非司法叙事:刑事纠纷与宗教习俗》,载《中南民族大学学报》2016年第2期,第86页。
② 夏之乾:《神判》,载《社会科学战线》1980年第1期,第224页。
③ 杨士宏编著:《藏族传统法律文化研究》,甘肃人民出版社2003年版,第236页。
④ 杜文忠:《神判与早期法的历史演进》,载《民族研究》2004年第3期,第54页。
⑤ 于洪、张双志:《金瓶掣签与神判文化》,载《西藏研究》2006年第2期,第43—49页。

式应当予以坚决取缔,因为其违背了我国宪法和法律规定的基本权利和原则。盟誓、赌咒、掷骰子等无害身体健康的"神判"方式在不违背我国宪法和法律规定的基本权利的原则下,可以继续使用。

(三)"子由父养,女由母养"的习惯规则应当结合实际情况改革变通

"子由父养,女由母养"的规则乍一看与现代婚姻法"子女利益最大化原则"之旨趣相去甚远,实则不然。这是因为"子由父养,女由母养"的习惯规则与藏区游牧社会的生产方式密切相关。游牧居无定所,且在游牧过程中,子女与父母共用一顶帐篷。由于男女的生理差异,父亲带着男孩会有较多便利,而且也容易照顾其起居饮食。但如果父亲照顾女孩则没有这样的便利条件,尤其是女孩在逐渐长大后更是如此。因此,"子由父养,女由母养"的习惯规则是由游牧社会的基本生活方式决定的。当下,藏族社会纯牧区比如安多藏区的生产方式并无多大变化,依然"逐水草而居"。因此,在牧区该原则应当予以尊重维持。但在已定居的地区,"子女利益最大化原则"当成为处理离婚子女抚养问题时的基本规则。

结　　语

庐山烟雨浙江潮，
未见千般恨不消。
及至到来无一事，
庐山烟雨浙江潮。

——宋·苏轼《观潮》

本研究以藏族婚姻法律文化为研究对象,历时四年,前后十载,履临实证,孜孜以求,所考量者乃民族婚姻法律文化之发生机理,所探究者乃国家婚姻制定法与民族婚姻法律文化二者关系之规律性认知。

本书认为,基于统一多民族国家的国情,中国的婚姻法学研究不仅要重视以本土汉族群体为权利主体的法律思考,更要正视以本土少数民族群体特殊的生存环境与文化连接的法律意义。中国的婚姻法学应当是包括藏族在内的五十六个民族的"多元一体"的婚姻法学,少数民族婚姻法学理应成为中国婚姻法学的重要组成部分。中国婚姻法学的研究理应更加关注中国本土的法律经验事实,针对转型中国产生的中国法律问题进行认知与解释。其关注焦点主要是"转型中国"产生的"中国法律问题"而非"西方"法律问题。藏族婚姻法律文化的研究是典型的中国法律问题。惟其如此,中国婚姻法学的研究才能获得主体性地位和独立性认知。

认真对待本国社会生活实际,认真对待中国民众最基本的心理需求和社会期待,认真对待少数民族千百年来形成的习惯、习惯法的法律地位,认真对待少数民族的婚姻法律文化,真正从普通中国人日常民事需要出发提炼法律概念、厘定法律原则、构造法律制度,并重塑中国人的私人生活和伦理道德,实现"中国主体"、"中国特色"、"中国气派"、"中国格局"法治,是我国未来法律工作者的重大使命。

经过现代法律创造性转化的传统法律观念,既是大部分中国人生存意义的本体性价值,又是中华文明五千年生生不息的遗传密码,还有可能是正在进行的中华文明伟大复兴的精神动力和思想资源。中国法应该示范世界,剔除身份等级及其他封建糟粕的少数民族传统法律文化必将对世界法治作出重大贡献。

中国少数民族婚姻法学理论的研究,离不开对地理、民族(族群)、历史、图腾、禁忌、人性、仪式、习惯(法)、道德、宗教、经济等因素的关联性认知。通过对这些具有法哲学意味元问题的探究,就有可能把握中国民族婚姻法学理论的基本发生机理,从而也就有可能揭橥其起源密码,获得规律性认知。藏族婚姻法律文化的个案研究无疑是对上述法哲学问题的具体阐释。

当然,对于这个庞大而极富意义的课题,囿于时间、篇幅等因素,本书在民族选择上,只是撷取了藏区的"藏族",而对藏区的其他少数民族及未识别民族诸如"门巴族"、"珞巴族"、"僜人"等则未提及;在主题探究上,仅限于最狭义的"婚姻法律文化",而对"家庭法律文化"和"继承法律文化"则避而不谈。对于这些研究,只能留待后来了。

对此,吾人将上下求索。有志于此道者,盍兴乎来?

附　　录

一、访谈资料

（一）朋友共妻家庭①

在西藏山南地区加查县加查镇三村境内所调查87户里面，一妻多夫的家庭只有1户。该户是一妻两夫家庭。户主为卓嘎，女，藏族，47岁。丈夫为落桑索朗，男，藏族，49岁。共夫次仁扎西，男，藏族，38岁。她（他）们现在有一个女儿就读于加查县中学。妻子在村里开一家小商店，丈夫落桑索朗在家干农活。次仁扎西是外地人，来本村打工后不久认识了落桑索朗，他们俩成为朋友后组成了朋友共妻家庭。家有6亩地，每人2亩地，丈夫次仁扎西因不是本村人就没有分配土地，家里还有5头牛。

（二）兄弟共妻是为了弥补劳动力的不足②

西藏日喀则市甲措雄乡罗杰村有一户兄弟共妻的家庭，是第二代兄弟共妻，第一代是一夫一妻。户主叫旺堆，妻子叫普迟，家中有7口人。老大欧珠，在本村做木匠。老二扎西，在外打工。兄弟二人共妻。共妻配偶叫达片。共妻是为了帮母亲干活。因为家中的父亲身体不

---

① 笔者委托西藏民族学院法学院2008级本科生西若措姆同学在2011年寒假期间所作的田野调查。访谈语种：藏语。
② 笔者委托西藏民族学院法学院2008级本科生次珍同学在2011年寒假期间所作的田野调查。访谈语种：藏语。

便,无法进行劳动,只有母亲一人承担家中的全部劳动。

(三)在我们这里三个丈夫最好①

在我们这里最好是有两三个或三四个丈夫。其实,三个最好,我们东头邻居就是这样的家庭,家里富得很。我们这儿土地少、土地产量也不行,浇地的水主要靠村头的那个水库,很多地是旱地,靠天吃饭。就这个地还得需要一个"老把式"②。另外,我们这里每家每户都有几十头牦牛和犏牛,有的家庭还有绵羊和马。放牧的地方离我们村子还有个三四十里地,一般都是自己放牧。如果家里只有一个男人,这个牦牛谁来放?当然,我们这里也有专门的"羊把式"③,但我们都习惯自己来放牧,这样的话,好照顾生病或者被狼咬伤的牛犊还有临产的羔羊。当然,最好家里还有一个男人搞搞运输什么的。这几年我们这里也有一些搞运输的,很挣钱。这样的话,一个男人管农业,一个男人管放牧,另一个男人搞商业,这样的家庭肯定红火得很。你看,我们这个村子房子修得好的、二层木石结构的,基本上都是这样的家庭。你说让人"眼热"④不"眼热"?

(四)入党与单复式婚⑤

在我们这儿,一夫多妻和一妻多夫家庭有,但非常少。如果是这种家庭,我们村上是不会考虑他(她)的入党⑥申请和要求的。现在如果是党员的话,有很多政策尤其是"安居工程"的政策都是优先照顾党员的。

---

① 笔者于2010年8月1日在西藏日喀则地区仁布县Z村对村民格桑央金(46岁)的访谈记录。访谈语种:藏语、汉语。
② "老把式",俚语,指"农业的行家里手"、"精通农业技术的人"。
③ "羊把式",俚语,指"牧羊的行家里手"、"精通牧羊技术的人"。
④ "眼热",俚语,指"羡慕"、"渴慕"。
⑤ 笔者于2013年2月26日对拉萨市尼木县基层工作人员L的电话访谈记录。访谈语种:汉语。
⑥ "党",指"中国共产党"。

(五)"蹬羔子"的传统①

在我们这儿,民主改革前,很多年轻女娃子都得"蹬羔子"。"蹬羔子"本来说的是母羊在难产时,羊把式帮着母羊生小羊羔,用现在的话说叫"助产"。具体来说,就是女娃子在出嫁之前必须先怀孕(无论男方是谁),而且要把这个小孩(无论男女)生下来留在父母家里。这样,这个女娃子才能嫁人,否则就不能出嫁。

(六)对农牧区自由婚龄的估算②

在我们村,2000年左右的时候,我虽然当时不是村长,但我大概估计早婚的人数应当有30多户,绝对比现在多。我的一个外甥就是在16岁举办了藏式传统婚礼,娶了邻村的一个姑娘,姑娘也是16岁。那时候比现在多多了。现在家家户户有电视,都知道结婚要领证③,而且年龄小的话不给办证。再说挖虫草的时候你没有证,人家④也不让你挖呀。

(七)对某藏族大学教师有关婚龄的访谈⑤

我要是没考上大学,早结婚了。在我们村⑥,除非是家里特别穷或者说像我这样的在外面上学的,十六七岁结婚的比较多。现在国家给的福利特别多,早点结婚能享受很多福利。无非到我们那儿派出所或者民政上找找熟人、走走关系。像我们那儿的"安居工程",只要你独立有户,国家就给你好几万呢。另外,我们那儿征地的话,只要你有户,独

---

① 笔者在2012年7月26日在西藏昌都地区昌都县S村对扎西泽仁(63岁)的访谈记录。访谈语种:藏语、汉语。
② 笔者2010年7月28日在西藏日喀则地区仁布县Z村对达瓦村长的访谈记录。其时,我们都喝了青稞酒,达瓦村长颇有醉意,且知道我也是西部的人,话谈得来,才将实情道出。访谈语种:藏语、汉语。
③ "证",特指"结婚证"。
④ "人家",指的是"负责虫草采集的相关部门"。
⑤ 笔者于2012年4月6日在某民族学院某藏族男性老师(29岁)宿舍的访谈记录。访谈语种:汉语。
⑥ "村"指的是"青海省海南州G县M村"。

立成家,一般每户人家都能拿到好几万。比我上学的好多了。这几年上学上得都穷得跟个啥一样。

(八) 农牧区的骨系观念①

如果两个都是乞丐的话,生一个女孩,女孩长大成人娶丈夫,她的骨系清除了,但肉系没清除。又生一个女孩,女孩又长大成人,又娶了丈夫,肉系就清除了。这时候(他们的)地位就跟普通农户平等了。如果是男孩,第一次就可以将骨系和肉系清除。如果乞丐找个普通农户的,就稍微快一些,一代地位就平等了。他们三代之后就清除了。

(九) 择偶条件②

现在年轻一代,父母都希望儿子有本事自己带过来一个妻子,最好是自由恋爱,一般父母不再用自己的意志强迫子女了,几乎没有包办婚姻了。这样省事。这也是适应时代的需要。(父母一般都)比较尊重年轻人的想法。还有一种情况是父母帮儿子先找媳妇,然后再托别人带着儿子去看是否满意,如果满意的话就提亲,如果不满意的话就算了。女方也带人(女儿)来看,看男方的家境如何及是否是铁匠、屠户等骨系"低贱"者。如果满意的话,双方家长就会找一个有本事的人来充当说媒的人。说媒的人必须是能说会道、能唱婚礼歌、能逗乐、有智慧,并对婚姻礼仪了如指掌的男性。

(十) 婚约解除③

在订婚之后,若中途退婚,只要有一方提出退婚,另一方一般都不会死缠烂打。因为大家都知道"强扭的瓜不甜",现在国家政策好了,年轻人对婚姻自由一般都看得比较重,都希望是自己找的。实在自己谈

---

① 笔者于 2010 年 7 月 28 日在西藏日喀则地区 Z 村对达瓦村长的访谈记录。访谈语种:藏语、汉语。
② 笔者于 2010 年 7 月 26 日在西藏日喀则地区 Z 村对达瓦村长的访谈记录。
③ 笔者于 2010 年 7 月 28 日在西藏日喀则地区 Z 村对达瓦村长的访谈记录。

不上对象才由父母帮着选。这种情况下,如果一方提出退婚的要求,一般是男女双方互退信物。退婚若由女方提出,提亲礼,也就是汉族的"彩礼",一般按原数归还。如果是男方提出,则送给女方的提亲礼一般是不能要也要不回来的,有时候甚至还要求男方再补贴一些礼物。这方面很自由,男女双方几乎没有争执,认为"婚结不成仁义在"。藏族其实在骨子里是个不受拘束、崇尚自由的民族。订婚以后,往往过几个月就请喇嘛择吉日举行婚礼。

(十一)婚姻仪式和登记婚[①]

在西藏,从老百姓的意识和传统上而言,认为只要举办了藏式婚礼就算是结婚了,不需要领取结婚登记证。这在昌都、阿里、那曲地区表现得比较普遍。但在拉萨当雄等地则不普遍,是个案。这与经济发展水平相关。越是经济发展好的地方,群众这方面的意识越强。相反,经济发展水平较差的地区不领取结婚登记证的较多,只举办婚礼就算是结婚,当地也认可。之所以登记婚较少,主要是因为:第一,一般县上的民政局工作人员只有两三个,工作还没有做到最基层。而且每年的普法宣传,对这一块也不太重视。另外,在昌都,乡上没有可登记的地方。农牧民去县上的成本也比较高,划不来;第二,没有制约机制。比如不领取结婚登记证,女方直接可以把户口迁过来,只要在乡上开个证明就行了。生小孩的话也是一样,只要乡上开个证明,不需要结婚登记证。因此,就没有领取的动力。但拉萨当雄等地则必须领取,因为将来小孩上户口、银行贷款、"惠民工程"建设都需要结婚登记证和户口本。否则很多福利就不能享受;第三,取决于基层政权对该内容的重视与否。如果重视的话,就会登记,如果不重视的话就不登记;第四,西藏

[①] 笔者于2012年7月18—28日对西藏拉萨市、山南地区、那曲地区、日喀则地区、昌都地区基层工作的Z、Y、D等工作人员的访谈记录。访谈语种:汉语。

山南地区桑日县,结婚登记证是从最近一两年(2010年)之后才要的,以前不要。现在的话,办准生证或者生育证、小孩上户口、办理银行贷款都要结婚证。以前不要的主要原因是大家都没办,就觉得没必要办理。

(十二)准生证与登记婚①

现在上级也要求结婚时领取结婚证,特别是生小孩需要准生证,而只有领取了结婚证才能领到准生证,否则要被罚款。

(十三)虫草夫妻②

这几年"虫草"收入成为我所在地区农牧民增收的重要途径。而虫草采摘施行地域性原则,只有本行政区域内的农牧户才有采集的资格和权利。于是一些在本行政区域长期非婚同居的当事人在虫草采摘季五六月份,就集中到婚姻登记机关办理结婚登记证,形成了"虫草夫妻",这是一个很有意思的现象。

(十四)女娶男嫁婚的访谈笔录③

我们那儿(西藏拉萨达孜县)是不叫"招赘婚"的。这种婚姻就跟普通的结婚一样,没有明确的谁要进谁家门的观念。比如我们家姊妹两个,我姐前年出嫁了。我父母就希望我能带个小伙子嫁到我们家来,这样将来也好有个照应。JC是我大学时候的同学,我们情投意合,我把我父母的意思给他说了。他说没问题呀。后来他也给他父母说了。就这样我们家就把JC给娶进家门了。我们回拉萨办了一次传统的藏式

---

① 笔者于2010年7月26日在西藏日喀则地区Z村对达瓦村长的访谈记录。访谈语种:藏语、汉语。
② 笔者于2012年9月2日对在西藏那曲地区基层工作的C的访谈记录。访谈语种:汉语。
③ 笔者于2012年6月25日在某民族学院教师宿舍楼对藏族女同事ZS的访谈记录。访谈语种:汉语。

婚礼,在这里(陕西咸阳)主要请单位的同事聚餐,算是公示一下啦。现在我们就在这里(陕西咸阳)安家了。等我们有小孩了,看谁的父母比较方便帮忙给我们带一下小孩。

(十五) 婚姻纠纷找村长①

(婚姻)纠纷一般会找村长,但前提是村长在当地要有足够的威望,处事比较公正合理,在群众中有威信。(婚姻纠纷)一般也会找村调解委员会,村干部解决婚姻纠纷。当然,并不是说所有的(村干部)都有威信。每个村,都是属于综合治理的。调解领导小组,主要是村干部。有时候调解不了的话,直接去县里找领导,找政府。这样的话,搞得我们很被动,很头疼。

(十六) 婚姻纠纷找"神医"②

在我们这里,自从"强基惠民"之后有了"驻村工作队","驻村工作队"也是他们(当地村民)可以信赖的对象。这些(纠纷)调解人一般威望都比较高。老干部也是他们可以信任的对象。就我所知,在我所驻的村上有一个医生,是个藏医,当地人称之为"神医",能治各种疑难杂症,在当地百姓中威望相当高。如果发生较大的婚姻纠纷,当事人无法解决,他们一般会请这个"神医"来出面帮忙。

(十七) 大的婚姻纠纷找喇嘛③

西藏藏北、藏南、藏东、藏西之间的风俗习惯差异是很大的。在拉萨当雄,现在没办理的(结婚登记证)就非常少。也很少去找喇嘛(解决婚姻纠纷)。这取决于文化水平的高低(以高中为界),文化水平较高会去找村长,文化水平较低会去找喇嘛。但藏传佛教寺院在各个村

---

① 笔者于2012年9月22日对在西藏昌都地区昌都县、山南地区桑日县、拉萨市当雄县基层工作的Z、Y、D的访谈记录。访谈语种:藏语、汉语。
② 笔者于2012年9月23日对在西藏山南地区桑日县基层工作的D的访谈记录。
③ 笔者于2012年9月22日对在西藏昌都地区和拉萨市基层工作的Z、Y的访谈记录。

的分布是不均匀的,有的村可能有好几个,有的村一个都没有,但一般来说,一个县至少有一座,多则数十座。如果没有的村,就会找他们信任的喇嘛庙或者离自己所在村最近的喇嘛庙。大的纠纷比如因为婚姻而引起的流血冲突或者当地人自己认为比较大的婚姻纠纷会找喇嘛。但如果死人的话,就会上报,按照刑事诉讼的一般程序提起公诉。

(十八)婚姻纠纷找信访组织①

我们这儿婚姻纠纷来信访的一般很少,当然也有。婚姻纠纷来信访的一般是当事人都是有点文化的(高中以上)。我们都会详细了解情况、备案。能沟通的尽量沟通。不能沟通的,我们一般建议他们去找村委会。或者实在不行的话,告诉他(她)们找法院。我们这儿主要是个中转站。您知道,现在全区维稳形势很严峻,我们也不能掉以轻心呀,否则弄得不好,饭碗没啦,呵呵。

(十九)关于"调解率"的访谈②

日喀则地区中院出台了年底综合考评,规定调解率不低于65%。综合考评高的话可以得先进个人或者先进集体,对仕途发展有利。但拉萨没有硬性的关于调解率的规定。

(二十)对婚姻法实施的访谈③

我们(西藏)阿里地区改则县,是一个以牧业为主的县。这些年我们做了大量的普法宣传活动,取得了一定的效果。特别是对婚姻法的宣传,效果比较明显。这些年早婚的越来越少,近亲结婚的基本上没有

---

① 笔者于2012年7月16日对在西藏山南地区桑日县政府信访办公室工作人员Z的访谈记录。访谈语种:藏语、汉语。
② 笔者于2012年9月26日对在日喀则地区南木林县基层法院H的电话访谈记录。
③ 笔者于2012年4月11日在西藏民族学院举办的"西藏民族学院加强基础惠民生活动乡村干部培训班座谈会"后,对西藏阿里地区Z县司法局某负责人的访谈记录。

了,父母包办婚基本上没有了。像一妻多夫、一夫多妻这些特殊的婚姻虽然部分地区仍然存在,但这个主要是经济原因,也不是主流。由于行政执法成本太高,比如我们开车走访改则县一趟大概要 7000 多公里,光汽车的油钱就是一笔不小的开支。我们县又没有很高的财政拨款,因此普法宣传的效果和频率就没有像内地这样好。另外,我们那儿有时候还经常停电,电视台收的也比较少,媒体的宣传效果就不太好,条件确实比较艰苦呀。

二、民间故事

(一)和睦四兄弟①

从前,在一个叫做哥西的地方,有一处静谧的茂密森林。鹧鸪、兔子、猴子和大象在那里和睦而幸福地生活在一起。一时,这四个动物觉得在它们和平幸福的基础上应该为世人争取做一个敬老互助的好榜样。为此,它们当中谁年长,谁年幼,做了个集体研究。

首先,鹧鸪指着一棵耶珠达树,叫大家说是什么时候第一次看到这里的。大象说:"我第一次路过这儿时,看见这棵树同我的身体一般高。"猴子说:"我到这地方时,它同我一样高。"兔子说:"我到这儿时这棵树才长出两片叶子,我还舔了叶子上面的露水呢!"最后鹧鸪说:"我吃了这棵树的种子,并与屎一同拉出来后才长出了它。"

这样,它们各自诚实地讲出了自己的来历后,知道了长幼次序。因此,它们更加和睦友善,尊长爱幼。甚至走路的时候,猴子骑在大象的背上,而兔子骑在猴子身上,鹧鸪又骑在兔子身上,真正做到了为世人树立尊敬年长者的榜样。在它们的道德感召下哥西地方雨水充裕、五谷丰收、畜草茂盛,洋溢出吉祥之兆。

---

① 《和睦四兄弟》,多吉次仁译,载《西藏民俗》2000 年第 3 期,第 53 页。

这时,哥西地方的国王和臣民们都各自说这等幸福来自于自己的福德。但究竟来自谁的福德,众口不一致。为了明确这事,他们决定向这里的一位仙人讨教。这位仙人说:"这不是国王的福德,也不是众臣的,更不是平民百姓的,而是这地方一处茂密森林中生活的某四种动物的道化所致。"当他如实地讲完这事的来龙去脉后,大家都相信他讲的故事,并以"和睦四动物"做为了榜样。这个情景感动了帝释天王,他赞颂道:"有礼有爱,深居密林,鹧鸪圣道,显于各世。"

(二)猴子和大象[①]

大象和猴子是兄弟。一天,大象说:"我的力气大,我棒!"猴子说:"我善于爬树,我了不起!"它们两个因为比能耐争吵起来,大半天都得不到结果。后来,猴子说:"咱们到森林里去吧,那儿有一只小鸟,问问它,到底是谁了不起?"它们一同来到小鸟跟前问道:"你说说看,力气大好,还是善于爬树好?"小鸟想了一下说:"河那边长着许多果树,你们去把水果采来,我再来评定谁好!"猴子和大象来到河边,猴子叹口气道:"这下子完了,我只好空手回去了。"大象说:"不要紧,你难道不知道我力气大吗,你跳在我的背上,我来背你过河!"过了河以后,大象见果树很多,但是很高,叹口气说:"这下子完了,我只好空手回去了!"猴子说:"别这样说,你难道不晓得我善于爬树吗?"猴子就爬到树上采了很多果子往下扔。大象又叫猴子骑在背上,用鼻子一个一个卷起果子交给猴子拿着,又背着它过河回去,来到小鸟身边。大象、猴子和小鸟,三个共同吃水果。小鸟说:"善于爬树和力气大都很好,如果不是大象力气大,猴子过不了河;如果不是猴子善于爬树,过了河也采不到果子,你们俩团结起来就有了最好的结果。"

---

① 中央民族学院汉语文系民族文学编选组编:《中国少数民族寓言故事选》,甘肃人民出版社1982年版,第50页。

(三) 金翅鸟①

铁匠、木匠、石匠、画匠、卦师、医生和乞丐的孩子结为七兄弟。有一次,他们分头出外谋生,约定三年后相聚。乞丐的儿子出去给人当雇工,和主人的女儿相爱,结果两人被赶了出来。后来,国王见乞丐儿子的妻子很美丽,便抢了去,并把她关在石洞里。三年后,兄弟们相见却不见了七弟,卦师的儿子一算,得知他遭了难,大家就去救他。由于兄弟们各具所长,他们就造了一只会飞的金翅鸟,最后把七弟及其妻子都救了出来,七兄弟又团结在了一起。

(四) 拉萨河上的爱情鸟②

在蓝色的拉萨河上,常常能看到三只羽毛美丽的鸟儿,名叫"索吉毕吉"。他们相依相伴,要飞一起飞,要落一起落。它们的叫声是那样的哀婉,好像在倾诉内心的苦痛。老人们说:"这三只鸟儿,一只是铁匠明珠拖央的化身,一只是朗若本小姐的化身,还有一只呢,是他们俩的孩子的化身。"提起这三只鸟儿,还有一段令人伤心的往事呢!

相传很多很多年前,拉萨东郊的朗若地方,出了一个名叫朗若本钦的土官,他家门前田地连成片,屋后牛羊爬满坡,家里金银满库,奴仆成群,膝下只有一个女儿,名叫朗若色姆,容貌美丽,性情娇憨,求婚的男子踏破了门槛,她一个也没有看上。

朗若本钦的差民中,有个年轻的铁匠,因为为人刚正,打铁技艺高超,大家叫他"嘎拉·明珠托央",意思是"有着魔术师本领的小铁匠"。

春天,拉萨河谷的柳树绿了,春耕大忙的季节到了。铁匠明珠托央,按照历年的惯例,来到土官府支差,修补旧农具,打制新农具。为了提防铁匠偷铁和偷懒,土官专门派自己的女儿朗若色姆前来监视。

---

① 王尧、陈庆英主编:《西藏历史文化辞典》,西藏人民出版社、浙江人民出版社1998年版,第234页。

② 廖东凡:《雪域众神》,中国藏学出版社2008年版,第189—191页。

朗若色姆小姐本来就很喜欢小铁匠，喜欢他身强力壮，精力旺盛，心地善良，老实憨厚。父亲派她监视他，小姐正求之不得，每天住铁匠棚，没事跑三回，有事跑九回。铁匠的锤子，她总爱拿过来抡一抡；铁匠的钳子，她也要帮他掌一掌；铁匠的风箱，小姐时不时过来拉一拉。仆人送来了午餐，给铁匠送的是清茶加糌粑，给小姐送的是麻松（酥油、奶渣制作的精美食品）和奶茶，小姐不愿自己独自吃，一定要和铁匠一起吃。就这样，日子长了，两个人好上了，谁也离不开谁了。朗若色姆小姐怀上明珠托央的孩子了，十月怀胎，一朝分娩，小姐生下了一个大胖小子。

朗若本钦老爷得知这件事情后，气得头上起火，嘴里冒烟，肺都气炸了。他做梦也没有想到，自己的女儿竟然违背了祖宗的规矩，忘记了自己的身份，和一个黑骨头铁匠相好，生下了贱民的种，把官家贵族的脸都丢尽了。他把女儿关在家里，每天不是打便是骂。小姐是个性情倔强的姑娘，她一点儿也不认为自己做得有什么不对，不肯向父亲认错。在一个月色很美的夜晚，她背上了自己的儿子，带上全部的珠宝首饰，悄悄逃了出来，跑到铁匠家里，准备远走高飞，逃到朗若本钦管不到的地方过自由自在的日子。

万万没有想到的是，逃跑途中，他俩被朗若本钦老爷派来的官家和打手抓住了。按照老爷的吩咐，他们把铁匠明珠托央打得半死，扔进了蓝色的拉萨河，等到朗若色姆小姐赶来，尸体已经沉下了河底。小姐站在河边，放声哭喊道："铁匠啊，铁匠！你为什么走得这么急？这么忙？你等等我呀，等等我和孩子呀！"说着，她把珠宝首饰扔进了河里，把绸缎衣服扔进了河里，接着，抱着宝贝儿子，也跳进了拉萨河。很快，铁匠明珠托央的尸体浮起来，夫妻俩还有他们的孩子，相拥相抱在一起，河上响起了乐曲，水面射出了金光，三只羽毛美丽的鸟儿，从金光里飞了出来，在拉萨河上空盘旋、唱歌。

河边的人都说,明珠托央和朗若色姆小姐变成了神,变成了河上的"索吉毕吉"爱情鸟。

(五)猴鸟的故事①

在一座大山上,猴子、鸟和各种野兽本来各有居所,但猴子却无故侵入鸟的领土,于是猴子和鸟发生了纠纷,鸟为了保卫领土,派鹦鹉、白松鸡向猴子提出警告,最后经过兔子和公鸡出面调解,猴子得到了鸟让出的三分之一的土地,鸟也得到了在猴子领地的树上栖息、觅食的权利。从此二者相安无事。

(六)驴马与石之裁判②

从前在西藏的某山地,有一国度。那里的国王,很能够精明地裁判事件,因此有了非常的声名。

国王治下的某城里,住着两个贫穷的男子。两人都是极良善的人,每日尽力工作,总算赡养得起自己和年老的母亲。

一天,两人中一人,到近山的村里去行商。肩上背着一个油瓮,沿路叫卖走着。一会儿,他疲劳了,把油瓮放在路旁的石上,自己便在那里休息。

这时,还有的那一个穷男子,跟着一匹驴马,却从对面下山而来。驴马的背上,载着两捆大的木片,差不多把马的身体都压没了的,两边还突出了许多。跟在后面的那男子,他不曾看见路旁放着油瓮。所以,他赶着驴马走过的时候,驴马身体两边突出的木片,接触着油瓮,油瓮倒地而碎,油则流得满地。

油主的那男子见了勃然大怒道:

---

① 王尧、陈庆英主编:《西藏历史文化辞典》,西藏人民出版社、浙江人民出版社1998年版,第113页。

② 远生编译:《西藏民间故事》,上海世界书局1931年版,第47—52页。

"什么！什么！什么来着！把我要卖出去的油都打翻了,究竟为的什么。"

"啊,那可不是我给你倒翻的,是驴马倒翻了你的(油)啊！"

"什么？你说不是你,是驴马倒翻的？你倒胡说起来了？那驴马难道不是你的驴马？驴马翻了人家东西,你得负责,这是应该的！"

"什么哩！我不管,是驴马翻的。"

"还要强硬！你可知,这油啊,只有这一些油了,这是我的唯一的财产哩。我得卖了这油去养母亲的,请你给我个什么办法。"

油主立起身来,逼近过去。驴马的主人则仍借口油不是他翻的,是驴马翻的,因此争论终无结果。

最后两人只好到国王那里去请裁判。

国王听了两人所说,说道：

"两方面我都不能判你们不是,实来两方面都没有不是。所不是的是驴马和石。所以请容我来裁判这驴马和石。"

国王知道两人都是善人,有孝行,过着正常的生活,两方面都不会犯罪,所以,只有这般对他们说了。

于是,国王吩咐家仆,把驴马的脚和头锁起来,关进在牢狱。又命五个家仆,去把石块扛来,也同样加上了锁,关进牢狱,系在入口的柱上。

这一件奇妙的新闻,立刻传闻全市,市民听到了国王要对石和驴马下裁判,都以为国王难道发了狂吗？

次日朝晨,国王使家仆们,把将开判驴马和石的消息传播出去。驴马和石将被裁判。这事市民都以为太奇观,但且看国王如何下裁判。于是都去殿上,静待开审。

时间到了,国王便出来着席。但一方(面)又命管门的把入口门锁闭,然后裁判开始。

"我先得对来看今天的驴马和石的裁判的诸位说,要裁判驴马和石的是非,这确实是不可能的。这点我并不是不知道。但你们为什么竟要来看这样不合理的事?对于你们的这一种不该的好奇心,实不能随便把你们放走的了。好,大家每人拿出五文钱来罢。"

众人被国王这么一说,都觉得自己的来看对驴马和石的审判的愚不可及而感到惭羞。因而大家都各交了五文钱,偷偷地退了出来。

国王边把各人交来的钱收集起来,交给油主,说道:

"啊,这便是你失了油的代价。"

油主受得了钱,心满意足地回去(了)。裁判便此宣告终止。

三、照片四幅

图一　在西藏农牧结合区田野点 Z 村藏族家庭

图二　在西藏以牧为主区田野点 T 村藏族家庭

图三　藏族婚礼现场说唱

图四　藏族隆重的婚礼仪式

参 考 文 献

一、中文

1. 北京大学社会学人类学研究所、中国藏学研究中心合编:《西藏社会发展研究》,中国藏学出版社1997年版
2. 边巴:《乡村变迁:西藏日喀则市东嘎乡通列和帕热两村调查报告》,社会科学文献出版社2011年版
3. 班贡帕巴·鲁珠:《尸语故事》,李朝群译,中国国际广播出版社2016年版
4. 陈顾远:《中国文化与中国法系》,台北三民书局股份有限公司1977年版
5. 陈朴:《青藏铁路带来的新农村:西藏拉萨市柳梧乡柳梧村调查报告》,社会科学文献出版社2010年版
6. 陈庆英、高淑芬主编:《西藏通史》,中州古籍出版社2003年版
7. 陈庆英主编:《藏族部落制度研究》,中国藏学出版社2002年版
8. (清)陈登龙:《理塘志略》卷二,嘉庆十五年抄本,台湾成文出版社1970年影印本
9. 淡乐蓉:《藏族"赔命价"习惯法研究》,中国政法大学出版社2014年版
10. 戴炎辉、戴东雄、戴瑀如:《亲属法》(全一册·最新修订版),台北顺清文化事业有限公司2009年版
11. 戴炎辉:《中国法制史》,台北三民书局1979年版
12. 戴逸:《中国民族边疆史简论》,民族出版社2006年版
13. 丹珠昂奔:《藏族文化发展史》,甘肃教育出版社2000年版
14. 德吉卓玛:《藏传佛教出家女性研究》,社会科学文献出版社2003年版
15. 邓正来:《中国法学向何处去——建构"中国法律理想图景"时代的论纲》,商务印书馆2011年版
16. 狄方耀主编:《西藏经济学导论》,西藏人民出版社2002年版
17. 杜文忠:《边疆的法律——对清代治边法制的历史考察》,人民出版社2004年版
18. 杜睿哲主编:《西北法律文化资源.第一辑.2016》,中国政法大学出版社2017

年版
19. 多杰才旦主编:《西藏封建农奴制社会形态》,中国藏学出版社 2005 年版
20. 风笑天:《社会学研究方法》,中国人民大学出版社 2001 年版
21. 费孝通:《文化与文化自觉》,群言出版社 2010 年版
22. 费孝通主编:《中华民族多元一体格局》,中央民族大学出版社 1999 年版
23. 格勒:《藏族早期历史与文化》,商务印书馆 2006 年版
24. 格勒等:《藏北牧民——西藏那曲地区社会历史调查》,中国藏学中心出版社 1993 年版
25. 尕藏才旦编著:《史前社会与格萨尔时代》,甘肃民族出版社 2001 年版
26. 甘措:《藏族法律文化研究》,青海人民出版社 2009 年版
27. 高其才主编:《当代中国少数民族习惯法》,法律出版社 2010 年版
28. 高其才:《中国习惯法论》,中国法制出版社 2008 年版
29. 高其才:《瑶族习惯法》,清华大学出版社 2008 年版
30. 公丕祥主编:《民俗习惯司法运用的理论与实践》,法律出版社 2010 年版
31. 洪涤尘编著:《西藏史地大纲》,上海正中书局 1936 年版
32. 华热·多杰:《藏族古代法新论》,中国政法大学出版社 2010 年版
33. 胡兴东:《元代民事法律制度研究》,中国社会科学出版社 2007 年版
34. 蒋月:《婚姻家庭法前沿导论》,法律出版社 2007 年版
35. 蒋月:《20 世纪婚姻家庭法:从传统到现代化》,中国社会科学出版社 2015 年版
36. 金眉:《中国亲属法的近现代转型》,法律出版社 2010 年版
37. 雷明光:《中国少数民族婚姻家庭法律制度研究》,中央民族大学出版社 2009 年版
38. 李安宅:《藏族宗教史之实地研究》,上海人民出版社 2005 年版
39. 李鸣:《中国民族法制史论》,中央民族大学出版社 2008 年版
40. 李向玉:《黔东南苗族婚姻习惯法与国家法的冲突与调适》,知识产权出版社 2011 年版
41. 凌斌:《中国法学时局图》,北京大学出版社 2014 年版
42. 林冠群:《唐代吐蕃史论集》,中国藏学出版社 2006 年版
43. 廖东凡:《雪域众神》,中国藏学出版社 2008 年版
44. 梁治平:《寻求自然秩序中的和谐》,中国政法大学出版社 2002 年版
45. 梁治平编:《法律的文化解释(增订版)》,三联书店 1994 年版
46. 《凉山彝族奴隶社会编写组》:《凉山彝族奴隶社会》,人民出版社 1982 年版
47. 林端:《儒家伦理与法律文化:社会学观点的探索》,中国政法大学出版社 2002

年版
48. 刘作翔:《法律文化理论》,商务印书馆 1999 年版
49. 龙大轩:《乡土秩序与民间法律:羌族少数民族习惯法探析》,中国政法大学出版社 2009 年版
50. 隆英强:《社会主义法治建设与藏族法律文化的关系研究》,中国社会科学出版社 2011 年版
51. 洛桑·灵智多杰主编:《青藏高原环境与发展概论》,中国藏学出版社 1996 年版
52. 吕志祥:《藏族习惯法:传统与转型》,民族出版社 2007 年版
53. 马戎:《西藏的人口与社会》,同心出版社 1996 年版
54. 牛绿花:《藏族盟誓研究:以甘南藏区为例》,中国社会科学出版社 2011 年版
55. 平措占堆:《西藏农民:后藏班觉伦布村的调查报告》,五洲传播出版社 1998 年版
56. 任乃强:《民国川边游踪之〈西康札记〉》,中国藏学出版社 2009 年版
57. 孙镇平、王立艳:《民国时期西藏法制研究》,知识产权出版社 2005 年版
58. 孙镇平:《清代西藏法制研究》,知识产权出版社 2004 年版
59. 宋兆麟:《共夫制与共妻制》,三联书店 1990 年版
60. 苏力:《法治及其本土资源》,中国政法大学出版社 1996 年版
61. 田成有:《乡土社会中的民间法》,法律出版社 2005 年版
62. 土观·罗桑却吉尼玛:《土观宗派源流》,刘立千译,西藏人民出版社 1984 年版
63. 王歌雅:《中国婚姻伦理嬗变研究》,中国社会科学出版社 2008 年版
64. 王恒杰:《迪庆藏族社会史》,中国藏学出版社 1995 年版
65. 王尧编著:《吐蕃金石录》,文物出版社 1982 年版
66. 王尧、陈践编著:《敦煌吐蕃文书论文集》,四川民族出版社 1988 年版
67. 巫昌祯主编:《中国婚姻法学》(修订本),中国政法大学出版社 2007 年版
68. 武树臣:《中国法律文化大写意》,北京大学出版社 2011 年版
69. 西藏研究编辑部编辑:《西藏志》,吴丰培整理,西藏人民出版社 1982 年版
70. 夏吟兰:《离婚自由与限制论》,中国政法大学出版社 2007 年版
71. 夏之乾:《神意裁判》,团结出版社 1996 年版
72. 谢晖:《大、小传统的沟通理性》,中国政法大学出版社 2011 年版
73. 徐国栋:《民法基本原则解释》(增删本),中国政法大学出版社 2001 年版
74. 徐君:《狼牙刺地上的村落:西藏拉萨市曲水县达嘎乡其奴九组调查报告》,社会科学文献出版社 2011 年版
75. 徐晓光:《藏族法制史研究》,法律出版社 2000 年版

76. 许育典:《文化宪法与文化国》,台北元照出版有限公司 2006 年版
77. 薛宁兰:《社会性别与妇女权利》,社会科学文献出版社 2008 年版
78. 杨恩洪:《藏族妇女口述史》,中国藏学出版社 2006 年版
79. 杨怀英等:《滇西南边疆少数民族婚姻家庭制度与法的研究》,法律出版社 1988 年版
80. 杨铭:《吐蕃统治敦煌和吐蕃文书研究》,中国藏学出版社 2008 年版
81. 杨日然:《法理学》,中国台湾三民书局 2005 年版
82. 杨士宏编著:《藏族传统法律文化研究》,甘肃人民出版社 2003 年版
83. 袁方主编:《社会研究方法教程》,北京大学出版社 2004 年版
84. 张冠梓:《论法的成长——来自中国南方山地法律民族志的诠释》,社会科学文献出版社 2000 年版
85. 张济民主编:《寻根理枝——藏族部落习惯法通论》,青海人民出版社 2002 年版
86. 张济民主编:《诸说求真——藏族部落习惯法专论》,青海人民出版社 2002 年版
87. 张济民主编:《藏族部落习惯法法规及案例辑录》,青海人民出版社 2002 年版
88. 张晋藩:《中华法制文明的演进》(修订版),法律出版社 2010 年版
89. 张晋藩主编:《中国法制史》,群众出版社 1982 年版
90. 张其勤、沈与白:《西藏调查记》,商务印书馆 1924 年版
91. 张希坡:《中国婚姻立法史》,人民出版社 2004 年版
92. 周锡银、望潮:《藏族原始宗教》,四川人民出版社 1999 年版
93. 周希武编著:《玉树调查记》,吴均校释,青海人民出版社 1986 年版
94. 周相卿:《法人类学理论问题研究》,民族出版社 2009 年版
95. 中国藏学研究中心社会经济研究所主编:《西藏家庭四十年变迁:西藏百户家庭调查报告》,中国藏学出版社 1996 年版
96. 恰白·次旦平措等:《西藏通史——松石宝串》(上),陈庆英等译,西藏古籍出版社 2008 年版
97. 萨班·贡嘎坚赞:《萨迦格言》,次旦多吉等译,西藏人民出版社 1980 年版
98. 萨迦·索南坚赞:《王统世系明鉴》,陈庆英、仁庆扎西译,辽宁人民出版社 1985 年版
99. 索南坚赞:《西藏王统记》,刘立千译注,西藏人民出版社 1985 年版
100. [古印度]阿底峡尊者发掘:《柱间史:松赞干布的遗训》,卢亚军译,中国藏学出版社 2010 年版
101. [美]艾尔·巴比:《社会研究方法》(第 11 版)邱洋奇译,华夏出版社 2009 年版
102. [美]巴伯若·尼姆里·阿吉兹:《藏边人家》,翟胜德译,西藏人民出版社

1987 年版
103. [英]贝尔:《西藏志》,董之学、付勤家译,商务印书馆 1936 年版
102. [意]毕达克:《西藏的贵族和政府》,沈卫荣等译,中国藏学出版社 2008 年版
104. [德]恩格斯:《家庭、私有制和国家的起源》,中共中央马克思恩格斯列宁斯大林著作编译局译,人民出版社 1999 年版
105. [德]费尔巴哈:《宗教的本质》,王太庆译,商务印书馆 1999 年版
106. [英]弗雷泽:《金枝》,赵昍译,陕西师范大学出版社有限公司 2010 年版
107. [德]弗里德里希·卡尔·冯·萨维尼:《法律冲突与法律规则的地域和时间范围》,李双元等译,法律出版社 1999 年版
108. [奥]弗洛伊德:《图腾与禁忌》,文良文化译,中央编译出版社 2009 年版
109. [荷兰]高罗佩:《中国古代房内考——中国古代的性与社会》,李零、郭晓惠、李晓晨、张进京译,商务印书馆 2007 年版
110. [法]古伯察:《鞑靼西藏旅行记》(第 2 版),耿昇译,中国藏学出版社 2006 年版
111. [美]亨廷顿:《文明的冲突与世界秩序的重建》,周琪等译,新华出版社 1998 年版
112. [美]基辛:《当代文化人类学》,于嘉云等译,中国台湾巨流图书出版公司 1980 年版
113. [美]克里福德·格尔茨:《地方性知识——阐释人类学论文集》,王海龙、张家译,中央编译出版社 2000 年版
114. [法]克洛德·列维-斯特劳斯:《种族与历史 种族与文化》,于秀英译,中国人民大学出版社 2006 年版
115. [德]卡西尔:《人论》,李琛译,光明日报出版社 2009 年版
116. [德]马克思、[德]恩格斯:《马克思恩格斯选集》(第二卷),中共中央马克思恩格斯列宁斯大林著作编译局译,人民出版社 1995 年版
117. [德]马克思:《摩尔根〈古代社会〉一书摘要》,中国社会科学院历史研究所翻译组译,人民出版社 1965 年版
118. [英]马林诺夫斯基:《两性社会学:母系社会与父系社会之比较》,李安宅译,上海人民出版社 2003 年版
119. [英]马林诺夫斯基:《巫术 科学 宗教与神话》,李安宅译,中国民间文艺出版社 1986 年版
120. [美]梅·戈尔斯坦:《喇嘛王国的覆灭》,杜永彬译,中国藏学出版社 2005 年版
121. [美]摩尔根:《古代社会》,马巨等译,江苏教育出版社 2005 年版
122. [美]庞德:《通过法律的社会控制》,沈宗灵译,商务印书馆 2008 年版

123. ［日］千叶正士:《法律多元——从日本法律文化迈向一般正义》,强世功等译,中国政法大学出版社 1997 年版
124. ［法］石泰安:《西藏的文明》,耿昇译,中国藏学出版社 1998 年版
125. ［日］穗积陈重:《法律进化论》(修订版),黄尊三等译,中国政法大学出版社 2003 年版
126. ［加拿大］威尔·金里卡:《少数的权利:民族主义、多元文化和公民》,邓红风译,上海译文出版社 2005 年版
127. ［芬］韦斯特马克:《人类婚姻史》(全三册),李彬等译,商务印书馆 2002 年版
128. ［苏联］谢苗诺夫:《婚姻和家庭的起源》,蔡俊生译,中国社会科学出版社 1983 年版
129. 田涛、郑秦点校:《大清律例》,法律出版社 1999 年版
130. 中国第二历史档案馆、中国藏学研究中心合编:《黄慕松、吴忠信、赵守钰、戴传贤奉使办理藏事报告书》,中国藏学出版社 1993 年版
131. 赵心愚等编:《康区藏族社会珍稀资料辑要》(上、下),巴蜀书社 2006 年版
132. 国家民族事务委员会、中共中央文献研究室编:《民族工作文献选编(2003－2009)》,中央文献出版社 2010 年版
133. 吴丰培编辑:《清代藏事奏牍》,中国藏学出版社 1994 年版
134. 孙怡荪:《藏汉大辞典》,民族出版社 1993 年版
135. 王尧、陈庆英主编:《西藏历史文化辞典》,西藏人民出版社、浙江人民出版社 1998 年版
136. 西藏自治区档案馆编:《〈西藏历史档案荟萃〉第 99 号档影印件》,文物出版社 1995 年版
137. 周润年、喜饶尼玛译注:《西藏古代法典选编》,中央民族大学出版社 1994 年版
138. 中国藏学研究中心等编:《西藏山南基巧和乃东琼结社会历史调查资料》,中国藏学出版社 1992 年版
139. 远生编译:《西藏民间故事》,世界书局 1931 年版
140. 西藏研究编辑部编辑:《西藏志》,吴丰培整理,西藏人民出版社 1982 年版
141. 张双智编著:《元代至民国治藏政策法规汇要》,学苑出版社 2010 年版
142. 《中国少数民族社会历史调查资料丛刊》修订编辑委员会编:《藏族社会历史调查 1—6》(修订本),民族出版社 2009 年版
143. 郝时远、王希恩主编:《中国民族区域自治发展报告·2010》,中国社会科学文献出版社 2011 年版
144. 国务院新闻办公室编,王晨主编:《中国政府西藏白皮书汇编》,人民出版社

2010 年版
145. 蔡恒文:《国家法与原住民族习惯规范之冲突与解决》,"国立"台湾大学法律学院法律学研究所 2007 年硕士学位论文
146. 淡乐蓉:《藏族"赔命价"习惯法研究》,山东大学 2010 年博士学位论文
147. 多杰:《藏族本土法的衍生与成长——藏族法制史的法人类学探索》,兰州大学 2009 年博士学位论文
148. [韩]金东柱:《苯教古文献〈黑头凡人的起源〉之汉译及其研究》,中央民族大学 2011 年博士学位论文
149. 黎同柏:《吐蕃王朝法制研究》,中央民族大学 2013 年博士学位论文
150. 切吉卓玛:《藏族传统婚姻文化研究》,中央民族大学 2012 年博士学位论文
151. 任小波:《吐蕃盟誓研究》,中央民族大学 2010 年博士学位论文
152. 孙林:《西藏中部农区民间宗教研究》,四川大学 2007 年博士学位论文
153. 吴双全:《少数人权利的国际保护》,中国政法大学 2009 年博士学位论文
154. 许韶明:《差异与动因——青藏高原东部三江并流地区兄弟型一妻多夫制研究》,中山大学 2009 年博士学位论文
155. 周欣宇:《义化与制度:藏区命价纠纷的法律分析》,西南政法大学 2009 年博士学位论文
156. 张玉皎:《藏传佛教女性观研究》,中央民族大学 2016 年博士学位论文
157. 艾永明:《中华法系并非"以刑为主"》,载《中国法学》2004 年第 1 期
158. 蔡志伟:《从客体到主体:台湾原住民族法制与权利的发展》,载《台大法学论丛》2011 年特刊
159. 陈波:《一妻多夫制研究的回顾与反思》,张迎整理,载王铭铭主编:《中国人类学评论》第 17 辑,世界图书出版社公司北京公司 2010 年版
160. 陈金钊:《法律人思维中的规范隐退》,载《中国法学》2012 年第 2 期
161. 陈践、杨本加:《吐蕃时期藏文文献中的盟誓》,载《中国藏学》2009 年第 3 期
162. 陈苇:《民族婚姻法学理论研究的力作——〈滇西南边疆少数民族婚姻家庭制度与法的研究〉评介》,载《中国法学》1995 年第 6 期
163. 丹珠昂奔:《吐蕃王朝兴盛时期在藏族伦理思想》,载《青海社会科学》1985 年第 4 期
164. 东嘎·晋美:《从活佛到教授——追忆我的父亲东嘎·洛桑赤列》,载《西藏教育》2012 年第 6 期
165. 丁慧:《试论中国亲属法哲学的发展方向——兼与徐国栋教授商榷》,载《法学杂志》2012 年第 7 期

166. 杜文忠:《"赔命价"习惯的司法价值及其与现行法律的会通》,载《法学》2012年第1期
167. 杜文忠:《神判与早期法的历史演进》,载《民族研究》2004年第3期
168. 费孝通:《关于我国民族的识别问题》,载《中国社会科学》1980年第1期
169. 冯海英:《传统与现代:论安多藏族牧区社会冲突治理——基于两类常见纠纷的思考》,载《西藏研究》2010年第4期
170. 高其才:《论中国少数民族习惯法文化》,载《中国法学》1996年第1期
171. 郝时远:《人类学视野中的西藏文化》,载《民族研究》2001年第1期
172. 何峰:《论吐蕃法律的渊源、形式和立法原则》,载《中国藏学》2007年第1期
173. 洪源:《关于寺院、僧侣、活佛的法律地位与财产所有权刍议》,载《西藏研究》1999年第1期
174. 后宏伟:《藏族习惯法中的调解纠纷解决机制探析》,载《北方民族大学学报(哲学社会科学版)》2011年第3期
175. 黄源盛:《民初大理院关于民事习惯判例之研究》,载《政大法学评论》2000年第63期
176. 霍存福:《法谚:法律生活道理与经验的民间形态——汉语谚语的法文化分析》,载《吉林大学社会科学学报》2007年第2期
177. 金眉:《论清代婚姻家庭法律的特质》,载《法学》2007年第10期
178. 拉巴次仁:《藏族先民的原始信仰——略谈藏族苯教文化的形成及发展》,载《西藏大学学报(社会科学版)》2006年第1期
179. 乐岚:《目标或路径:统一婚姻法与民族习惯法的交互发展——兼论四川藏区婚姻法变通补充规定之完善》,载《西南民族大学学报(人文社科版)》2009年第8期
180. 李安宅:《藏族家庭与宗教的关系》,载李安宅遗著整理委员会:《李安宅藏学文论选》,中国藏学出版社1992年版
181. 李春斌:《少数民族习惯法的美德》,载《湖北民族学院学报(哲学社会科学版)》2012年第3期
182. 李春斌:《法律地理:藏族婚姻习惯法的空间向度》,载《原生态民族文化学刊》2012年第2期
183. 李春斌:《论西藏藏族婚姻形态习惯与国家法的会通》,载《中央民族大学学报(哲学社会科学版)》2015年第4期
184. 李鸣:《羌族婚姻习惯法的历史考察》,载《比较法研究》2004年第4期
185. 林冠群:《"赞普"释义——吐蕃统治者称号意义之商榷》,载《中山大学学报

(社会科学版)》2012 年第 5 期
186. 刘军君：《藏族祖源神话"猴魔婚媾"中的婚姻形态及观念初探》，载《宗教学研究》2014 年第 2 期
187. 刘军君：《藏族骨系血缘外婚制的"非正式制度"解析——基于文献稽考与安多农区的田野实证》，载《西南民族大学学报》2015 年第 11 期
188. 刘军君：《成人礼与婚姻规制的建构——青海贵德藏族"戴天头"的田野考察》，载《北方民族大学学报》2015 年第 5 期
189. 刘军君：《藏族婚姻习惯法之生命力诠释——基于甘肃卓尼和青海同仁藏族的个案分析》，载《云南社会科学》2013 年第 4 期
190. 刘军君：《藏族苯教婚姻神话探析》，载《宗教学研究》2016 年第 2 期
191. 刘龙初：《四川省木里县俄亚纳西族一妻多夫制婚姻家庭试析》，载《民族研究》1986 年第 4 期
192. 吕昌林：《浅论昌都地区一夫多妻、一妻多夫婚姻陋习的现状、成因及对策》，载《西藏研究》1999 年第 4 期
193. 罗卜：《走出观念论的文化沼泽——关于西藏文化现代化建设的方法论反思》，载《哲学研究》2003 年第 4 期
194. 马戎：《试论藏族的"一妻多夫"婚姻》，载《民族研究》2000 年第 6 期
195. 蒙小莺、蒙小燕：《解析当代甘南牧区民间纠纷调解中的藏族部落习惯法》，载《中国藏学》2010 年第 1 期
196. 穆赤·云登嘉措：《藏区习惯法"回潮"问题研究》，载《法律科学》2011 年第 3 期
197. 南杰·隆英强：《中国刑事法治建设的本土化路径——以藏族"赔命价"习惯法之积极贡献为视角》，载《政法论坛》2011 年第 6 期
198. 诺布旺丹、巴桑卓玛：《藏传佛教的两种女性观》，载《中国藏学》1995 年第 3 期
199. 乔根锁：《论藏民族传统文化与西藏社会主义新文化建设》，载《西藏研究》1999 年第 2 期
200. 秋浦：《"历史的奢侈品"试析》，载《民族研究》1986 年第 1 期
201. 石硕：《一个隐含藏族起源真相的文本——对藏族始祖传说中"猕猴"与"罗刹女"含义的释读》，载《中国社会科学》2000 年第 4 期
202. 苏钦：《唐明律"化外人"条辨析——兼论中国古代各民族法律文化的冲突和融合》，载《法学研究》1996 年第 5 期
203. 苏永生：《国家刑事制定法对少数民族刑事习惯法的渗透与整合——以藏族"赔命价"习惯法为视角》，载《法学研究》2007 年第 6 期
204. 田成有、张向前：《原始法探析——从禁忌、习惯到法起源的运动》，载《法学研

究》1994 年第 6 期
205. 王玉琴、德吉卓嘎、袁野：《藏族民间调解的脉动》，载《西藏大学学报（社会科学版）》2011 年第 4 期
206. 夏之乾：《神判》，载《社会科学战线》1980 年第 1 期
207. 熊坤新：《试论藏族禁忌与藏族道德规范的联系及区别》，载《中国藏学》1991 年第 4 期
208. 徐国栋：《家庭法哲学两题》，载《法制与社会发展》2010 年第 3 期
209. 徐晓光：《谚语与法律——论我国西南少数民族法律谚语的本质与特征》，载《西南民族学院学报（哲学社会科学版）》1995 年第 3 期
210. 徐忠明：《传统中国乡民的法律意识与诉讼心态——以谚语为范围的文化史考察》，载《中国法学》2006 年第 6 期
211. 杨铭：《有关吐蕃"九大尚论"的若干问题》，载《历史研究》2014 年第 1 期
212. 杨一凡：《中华法系研究中的一个重大误区——"诸法合体、民刑不分"说质疑》，载《中国社会科学》2002 年第 6 期
213. 衣家奇：《"赔命价"——一种规则的民族表达方式》，载《甘肃政法学院学报》2006 年第 3 期
214. 于洪、张双志：《金瓶掣签与神判文化》，载《西藏研究》2006 年第 2 期
215. 扎洛：《卓仓藏人的骨系等级婚制及其渊源初探》，载《民族研究》2002 年第 4 期
216. 张建世：《20 世纪藏族多偶家庭调查研究述论》，载《中国藏学》2001 年第 1 期
217. 张济民：《浅析藏区部落习惯法的存废改立》，载《青海民族研究》2003 年第 4 期
218. 巴卧·祖拉陈哇：《〈贤者喜宴〉摘译》（三），黄颢译注，载《西藏民族学院学报（哲学社会科学版）》1981 年第 2 期
219. ［美］戈尔斯坦：《巴哈里与西藏的一妻多夫制度新探》，何国强译，载《西藏研究》2003 年第 2 期
220. 毛尔盖·桑木旦：《藏族文化发展情形简述》，洛桑旦增译注，载中央民族学院藏学研究所编：《藏学研究》，中央民族学院出版社 1993 年版
221. ［美］南希：《宁巴的一妻多夫制婚姻》，刘径华译，载《西藏民俗》1997 年第 1 期
222. ［美］南希·列维妮：《藏族一妻多夫制父子间亲属关系的价值及其确认》，玉珠措姆译，载王尧、王启龙主编：《国外藏学研究译文集（第 13 辑）》，西藏人民出版社 1997 年版
223. ［美］南希·列维妮：《在尼泊尔宁巴社会中，藏族妇女在法律、工作和经济上没有保障的状况》，玉珠措姆译，载王尧、王启龙主编：《国外藏学研究译文集》（第 13 辑），西藏人民出版社 1997 年版

224. [美]南希·列文:《宁巴的一妻多夫制婚姻——译自南希·列文的〈一妻多夫制动态——西藏边境上的亲属关系、家庭生活和人口〉》,李涛译,载《西藏民俗》1996 年第 2 期

二、外文

1. Azia, Barnara N., *Tibetan Frontier Families: Reflections of Three Generations from D. ing - ri*, New Delhi: Vikas Publishing House, 1978
2. Ben, Jiao, *Socio-Economic and Cultural Factors Underlying the Contemporary Revival of Fraternal Polyandry in Tibet (the Dissertation on Ph. D. Degree)*, Ohio: Case Western Rerserve University, 2001
3. Goffman, E. Stigma, *Notes on the Management of Spoiled Identity*, New York: Simon & Schuster, 1963
4. Goldstein, Melvyn C., *Stratification, Polyandry and Family Structure in Central Tibet*, Southwestern Journal of Anthropology, 1971, (27)
5. Herskovites M. J., *Man and His Works*, New York: Knopf, 1949
6. Lawrence, D. Houlgat, *Family and State: the Philosophy of Family Law*, Totowa, N. J.: Rowman & Littlefield, 1988
7. Janet, Gyatso, *Down with the Demoness: Reflections on a Feminine Ground in Tibet*, Janice, Willis ed., *Feminine Ground: Essays on Women and Tibet*, New York: Snow Lion, 1987
8. Jhon, Rowls, *Political Liberalism*, New York: Columbia University Press, 1993
9. Levi-Strauss, C., *The family*: Man, Culture, and Society. Levi-Strauss, C., ed by Harry L, Shapiro, New York: Oxford University Press, 1971
10. Prince Peter of Greece & Denmark, *A Study of Polyandry*, The Hague: Mouton, 1963
11. Thomas, S. Mullane, *Coming to Terms with the Nation Ethnic Classification in Modern China*, Berkeley: University of California Press, 2011
12. Nancy, E. Levine, *The Demise of Marriage in Purang, Tibet: 1959—1990*, PerKvaerne, ed.

Susan, S. Slibey, *Making a Place for a Cultural Analysis of Law*, Law and Social Inquiry, 1992, 17, (1)

三、其他

1. 列隆·谢毕多杰:《藏族神抵名录》(藏文),民族出版社 2003 年版
2. 念雪·钦饶沃塞:《略论铁匠的身份》,载《西藏研究(藏文版)》1990 年第 3 期
3. 恰白·次旦平措编著:《兄弟教诲录:敦煌文献兄弟教诲录及今译》(藏文),民族出版社 1997 年版
4. 扎巴:《笨教神话研究》(藏文),中央民族大学 2012 年博士学位论文

后　　记

顶礼释迦牟尼佛,顶礼莲花生大师,顶礼班智达吞米·桑布扎,顶礼班智达隆钦饶降巴,顶礼班智达宗喀巴大师,顶礼十方诸佛。

这本书是在本人的博士论文"西藏藏族婚姻习惯法研究"及2012年度主持并完成的国家社科基金青年项目"西藏藏族婚姻法律文化研究"(项目号:12CFX058)的基础上,历经多次修订而最终完成的。首先要真诚地感谢我的恩师蒋月先生。没有恩师的指导就没有这本书。某种程度而言,当年的博士论文是恩师给的一篇"命题作文"。也正因为如此,我至少在博士生入学考试复试期间就有了非常明确的命题和问题意识,这对本人后期搜集资料及进行田野调查都非常重要。在后来跟随恩师朝暮闻道期间,恩师在民族婚姻法学领域中的高屋建瓴及宏大视野无疑给了我醍醐灌顶的震撼。恩师认为,当下中国社会最大的问题之一是民族问题,而与民族婚姻有关的法律问题的研究是认识并解决民族问题的一个非常重要的路径。研习这个问题,需要合适的人选和机缘。我有着天然地研究"与西藏婚姻有关的法律问题"的优势。加之,师祖杨怀英先生也以研习民族婚姻法为鹄的,从师承而言,也有薪火相传之义。自此之后的三年中,恩师在该命题上的指导、点拨常使我有豁然开朗之感、茅塞顿开之叹,迷雾散尽,满目祥瑞。逮至博士论文初稿、二稿、三稿,恩师更是不遗余力详加点拨。尤其是在一稿之后,恩师的点拨和指导使本文的思路更为清晰。恩师修改过的一稿、二稿、三稿吾人要永久保存,以此纪念恩师对弟子之恩泽。

人生就是不断的修行。恩师不仅予吾以学问上之指导点拨,其品德修为、人格魅力,更是影响吾人至深矣。恩师教导弟子广结善缘、宽以待人、言必信、行必果、诚信于行,如此方能自立立人、自强强人。能伴先生左右闻道三年,天之厚我,可谓至矣。然以弟子之愚鲁,何能报答师恩于万一也。唯不断前行,砥砺养成,方不负恩师之洪恩矣。

校主嘉庚先生及先贤,润吾以德,滋吾以养,诲吾以学,景吾以行。在厦大母爱般的怀抱里,宽容、自强、理性、平等,成为她永不褪色的底蕴。吾将循此道,"自强不息,止于至善"。

人世间所有的修行不外是心的修行。人世间所有的成就不外是认识自我、找到自我,从而成就自我、圆满自我。儒家追求人生三不朽:立德、立言、立功,道家渴慕逍遥物外、羽化成仙,佛家证悟不生不灭、生死解脱。儒、释、道三家所共同追求的是实现精神和灵魂的不朽。在写作本书时,我力争做到——佛入、禅定、道观、儒行,不做无病呻吟之态,不写寻章摘句之篇。一切应出本心、源自天然、见素抱朴、去障明性、朗照乾坤,不自欺亦不欺人。以无我之精神、勇猛精进,力争接近丰子恺先生所说的"天上的神明与星辰、地上的艺术与儿童"。

实际上,修行不在深林,而在红尘。只有在红尘中才能检验是否真的在修行。正是这些红尘中的智者,给了我成长的无限动力与勇气。我要感谢无私地提供吾智识支持的师长。他们是厦门大学徐国栋教授、刘连泰教授、齐树洁教授、林秀芹教授、丁丽瑛教授、李琦教授、蔡从燕教授、周昌乐教授、陈喜峰博士、周赟博士、刘巧英老师,中南大学周刚志教授、谢晖教授,西藏民族大学乔根锁教授、狄方耀教授、陈敦山教授、朱普选教授、毛阳海教授、陈立明教授、马宁博士,兰州大学汪振江教授,甘肃政法学院冯乐坤教授、王存河教授,江苏师范大学南杰·隆英强教授,西北师范大学王勇教授,山东大学李霞教授,中国政法大学金眉教授、张中秋教授,杭州师范大学范忠信教授,台湾中正大学施慧玲教授、谢哲胜教授,台湾政治大学黄源盛教授。

我要真诚地感谢我博士论文答辩期间给我指导的学界前辈,他们是北京大学法学院马忆南教授、山东大学法学院王丽萍教授、西南政法大学民商法学院谭启平教授、厦门大学法学院朱炎生教授、厦门大学法学院张榕教授。

生活在"蒋门"大家庭中是一件非常幸福的事。我要诚挚地感谢我的同门师兄师姐、师弟师妹,他们让我感受到了"蒋门"爱的无私和情的真挚。他们是何丽新教授、熊金才教授、胡玉浪教授、冯祥武教授、王占明博士、薛夷风博士、潘峰博士、韩荣和博士、林志强博士、雷春红博士、鲍红香博士、郑净方博士、彭亮万博士、林荣泉博士、张建平博士、张旭博士、王铀镱博士、冯源博士、陈霖博士、方维忠师兄、黄金乾师兄,等等。

我要感谢我的学生,是他们最无私的帮助使得我在任何时候的调研、求助、咨询,都会得到及时且富有效率的回应。他(她)们是:张作江、安紫娟、钱立坤、白玛旦琼、多布杰、扎西巴珍、扎西拉姆、陈华派财仁、李闯、董云峰、何坤、游磊、柳明渠、吴信峰。他(她)们用自己的热血和青春为西藏和其他藏区的发展做出了自己的贡献,向他(她)们致敬!

我要感谢原单位西藏民族大学的领导、同事们,他们在我工作、调研和读博期间给予的各种帮助。他们是扎西次仁校长、刘凯副校长、徐继增教授、侯明教授、杨维周教授、姚俊开教授、黄军峰教授、陈敦山教授、李红教授、胡晓琴副教授、王亚妮副教授、王玉青副教授、陈烨博士、旦增罗桑、扎桑、乔德吉、李文峰。

我要特别感谢现在单位的领导丁慧教授,她对我的各种关怀和帮助,始终感恩在心。特别感谢现在单位的老院长于沛霖教授给予晚辈的各种帮助和关怀。特别感谢现在单位的领导和同事们在工作及拙著修订期间给予的各种帮助,他们是韩秀义教授、夏红教授、梁剑兵教授、艾尔肯教授、顾瑞副教授、刘传刚副教授、李伟副教授、刘安宁副教授、王祖书副教授、姜俊山博士、赵春博士、曲佳博士、于少乾老师、高雪辉老师、董慧霞老师、董迎春老师、刘杰老师、杜朝阳老师。

我要感谢我博士期间的同学黄为之博士、陆以全博士、叶文庆博士、王彬博士、肖振国博士、蒋凌申博士、李店标博士、李任远博士、邹郁卓博士、郭清艳博士,还有四川师范大学的苏镜祥博士。

我要诚挚地感谢中国法学会婚姻法学研究会的各位前辈给予我的各种形式的关爱与指导,他们是王歌雅教授、薛宁兰教授、夏吟兰教授、陈苇教授、李霞教授、吴国平教授、李洪祥教授、张伟教授、李秀华教授、裴桦教授、李明舜教授、林建军教授、张学军教授、龙翼飞教授、雷明光教授、叶英萍教授、王立仁法官、杨晓林律师。学界同道郝佳、司丹、邓丽、王葆莳、吕春娟、刘军君、魏小军、吴才毓,对他(她)们的请益使我受益匪浅。

我要感谢厦门大学图书馆、厦门大学法学院图书馆、西藏民族大学图书馆、西藏民族大学藏学研究资料中心、中央民族大学图书馆、中国人民大学图书馆、中国国家图书馆、中山大学图书馆、辽宁师范大学图书馆、台湾"国立"中正大学图书馆、台湾"国立"政治大学图书馆、台湾"国立"台北大学图书馆、台湾东吴大学图书馆等。本书的诸多重要文献,得益于这些图书馆提供的慷慨查阅。需要说明的是,本书中台湾地区的文献,主要来自2011年我以厦大博士生的身份去台湾交流访学时的搜集。在此,要特别感谢恩师和徐国栋教授,正是她(他)们的引荐,使本人有机会亲眼目睹宝岛之法学学术研习现状,并有机会拜访学界先进。

我的硕导兰州大学汪振江教授、兰州大学刘光华教授、大连理工大学刘艺工教授、甘肃政法学院赵蓉教授、吉敏丽教授、甘肃警察学院任尔昕教授经常关心我的学业进展和生活工作情况,感恩在心。

我要感谢我原单位的好朋友朱玉福教授、伍淑花副教授、刘凤强博士、刘小三博士、陈荣泽博士、脱慧洁博士、王丹屏副教授、仁却，和他们在咸阳的日子，永远难以忘记。

我的好朋友马建兵博士、于晶翠、谢静翀师姐、丁琳师姐、邓江凌博士、张瑞萍博士、王柏荣博士、王慧博士、师弟刘顺峰博士、郝登荣经常通过各种方式关心和支持我，对此心存感激。

我的结拜兄弟老大乔永峰及大嫂金凤、老二王树龙及二嫂王秀、老三杨志云及三嫂孔彩玲时常关心和支持我，常常心存感恩。

我要特别感谢我的高中班主任永昌一中孙正庆老师，学生今天的点滴成就都凝结着您当时教导我们"做人、做事、做学问"的用心。我的好朋友朱发福、韩小红、石丽华、何金玉、焦玉红、韩长生、赵开霞、韩兴江、张桂玉、李娜、肖伯锋在我回老家时经常给予各种关心，感恩在怀。我的初中班主任李清华老师也时常关心我的工作生活，心存感激。

特别感谢西藏民族大学孔繁翠老师在我工作调动期间给予的各种帮助和关怀。西藏民族大学徐琴博士和中国社会科学院方斯远博士后我要特别感谢，他们二人在中山大学图书馆为我影印了非常重要的文献资料。李金旺博士我要特别感谢，他不辞辛苦助我校对当年博士论文"摘要"及"目录"部分之英文翻译。

笔者在两次进藏期间，所有我访谈及帮助过我的人，我要特别感谢。由于西藏始终站在国家反分裂斗争的前沿，很多问题非常敏感，故而这些人不能一一具名。但在内心，我会终身铭记斯人恩德。

我要对那些从事藏汉互译的学界前辈和先进致以深深的谢意。虽然我付出了相当精力，努力学习藏语，但由于种种原因，藏语学习的进度和状态始终不太理想，致使对浩如烟海的藏语文献无法直接阅读，从而使本文在藏语文献的引证上存有不小的缺憾。好在诸多有重要影响的藏语文献已经翻译成汉文，或许能小小地弥补笔者的上述缺憾。

对于我的家人,已不能以感谢二字表达心情。爱人于杰兰贞静柔顺、事亲至孝、持家有方,爱女李笑渔聪慧可人、活泼伶俐。吾之父母、岳父母,任劳任怨,劳苦功高。"李家大院"里姐姐姐夫、哥哥嫂嫂,及"于家大院"里大姐大姐夫、二姐二姐夫、三姐三姐夫、老妹妹夫、老弟弟妹时时刻刻给我们这个小家庭以各种关爱和帮助,兄慈姊孝。天地国亲师,亲道若斯,上天于我何其厚哉!

西元2012年3月2日,吾人兴起,感言于博文述考,其辞曰:晨钟暮鼓,"痘"起"痘"落。冬去春来,云起雨骤。腰椎劳损几根,华发平添几许。朝朝暮暮,暮暮朝朝。同居数载,共榻寒暑。皓首穷经,按图索骥。惟愿与汝共担风雨,比翼双飞。嗟夫,我注斯文乎?斯文注我矣!

是为记。

博士论文定稿于2013年4月6日鹭岛福建厦门南普陀之侧五老峰之下,其时也,恰是厦门大学她92岁生日。

修稿于2014年8月10日陇上甘肃永昌古丝绸之路玄奘取经必经之道,骊靬古城永昌故土。

修稿于2015年2月18日帝都陕西咸阳渭水之滨古渡夕照之侧,西藏民族学院。

最终定稿于2017年2月21日滨城辽宁大连渤海之滨、黄河路主校,辽宁师范大学。